网络营销技术教程

赵春燕　主编
芮文艳　许秀芝　副主编

北京大学出版社
PEKING UNIVERSITY PRESS

图书在版编目（CIP）数据

网络营销技术教程/赵春燕主编. —北京：北京大学出版社，2013.1
（全国高职高专规划教材·电子商务系列）
ISBN 978-7-301-20692-8

Ⅰ. ①网… Ⅱ. ①赵… Ⅲ. ①网络营销 - 高等职业教育 - 教材 Ⅳ. ①F713.36

中国版本图书馆 CIP 数据核字（2012）第 103824 号

书　　　名：网络营销技术教程
著作责任者：赵春燕　主编
策 划 编 辑：桂　春
责 任 编 辑：桂　春
标 准 书 号：ISBN 978-7-301-20692-8/C·0761
出 版 发 行：北京大学出版社
地　　　址：北京市海淀区成府路 205 号　100871
电　　　话：邮购部 62752015　发行部 62750672　编辑部 62765126　出版部 62754962
网　　　址：http://www.pup.cn　　新浪官方微博:@北京大学出版社
电 子 信 箱：zyjy@pup.cn
印　刷　者：北京飞达印刷有限责任公司
经　销　者：新华书店
787 毫米×1092 毫米　16 开本　14.75 印张　380 千字
2013 年 1 月第 1 版　2013 年 1 月第 1 次印刷
定　　　价：28.00 元

前言

国家“十二五”纲要明确提出了以加快转变经济发展方式为主线，加快培育发展战略性新兴产业的宏伟目标，电子商务作为新一代信息技术的核心被列入战略性新兴产业。开放平台、社交网络、云计算、移动互联网，迎来了 2011 年互联网多维度的大开放环境。随着互联网和移动互联网用户的稳步增长，新型网络媒体价值得到进一步的肯定，无论是网络广告还是电子商务市场都取得了乐观的增长。网络营销也凭借其诸多优点正在逐渐成为中小企业最重要、最有效的营销推广方式。

江苏仕德伟网络科技有限公司是我院电子商务专业的紧密型合作企业，也是苏州范围内最大的网络营销企业。主要从事企业网站建设、企业网站优化、企业网站网络推广（以百度推广为主）等业务。该企业在电子商务行业内具有较高的知名度。

我们和仕德伟的企业专家联合开发“网络营销技术——项目教程”的课程内容。课程开发过程中注重高职教育的特点，把网络营销职业技能要求融入了本书。

本书以真实的网站为写作主线，以企业实际开展网络营销的进程为写作项目，分为五个项目。项目一，通过六个工作任务来阐述网络营销的基本技能。项目二，从网站优化的角度，构建营销型网站。项目三，企业网站推广，在推广的过程中，通过 SEO 诊断工具对网站进行诊断，并对其在百度、搜狗、谷歌中的排名进行分析，从而对其进行相应的优化，如关键字、用户体验度、网站架构与页面优化以及网站维护等。项目四，以管理网站为例，对营销型网站的管理进行探讨。项目五，在构建并推广了企业网络营销平台后，以第三方 B2B 平台营销和第三方 C2C 平台营销两大任务，从多个方位来对企业产品进行网络营销。项目五中还融入了学生网络创业的内容。

每个项目按照实际的技能操作分解为多个任务，在问题、动机的带领下，激发学生的操作欲望，让学生在真实的任务要求下完成学习。

本书由苏州工业职业技术学院的赵春燕老师担任主编，并承担统稿工作；由苏州工业职业技术学院芮文艳和许秀芝老师担任副主编；由江苏仕德伟网络科技有限公司的郑波、黄雪松等专家承担审核工作与本书的部分编写工作；苏州工业职业技术学院的周芳老师和凌彩金老师也参与了本书的编写工作。

本书在编写过程中，参阅了大量的相关文献，得到了相关同行的指教和帮助。在此对原作者表示真诚的谢意，衷心感谢江苏仕德伟网络科技有限公司对本书编写工作的大力支持。

由于编者水平有限，本书中难免存在缺点和错误，恳请读者批评指正。

编　者

2013 年 1 月

目　　录

项目一　网络营销基础

项目背景

2011 年网络界风云不断，搜索、团购、微博，还有争议纷纷的论坛推手……在此大背景之下，网络营销手段也日益丰富。然而，唱响网络营销年度主旋律的主角已不再是大企业，而是占中国企业绝大多数的中小企业。百度推广依托每天数十亿次的搜索为他们带来的直接收益令他们在这一年克服了成本、人才及技术等多重困扰，在成就辉煌业绩的同时，更加深了中小企业对网络营销的全面认识，树立起与大企业同台竞争的信念。

于是，这一年，在后危机市场的激烈竞争中，“宅”“被增长”“给力”，这些跨年度的热词不但给人们的日常生活带来诸多改变，也深度撞击和推动着中小企业网络营销市场的繁荣，中小企业网络营销开始积累起了前所未有的爆发力。

“宁月”公司是一家生产耳机、音箱、音响等扬声器产品的典型的中小型企业。公司成立以来一直坚持以为用户提供高品质的产品为宗旨，建立了完善的质量管理体系。公司现有员工两百多人，其中高级技术人才占 20%，厂房占地面积 4 000 平方米。雄厚的技术力量，先进的生产工艺，严格的产品检测，优良的售后服务，使之成为国内外许多知名企业的合作伙伴。随着电子商务的兴起，公司领导看中了网络市场，通过对扬声器市场的现状和产品的网络消费环境、消费趋势进行了大量的调研、分析和判断，制定了全新的网络营销策略，同时决定对原有的企业网站进行稳步优化，使之更好地参与网络竞争，从搜索引擎中依靠关键词的优越排名吸引客户，使公司逐步树起网络品牌直至延伸到网下的品牌效果。

项目内容

本项目通过对项目知识的介绍及六个典型工作任务的剖析，七个技能训练的练习引导学生掌握网络营销的基础知识以及网络营销的基本技能。主要内容如表 1-1 所示。

表 1-1 网络营销基础主要内容

类　别	子类别	导入案例	技能训练
项目知识	网络营销	网络营销十大经典案例	网络营销环境分析
	网络营销与电子商务的关系		
	网络营销环境分析		
	网络营销发展趋势		
	网络营销十大经典案例		
项目任务	网络信息的收集与整理	苏州桥酒酒业有限公司	隐形战机信息汇总
	网络市场调研与分析	杭州市食品安全调查	转基因食品调查
	网络营销策划	网络营销（婚纱影楼）策划案例	某市婚礼产业链信息集成
	网络营销组合策略	快速消费品网络营销组合策略	波司登公司网络营销组合策略
	基于手机的无线互联网营销模式	小肥羊——只为天然优品保证	3G 门户网
	网络营销管理	打造 Miss Dior 的网上摩登世界	波司登网络营销管理
项目小结		“宁月”公司产品网络营销方案	

项目知识

一、网络营销

网络营销是企业整体营销战略的一个组成部分，是为实现企业总体经营目标所进行的，以互联网为基本手段营造网上经营环境的各种活动。

网络营销的定义中要注意把握以下几点。

1. 网络营销不是孤立存在的

网络营销是企业整体营销战略的一个组成部分，网络营销活动不可能脱离一般营销环境而独立存在，在很多情况下网络营销理论是传统营销理论在互联网环境中的应用和发展。在企业营销实践中，往往是传统营销和网络营销并存的。

2. 网络营销不等于网上销售

网络营销是为最终实现产品销售、提升品牌形象的目的而进行的活动。网上销售是网络营销发展到一定阶段产生的结果，但并不是唯一结果，因此网络营销本身并不等于网上销售，可以从三个方面来说明。

（1）网络营销的目的并不仅仅是为了促进网上销售，很多情况下，网络营销活动不一定能实现网上直接销售的目的，但是可能促进网下销售的增加，并且增加顾客的忠诚度。

（2）网络营销的效果表现在多个方面，例如提升企业的品牌价值、加强与客户之间的沟通等。

（3）从网络营销的内容来看，网上销售也只是其中的一部分，并不是必须具备的内容。例如许多企业根本不具备网上销售的条件，网站主要起宣传企业的作用。

3. 网络营销不等于电子商务

网络营销和电子商务是一对紧密相关又具有明显区别的概念，两者很容易造成混淆。电子商务的内涵很广，其核心是电子化交易，强调交易方式和交易过程的各个环节，而网络营销是企业整体营销战略的一个组成部分，无论是否具有电子化交易的发生，都需要网络营销。网络营销本身并不是一个完整的商业交易过程，而是为促成交易提供支持，因此是电子商务的一个重要环节，尤其在交易发生之前。网络营销和电子商务的这种关系也表明，发生在电子交易过程中的网上支付和交易之后的商品配送等问题并不是网络营销所能包含的内容。同样，电子商务体系中所涉及的安全、法律等问题也不适合全部包含在网络营销中。

4. 网络营销不应被称为“虚拟营销”

用“虚拟营销”来描述网络营销，是不准确的。因为，所有的网络营销手段都是实实在在的，而且比传统营销方法更容易跟踪，了解消费者的行为。比如，借助网站访问统计软件，可以确切知道网站的访问者来自哪里，浏览了哪些网页，还可以与顾客实时交流等。

5. 网络营销是对网上经营环境的营造

开展网络营销需要一定的网络环境，如网络服务环境、上网用户数量、合作伙伴、供应商、销售商、相关行业的网络环境等。网络营销环境为企业开展网络营销活动提供潜在客户，以及向用户传递营销信息、建立顾客关系、进行网上市场调研等各种营销活动的手段和渠道。企业的网络营销活动也是整个网络环境的组成部分，开展网络营销的过程，就是与这些环境因素建立关系的过程。这些关系发展好了，网络营销才能取得成效。例如，网站推广常用的搜索引擎的营销策略，也就是和搜索引擎服务商建立良好关系的过程。

二、网络营销与电子商务的关系

1. 从时间上来讲，电子商务概念的出现要早于网络营销

电子商务最早产生于20世纪60年代，在20世纪90年代得到长足发展。电子商务产生和发展的重要条件是：计算机的广泛应用。而网络营销是随着现代科学技术的发展、消费者价值观的变革与日趋激烈的市场竞争等诸多因素的产生而出现并迅速崛起的，网络营销发展的最重要条件是：消费者价值观念的变革。

2. 从字面意义上讲，网络营销概念要比电子商务大

网络营销是指企业整体营销战略的一个组成部分，是为实现企业总体经营目标所进行的，以互联网为基本手段营造网上经营环境的各种活动。

电子商务通常是指在广泛的商业贸易活动中，在因特网开放的网络环境下，买卖双方不谋面的情况下，实现交易达成的一种新型的商业运营模式，它追求的是在网上销售中获得商业盈利。网络营销是借助联机网络、电脑通信和数字交互式媒体来实现的一种营销方式，它追求的是与目标人群的网络互动。

3. 从包含的各个体系来说，网络营销和电子商务是交叉存在的

电子商务涵盖的范围很广，一般可分为B2B、B2C、C2C、B2M四类电子商务模式。其中企业对企业（B2B，Business-to-Business），和企业对消费者（B2C，Business-to-Consumer）两种发展最早，另外还有消费者对消费者（C2C，Consumer-to-Consumer）这种大步增长的模式。网络营销包含网络调研、网络广告、网络公关、整合营销、搜索引擎优化（SEO）、搜索引擎营销（SEM）等内容，每个内容都可以单独或者整合应用到电子商务中去。同样电子商务也离不开这些网络营销手段。

三、网络营销环境分析

网络营销环境是指对企业的生存和发展产生影响的各种外部条件，即与企业网络营销活动有关联因素的部分集合。营销环境是一个综合的概念，由多方面的因素组成。环境的变化是绝对的、永恒的。随着社会的发展，特别是网络技术在营销中的运用，使得环境更加变化多端。虽然对营销主体而言，环境及环境因素是不可控制的，但它也有一定的规律性，我们可通过营销环境的分析对其发展趋势和变化进行预测和事先判断。企业的营销观念、消费者需求和购买行为，都是在一定的经济社会环境中形成并发生变化的。因此，对网络营销环境进行分析是十分必要的。要进行网络营销环境的分析，首先必须掌握构成网络营销环境的要素。互联网络自身构成了一个市场营销的整体环境，从环境构成上来讲，它具有以下五个方面的要素。

1. 提供资源

信息是市场营销过程的关键资源，是互联网的血液，通过互联网可以为企业提供各种信息，指导企业的网络营销活动。

2. 全面影响力

环境要与体系内的所有参与者发生作用，而非个体之间的互相作用。每一个上网者都是互联网的一分子，他可以无限制地全面接触互联网，同时在这一过程中要受到互联网的影响。

3. 动态变化

整体环境在不断变化中发挥其作用和影响。不断更新和变化正是互联网的优势所在。

4. 多因素互相作用

整体环境是由互相联系的多种因素有机组合而成的，涉及企业活动的各因素在互联网上通过网址来实现。

5. 反应机制

环境可以对其主体产生影响，同时，主体的行为也会改造环境。企业可以将自己企业的信息通过公司网站发布到互联网上；互联网上的相关信息也会影响企业的决策。

因此，互联网已经不只是传统意义上的电子商务工具，已成为一种新的市场营销环境。而且它以范围广、可视性强、公平性好、交互性强、能动性强、灵敏度高、易运作等优势给企业市场营销创造了新的发展机遇与挑战。

（一）网络营销的宏观环境

宏观环境是指一个国家或地区的政治、法律、人口、经济、社会文化、科学技术等因素影响企业进行网络营销活动的宏观条件。宏观环境对企业短期的利益可能影响不大，但对企业长期的发展具有很大的影响。所以，企业一定要重视宏观环境的分析研究。宏观环境主要包括以下六个方面的因素。

1. 政治法律环境

政治法律环境包括国家政治体制、政治的稳定性、国际关系、法制体系等。在国家和国际政治法律体系中，相当一部分内容直接或间接地影响着经济和市场。所以，我们要进行认真的分析和研究。

2. 经济环境

经济环境是内部分类最多、具体因素最多，并对市场具有广泛和直接影响的环境内容。经济环境不仅包括经济体制、经济增长、经济周期与发展阶段以及经济政策体系等大的方面的内容，同时也包括收入水平、市场价格、利率、汇率、税收等经济参数和政府调节取向等内容。

3. 人文与社会环境

企业存在于一定的社会环境中，同时企业又是社会成员所组成的一个小的社会团体，不可避免地受到社会环境的影响和制约。人文与社会环境的内容很丰富，在不同的国家、地区、民族之间差别非常明显。在营销竞争手段向非价值、使用价值型转变的今天，营销企业必须重视人文与社会环境的研究。

4. 科技与教育水平

科学技术对经济社会发展的作用日益显著，科技的基础是教育，因此，科技与教育是客观环境的基本组成部分。在当今世界，企业环境的变化与科学技术的发展有非常大的关系，特别是在网络营销时期，两者之间的联系更为密切。在信息等高新技术产业中，教育水平的差异是影响需求和用户规模的重要因素，已被提到企业营销分析的议事日程上来。

5. 自然环境

自然环境是指一个国家或地区的客观环境因素，主要包括自然资源、气候、地形地质、地理位置等。虽然随着科技进步和社会生产力的提高，自然状况对经济和市场的影响整体上是趋于下降的趋势，但自然环境制约经济和市场的内容、形式则在不断变化。

6. 人口

人是企业营销活动的直接和最终对象，市场是由消费者来构成的。所以在其他条件固定或相同的情况下，人口的规模决定着市场容量和潜力；人口结构影响着消费结构和产品构成；人口组成的家庭、家庭类型及其变化，对消费品市场有明显的影响。

（二）网络营销的微观环境

微观环境由企业及其周围的活动者组成，直接影响着企业为顾客服务的能力。它包括企业内部环境、供应者、营销中介、顾客或用户、竞争者等因素。

1. 企业内部环境

企业内部环境包括企业内部各部门的关系及协调合作，包括市场营销部门之外的某些部门，如：企业最高管理层、财务、研究与开发、采购、生产、销售等部门。这些部门与市场营销部门密切配合、协调，构成了企业市场营销的完整过程。市场营销部门根据企业的最高决策层规定的企业的任务、目标、战略和政策，做出各项营销决策，并在得到上级领导的批准后执行。研究与开发、采购、生产、销售等部门相互联系，为生产提供充足的原材料和能源供应，并对企业建立考核和激励机制，协调营销部门与其他各部门的关系，以保证企业营销活动的顺利开展。

2. 供应者

供应者是指向企业及其竞争者提供生产经营所需原料、部件、能源、资金等生产资源的公司或个人。企业与供应者之间既有合作又有竞争，这种关系既受宏观环境影响，又制约着企业的营销活动。供应者对企业的营销业务有实质性的影响，企业一定要注意与供应者建立良好的关系。

3. 营销中介

营销中介是协调企业促销和分销其产品给最终购买者的公司，主要包括中间商，即销售商品的企业（如批发商和零售商）；代理中间商（经纪人）；服务商（如运输公司、仓库、金融机构等）；市场营销机构（如产品代理商、市场营销咨询企业等）。

由于网络技术的运用，给传统的经济体系带来巨大的冲击，流通领域的经济行为产生了分化和重构。消费者可以通过网上购物和在线销售自由地选购自己需要的商品，生产者、批发商、零售商和网上销售商都可以建立自己的网站并营销商品，所以一部分商品不再按原来的产业和行业分工进行，也不再遵循传统的商品购进、储存、运销业务的流程运转。网上销售，一方面使企业间、行业间的分工模糊化，形成“产销合一”、“批零合一”的销售模式；另一方面，随着“凭订单采购”、“零库存运营”、“直接委托送货”等新业务方式的出现，服务与网上销售的各种中介机构也应运而生。一般情况下，除了拥有完整分销体系的少数大公司外，营销企业与营销中介组织还是有密切合作与联系的。因为若中介服务能力强，业务分布广泛合理，营销企业对微观环境的适用性和利用能力就强。

4. 顾客或用户

顾客或用户是企业产品销售的市场，是企业直接或最终的营销对象。网络技术的发展极大地消除了企业与顾客之间的地理位置的限制，创造了一个让双方更容易接近和交流信息的机制。互联网络真正实现了经济全球化、市场一体化。它不仅给企业提供了广阔的市场营销空间，同时也增强了消费者选择商品的广泛性和可比性。顾客可以通过网络，得到更多的需求信息，使他的购买行为更加理性化。虽然在营销活动中，企业不能控制顾客与用户的购买行为，但它可以通过有效的营销活动，给顾客留下良好的印象，处理好与顾客和用户的关系，促进产品的销售。

5. 竞争者

竞争是商品经济活动的必然规律。在开展网上营销的过程中，企业不可避免地要遇到业务与自己相同或相近的竞争对手。研究对手，取长补短，是克敌制胜的好方法。

（三）网络营销竞争对手分析

1. 竞争对手的类型

（1）愿望竞争者：指满足消费者目前各种愿望的竞争者。

（2）一般竞争者：指以不同的方法满足消费者同一需要的竞争者。

（3）产品形式竞争者：指满足消费者某种愿望的同类商品在质量、价格上的竞争者。

（4）品牌竞争者：指能满足消费者某种需要的同种产品的不同品牌的竞争者。

2. 应如何研究竞争对手

在虚拟空间中研究竞争对手时，企业可借鉴传统市场中的一些做法，但也应该有自己的独特之处。

（1）寻找网上的竞争对手

寻找网上竞争对手的最好方法是在百度、谷歌等搜索引擎上输入关键词进行查找。确定检索关键词要考虑以下因素：企业要在网上开展的业务的性质，一般的浏览者在网上查找这类业务时常用的关键词等。一般要确定 5 ～ 10 个关键词或关键词组。在各个搜索引擎上分别检索，然后再对检索结果进行分析就可以寻找到网上的竞争对手。

（2）网上竞争对手的研究方法

研究网上的竞争对手主要从其主页入手，一般来说，竞争对手会将自己的服务、业务和方法等方面的信息展示在主页上。从竞争的角度考虑，应重点考察以下八个方面：

① 站在顾客的角度浏览竞争对手网站的所有信息，研究其能否抓住顾客的心理，给浏览者留下好感。

② 研究其网站的设计方式，体会它如何运用屏幕的有限空间展示企业的形象和业务信息。

③ 注意网站设计细节方面的东西。

④ 弄清其开展业务的地理区域，以便能从客户清单中判断其实力和业务的好坏。

⑤ 记录其传输速度，特别是图形下载的时间，因为速度是网站能否留住客户的关键因素。

⑥ 察看在其站点上是否有其他企业的图形广告，以此来判断该企业在行业中与其他企业的合作关系。

⑦ 对竞争对手的整体实力进行考察，全面考察对手在导航网站、新闻组中宣传网址的力度，研究其选择的类别、使用的介绍文字，特别是图标广告的投放量等。

⑧ 考察竞争对手是开展网上营销需要做的工作，而定期监测对手的动态变化则是一个长期性的任务，要时时把握竞争对手的新动向，在竞争中保持主动地位。

四、网络营销发展趋势

中国第一封电子邮件是 1987 年 9 月 14 日在北京发出的，同年中国成功接入了国际互联网，成为网络世界大家庭中的一员。1996 年 5 月，山东临县淋洗村的党支书，把他们村的大蒜搬到了互联网上。为此，中国把 1996 年界定成为中国网络营销、互联网营销的起点。互联网的快速发展为众多企业创造了新的品牌推广方式和产品销售渠道。因此，网络营销成为企业营销必不可少的重要战略，网络营销的发展趋势也成为各方关注的热点。

1. 搜索引擎仍然是第一网络营销工具

未来搜索引擎营销的发展势不可挡，并且随着多种专业搜索引擎和新型搜索引擎的发展，搜索引擎在网络营销中的作用将更为突出。搜索引擎营销的模式也在不断发展演变，除了常规的搜索引擎优化和搜索引擎关键词广告、网页内容定位广告等基本方式之外，专业搜索引擎（如博客搜索引擎）、本地化搜索引擎推广等也将促进搜索引擎营销方法体系的进一步扩大和完善（图 1-1 所示为搜索引擎市场份额占有率）。

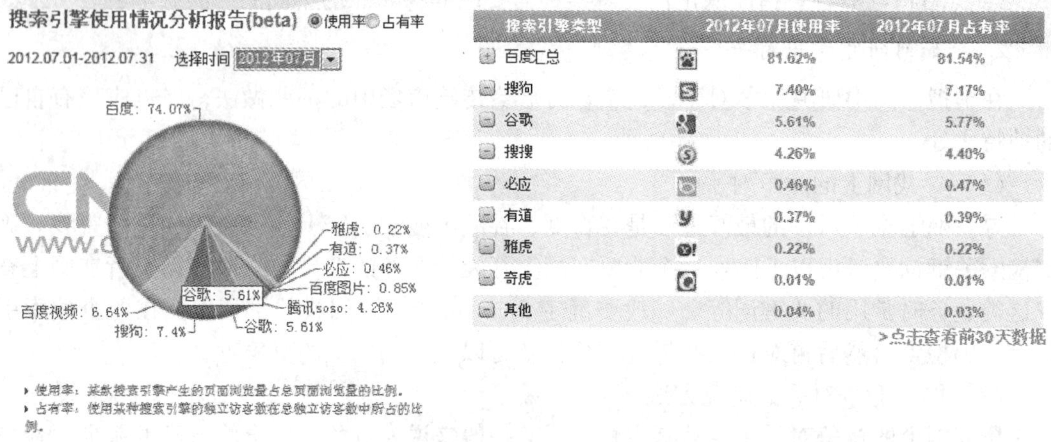

搜索引擎类型	2012年07月使用率	2012年07月占有率
百度汇总	81.62%	81.54%
搜狗	7.40%	7.17%
谷歌	5.61%	5.77%
搜搜	4.26%	4.40%
必应	0.46%	0.47%
有道	0.37%	0.39%
雅虎	0.22%	0.22%
奇虎	0.01%	0.01%
其他	0.04%	0.03%

图 1-1　2012 年 7 月中国搜索引擎运营商市场份额

2. Web2.0 网络营销模式的深度发展

2008 年博客营销已经取得了快速发展，未来的企业博客营销有望成为主流网络营销方法，博客营销成为企业网络营销策略的组成部分，企业博客引领网络营销进入全员营销时代。与此同时更多 Web2.0 网络营销模式将获得不同层次的发展，如 RSS 营销、网摘营销、播客营销、基于 SNS 网络社区的各种营销模式等。如图 1-2 所示的海宝彩虹城。

图 1-2　海宝彩虹城——2010 年世博会吉祥物的 Web2.0 传播

3. 企业网站的网络营销价值将得到提高

随着 IE7 和火狐浏览器用户数量的增加，那些不符合 Web 标准的网站将无法获得正常浏览效果，这将在一定程度上促进网站建设采用 Web 标准的进程。2007 年发布的中国互联网协会企业网站建设指导规范，是基于国际认可的 Web 标准和新竞争力网站优化思想并且经过大量调查研究而制定的，这一规范对于提高网站建设服务商以及企业网站建设的专业水平将发挥积极作用。当越来越多的企业网站建设符合网络营销导向，企业网站的网络营销价值将得到明显提升。

4. 视频网络广告将成为新的竞争热点

受到 YouTube 等视频网站获得成功的刺激，将有大量视频类网站爆发性发展，而传统门户网站和搜索引擎等也将视频网络广告作为未来发展的方向之一。图 1-3 所示为 2012 年第一季度中国互联网广告运营商市场份额。

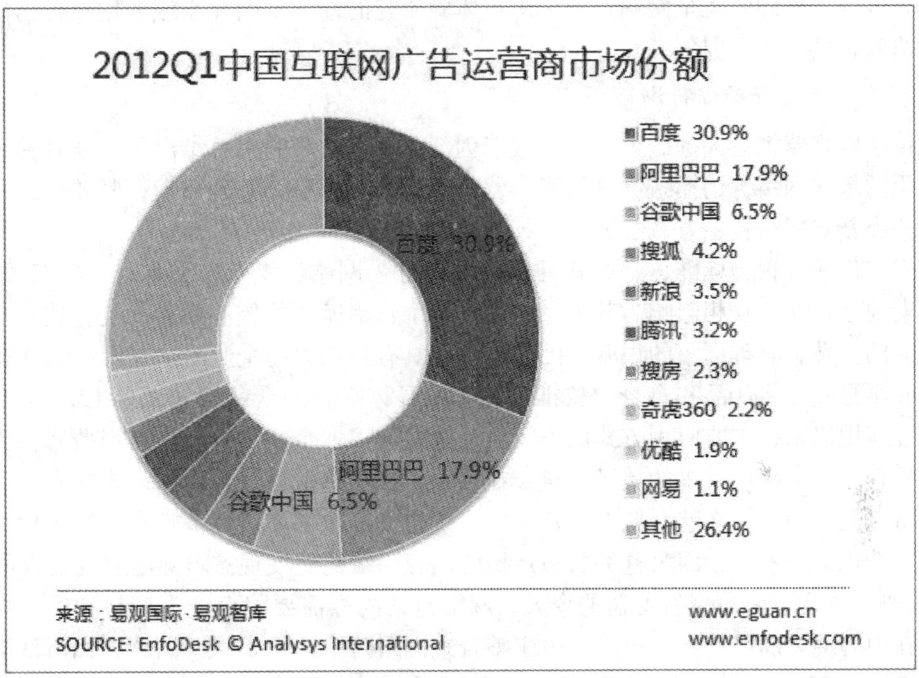

图 1-3　2012 年 Q1 中国互联网广告运营商市场份额

5. 更多适用于中小企业的网络广告形式

传统的展示类 banner 网络广告和 Rich Medi 广告由于广告制作复杂播出价格高昂，至今仍然只是大企业展示品牌形象的手段，难以走进中小企业。不过随着更多分类信息、本地化服务网站等网络媒体的发展，以及不同形式的 PPA 付费广告模式的出现，将会产生更多成本较低的网络广告模式，为中小企业扩大信息传播渠道提供了机会。

6. 插件类网络推广产品市场的演变

随着反流氓软件的进一步深化，一方面与用户决定营销的规则不相符的插件类网络推广产品在网络营销服务市场的地位将进一步降低，甚至存在快速边缘化的可能。另一方面，基于用户许可的客户端插件的网络推广产品，将成为插件类网络营销的主流发展方向。

7. 网站运营注重用户体验改善

网站运营进入精细化管理阶段，即体现出网络营销细节制胜理念。尽管很难详尽罗列用户体验的各项因素，也很难为其下一个准确的定义，甚至对同一现象的用户体验没有统一的解决方案，但是这种听起来似乎有些空洞和玄虚的概念将通过各种细节体现出来并成为网站运营成功的法宝。“让用户可以方便地获取有价值的信息和服务，才是网络营销的精髓”。

8. 系统的用户行为研究将受到重视

以网站流量统计分析为基础的网络营销管理的基本意识已经有了明显提高，网络营销管理的内容将进一步扩大，应用层次也将逐渐提高。互联网用户行为研究是网站运营管理必不可少的内容，同时也是网站运营中用户体验研究的基础，因此系统的用户行为研究将成为网络营销的重要研究领域。

9. 整合式网络营销渐行渐近

在传统网络营销模式基础上，一些敢于创新、善于钻研的人总结出了一整套整合各种网络应用的新式网络营销模式。这种网络营销模式是从消费者心理出发，紧扣要点、精确投放的一类新式网络营销方式、方法。

以推广作业过程为标准，整合式网络营销可分为网站、媒介、文本、形象四大要素，各个要素独立存在、互相影响。其中，网站是整个营销模式的核心要素，是营造企业、产品及服务的消费者心理形象的根基。因此，建设具有亲和力的企业网站（网店）是重中之重；媒介则是企业将产品和自身形象推广出去的具体平台。众所周知，自 1976 年互联网投入商务应用以来，主要应用方式已不下百种之多，根据企业需求和潜在消费者行为选择合适的平台是决定推广效果的关键要素；在确定了根基和媒介后，网络广告文本的形式与内容才得以最终确定。在整合式网络营销中，广告文本除了要讲商务性外，知识性、趣味性和实用性也十分重要，因为这些看似点缀的内容，往往是发现需求甚至启发需求的“触点”；此外，在形象营销越发普遍的今天，网络营销同样需要将企业、产品和服务形象的营造摆在中心地位加以重视。也正是由于整合式网络营销的重要性开始为人们所认同，中国网购事业在 2010 年正式进入新一轮高速发展期，据统计，2010 年全年网上消费品零售总额达 4 980 亿元。

以上仅仅是未来网络营销发展中比较典型的几个方面，此外还有更多值得关注的领域，包括成熟的传统网络营销方法在新的网络营销环境中的发展演变、网络营销效果分析管理、网络营销与企业经营策略等。总之，网络营销将不仅仅是网站建设和网站推广等常规内容，网络营销的关注点也不仅仅是访问量的增长和短期收益，而是关系到企业营销竞争力的全局性的策略。

五、网络营销十大经典案例

1. 王老吉——绝佳的创意

2008 年 5 月，“王老吉，你够狠！捐一个亿”，一个名为“封杀王老吉”的帖子得到网友热捧，帖子号召大家“买光超市的王老吉，上一罐买一罐”，“让它从大家面前彻底消失！”王老吉通过在汶川大地震间的绝妙网络营销方案，使得自己的知名度迅速提升。2009 年 3 月，在由国家统计局中国行业企业信息发布中心主办的第十三届全国市场销量领先品牌信息发布会上，加多宝集团生产的罐装王老吉获得“2008年度全国罐装饮料市场销量第一名”称号。

2. 可口可乐——不抛弃不放弃的精神

可口可乐公司凭借其敏锐的嗅觉，发现了2008北京奥运会蕴含的巨大商机，在火炬全球传递前夕，可口可乐公司与腾讯网合作联合推出奥运火炬在线传递活动。为此，他们设计了8888条路线，并通过网站招募了8888名第一棒火炬在线传递大使。2008年3月24日，北京奥运圣火在雅典古奥林匹亚遗址点燃，同时“可口可乐奥运火炬在线传递”活动启动。

3. iPhone girl——咸鱼也能翻身

“一位英国消费者购买了一部iPhone手机后，惊讶的发现，在iTunes上激活了这部全新的iPhone之后，手机的主屏幕上显示的是一张可爱的中国小姑娘的照片，除了桌面这张照片外，手机里面还有好几副这样的照片，包括工厂的生产线，iPhone girl的称号就此诞生了，这个笑容征服了许多苹果迷，这个女孩出来以后，直接在业内引起了轰动。富士康血汗工厂的形象立刻得以改善。

4. 盛大-起点中文——侯小强带来的改变

2008年9月9日，盛大老板陈天桥在旗下的“起点中文网”举办“30省市作协主席小说巡展”。作家们的作品一贴上网，就受到网络写手们的蔑视与奚落。很快韩寒和河北省作协副主席谈歌之间的口水仗成为众人关注的焦点。后者以前者曾经的一句戏言为蓝本，说出了“要是我当韩寒他爹，那下一秒就把他打死”。引发了两者间激烈的争战。韩寒还针对河南省作协副主席郑彦英的参赛作品《从呼吸到呻吟》，讽为“标题党”。又掀起韩郑之间一场好斗。此后，北京作家赵凝也加入战团声援传统作家，战火愈演愈烈。

9月22日，谈歌发表声明，退出骂仗。韩寒却不依不饶，再度写博文：《驯化与孵化》，直指体制内作家被豢养。

盛大把侯小强征召到起点后，起点在公关的力度和广度都达到了一个前所未有的程度。侯小强充分利用了网络的作用和公关的手段，使盛大的公关活动越来越出彩。

韩寒、李承鹏、黄健翔作为网络博客三大马甲的形象彻底被树立。

5. 大众汽车“只有20，只有在线”的互动营销活动

2007年5月4日，大众汽车在自己的网站上发布最新两款甲壳虫系列——亮黄和水蓝，首批新车一共20辆，均在线销售。这是大众汽车第一次在自己的网站上销售产品。网站采用Flash技术来推广两款车型，建立虚拟的网上试用驾车。将动作和声音融入活动中，让用户觉得他们实际上是整个广告的一个部分。用户可以自由选择网上试用驾车的不同环境，高速公路，乡间田野或其他不同场景。

网上试用驾车使得网站流量迅速上升。每天独立用户平均为470个，每个用户花费时间翻了个倍，达到19分钟，每页平均浏览1.25分钟。并最终成功生成了25份在线订单。

6. 汉堡王Burger King的“听话的小鸡”视频互动游戏

Burger King在美国是仅次于麦当劳的快餐连锁店，他们认为过去的市场推广有严重问题，于是，在2005年的4月7号推出了首创的视频互动线上游戏——“听话的小鸡”，来推广新的鸡块快餐。“听话的小鸡”这个互动广告极为简单，有一个视频窗口站立着一个人型小鸡，下面有一个输入栏，供参与者输入英文单词。当你输入一个单词时，视频窗口里的小鸡，会按照你输入的单词的意思做出相对应的动作，输入“jump”时，小鸡会马上

挥动翅膀，原地跳起，然后恢复到初始的画面，输入“run”时，小鸡就会扬起翅膀，在屋子里疯跑一气。Burger King 在这个页面中没有促销信息，但在搜索栏下面提供了 4 个按钮：单击 photo 按钮，展示所收藏的小鸡的照片；单击 chicken's mask 按钮，展示制作小鸡面具的图像；单击 tell afriend 按钮，可以发邮件把这个网址告知给朋友；最后一个按钮才是可以直接链接到 Burger King 网站的按钮。

汉堡王通过这个成功的病毒营销事件，让自己的新产品鸡块汉堡快餐获得了巨大的成功。据调查，至少有 1/10 曾经浏览过这个网站的网民，享用了汉堡王的鸡块快餐。

7. 电影“婚礼傲客”的剧照 DIY

“婚礼傲客”是前两年一部票房很高的美国喜剧片。制片方对电影进行宣传时，在官方网站上提供了很多婚礼剧照，并提供技术让人们可以将自己的照片贴上来，使自己能出现在“婚礼傲客”的婚礼中。结果有至少 300 万人主动参与设计婚礼剧照，而且纷纷将自己改造后的剧照发给朋友。

8. 沃尔沃汽车的互动数字杂志

沃尔沃通过通联传媒为旗下 S40、S80、C70 三款车型定制多种内容的互动数字视频杂志。用户可以动态地了解沃尔沃汽车各个组件的构造和特性，自由搭配喜欢的车身颜色，潜在用户在获取信息的过程中，通过新媒体的视频、动作及声音效果的体验，对沃尔沃独特的“安全”“新时尚”的理念会有更深刻的感受，在一对一的沟通中达到了很好的效果。沃尔沃通过与消费者的互动强化了品牌理念，同时也获得了用户关注点的宝贵数据。

9. 锐步（Reebok）在 Second Life 中的虚拟店面

Reebok 的本义是指非洲一种羚羊，它体态轻盈，擅长奔跑。Reebok 公司希望消费者在穿上 Reebok 运动鞋后，能像 Reebok 羚羊一样，在广阔的天地间，纵横驰骋，充分享受运动的乐趣。近年来，Reebok 在互动营销领域进行大胆的尝试，将羚羊纵横驰骋的天地也搬进了虚拟世界 Second Life 中。在 Second Life 的 Reebok 虚拟店面里，游客不仅可以和漂亮性感的前台小姐随意合影，还可以在新款运动鞋的展示台前随意改变鞋子的颜色和款式，挑选出自己最满意的产品。这一基于互联网 3D 技术的新的体验营销模式，正在改变着消费者固有的消费行为观念，使消费者对新产品的体验变得更快捷，更方便。

10. 耐克的世界杯网上博客社区

2006 年耐克在精心打造其世界杯战略时，决意尝试一种新的形式：网上博客社区。其中最重要的一环就是2006 年 2 月耐克与 Google 联手推出的足球迷社交博客网站。来自 140 多个国家的注册会员在这个网站上通过围绕他们最爱的球队、球员组建球迷社区、撰写博客、组织临时的竞赛、上传及下载视频。尽管这项活动在世界杯期间推出，但比赛结束后其影响力仍然在延续。

尽管耐克是在阿迪达斯独家取得了美国转播世界杯赛事广告权后，被迫采取这种创新方法的，但耐克惊喜地看到：其实社交网络和博客上的言论已经在塑造着耐克品牌。耐克副总裁曾表示：“那些一个广告做到足彩单场、突出一只大鞋并且指望两者加到一块儿就能带来巨大影响的日子已不复存在了。”

（资料来源：http://wenku. baidu. com/）

技能训练1-1　网络营销环境分析

请读者到中国互联网信息中心（http://www.cnnic.net.cn/）的网站，浏览该网站最近发布的《中国互联网发展状况统计报告》和《中国网页游戏调查报告》等报告。请读者到艾瑞网（http://www.iresearch.cn/），浏览该网站最近发布的互联网核心数据。请读者到网上营销新观察网站（http://www.marketingman.net/index.htm），浏览该网站最近发布的相关信息。并将了解结果填入表1-2。

表1-2　网络营销环境分析

网站		主要内容
中国互联网信息中心	互联网的基础数据	
	互联网络发展状况调查报告	
	网页游戏调查报告	
	中国移动电子商务相关数据	
艾瑞网	网民网络消费行为发展报告	
	B2B电子商务行业发展报告	
	中国搜索引擎行业发展报告	
	中国网上支付行业发展报告	
	在线旅行预订行业发展报告	
网上营销新观察	网络营销发展现状	

项目任务

任务一 网络信息的收集与整理

【任务导入】

苏州桥酒和苏州状元一样，是苏州特产。江苏苏州桥酒酒业有限公司，以下简称“苏州桥酒业公司”（见图 1-4）源于老字号“钱义兴酒坊”。公司拥有“钱义兴”、“苏州桥”和“半月泉”等品牌，皆为吴地佳酿、江南上品。江苏苏州桥酒酒业有限公司审时度势，决定开始通过互联网进行网络营销，开辟国内市场。在进行网络营销之前，首先要做的是必须收集国内白酒市场的有关信息。

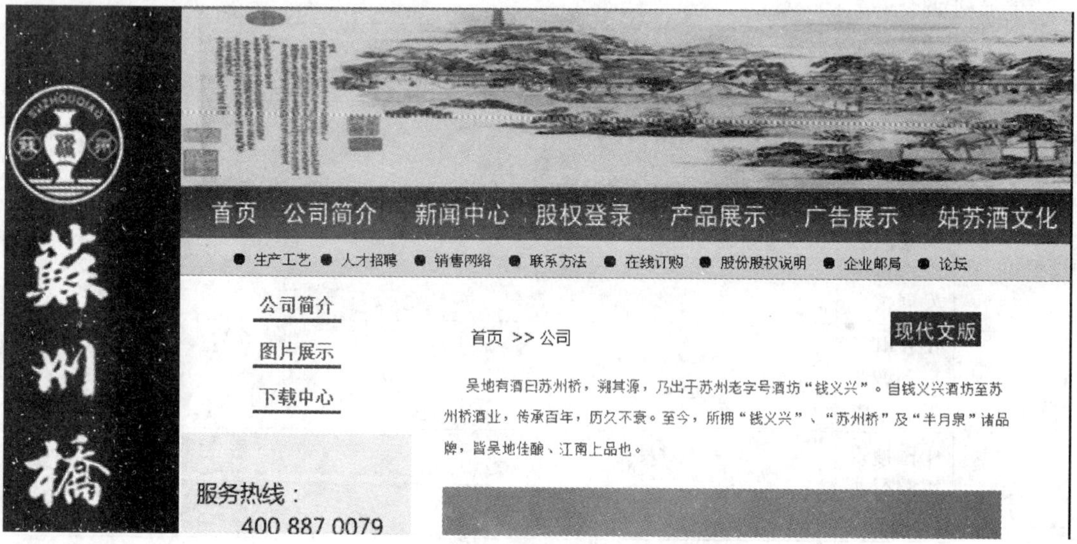

图 1-4 江苏苏州桥酒酒业有限公司

【任务分析】

1. 确立信息收集方向

“苏州桥酒业公司”确定了信息收集的二个方向：

（1）价格信息，包括生产商报价、批发商报价、零售商报价等。

（2）贸易对象，即潜在客户的详细信息，包括贸易对象的历史、规模、实力、经营范围和品种、联系方法等。

2. 制订信息检索方案

信息检索方案如表 1-3 所示。

表 1-3　信息检索方案

价格信息的收集	生产商报价	厂方站点
		生产商协会站点
	销售商报价	销售商站点
		商务谈判信息
		政府酒类专卖机构
收集交易对象的详细信息	专业的管理机构及行业协会站点	
	各国酒类专卖机构站点	
	百度等搜索引擎	
	通过黄页等商业工具	

3. 确定检索方法

本实例主要利用网络搜索引擎，通过关键词和分类目录进行信息检索。筛选的关键词主要有：白酒、白酒品牌、白酒价格、中国白酒、白酒代理、白酒销售等。

【任务实施】

一、价格信息的收集

掌握全面的价格信息是制定价格策略和营销策略的关键。通过对价格信息的分析，可以确定国内各种白酒的质量与价格之间的比例关系；可以摸清国内白酒的总体消费水平，其中最主要的作用是帮助苏州桥酒合理定价。

对价格信息的收集可以从生产商的报价、销售商的报价、酒类专卖机构等方面入手。

常用的信息收集方法有：利用搜索引擎收集；通过电子商务交易中心检索收集。

（一）利用搜索引擎收集价格

1. 检索生产商的报价

寻找白酒生产厂商，常用的方法是利用搜索引擎，即利用关键词进行数据的检索。下面主要介绍如何通过百度（www. baidu. com）检索生产商的报价。

（1）在百度网站上输入关键词“中国白酒企业”可以找到白酒企业名录（见图 1-5）与白酒企业（见图 1-6）。

（2）进入古井集团网站（http：//www. gujing. com/index. asp），单击“在线订购”可以进入古井贡酒旗舰店就能找到该企业白酒的价格（见图 1-7）。

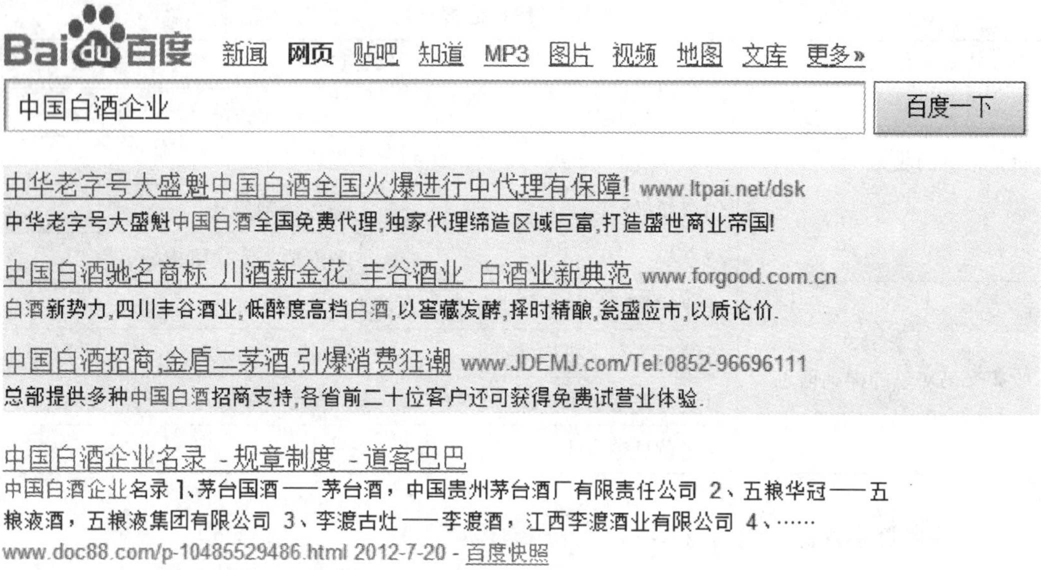

图 1-5 百度检索白酒生产企业的结果

图 1-6 古井集团首页

图 1-7 古井集团白酒价格

2. 检索销售商的报价

在百度网站上输入关键词“白酒专卖店”就可以找到各种白酒的专卖店（见图 1-8），也可以在百度网站上输入关键词“麦德龙”、“大润发”、“家乐福”、“华联超市”等，以获得各个超市所售白酒的价格（见图 1-9）。

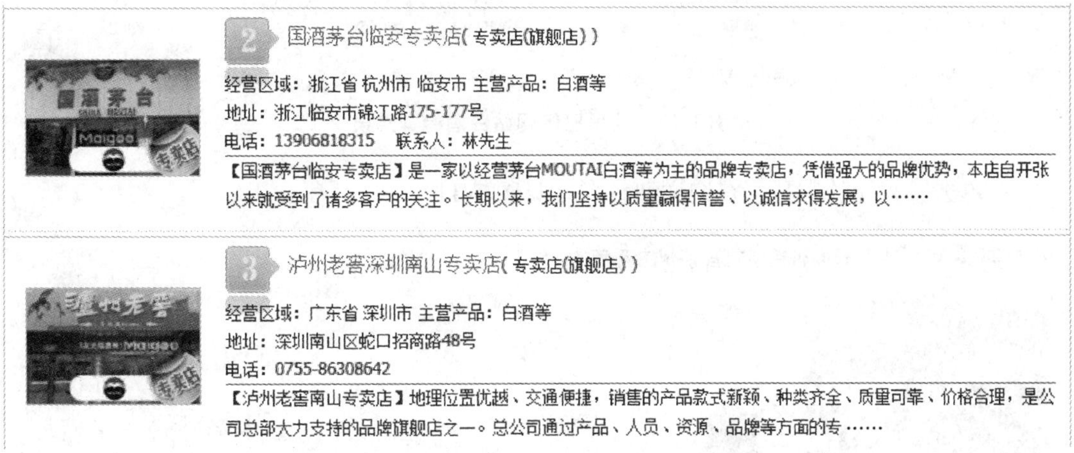

图 1-8　白酒专卖店

图 1-9　麦德龙白酒销售价格

（二）通过电子商务交易中心检索价格

许多电子商务交易中心都提供产品的价格，阿里巴巴网站就是一个很好的产品信息集散中心。

1. 进入阿里巴巴网站（http://www.alibaba.com.cn/），在检索栏中输入“白酒”（见图 1-10）。

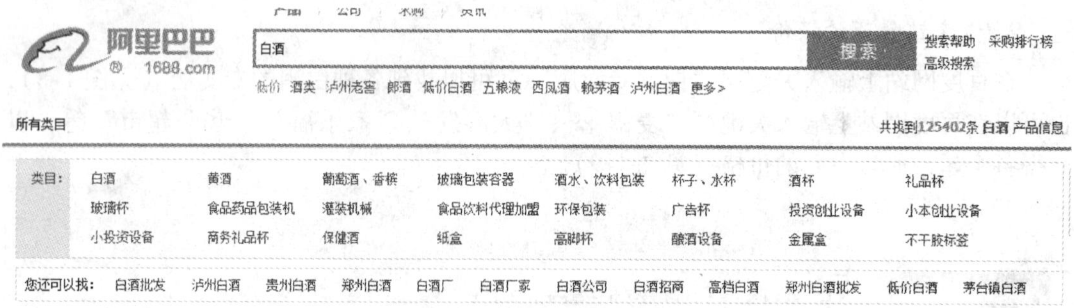

图1-10 阿里巴巴网站白酒检索结果

2. 单击感兴趣的产品，查询详细信息（见图1-11）。

图1-11 郎酒的详细信息

从生产商、销售商、酒类专卖机构等得到的价格信息，应该再加以整理、分析，才能确定它们之间的相互关系，最后得出完整的价格体系。

二、收集交易对象的详细信息

可以利用百度等搜索引擎或者黄页（见图1-12）等商业工具，检索专业的酒类管理机构、酒类行业协会站点（见图1-13）和酒类专卖机构站点以获取交易对象的详细信息。

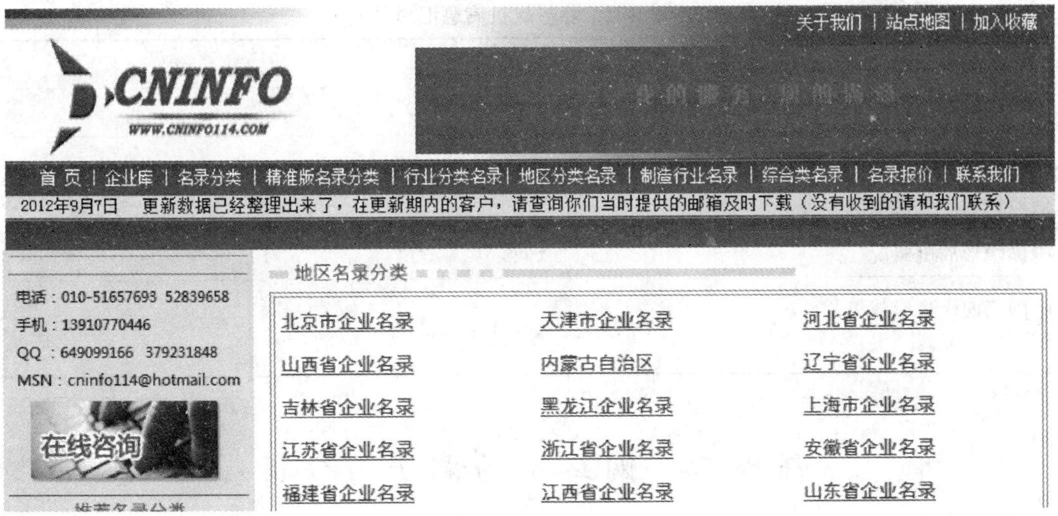

图 1-12　中国黄页大全

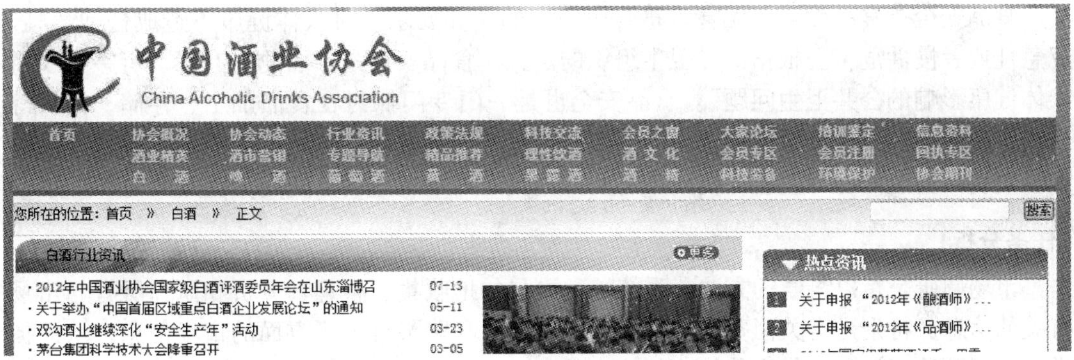

图 1-13　中国酒业协会

三、检索过程评价

企业在收集了以上两个方面的情报后，通过对这些情报的分析和整理，就能掌握国内白酒交易的价格走势，为苏州桥酒进行正确定位，这些工作为以后的网上谈判、选择代理商等网络营销工作打下了良好的基础。

技能训练 1-2　*隐形战机信息汇总*

中国第四代隐形战机歼-20 于 2011 年 1 月 11 日中午首次试飞成功，历时大约 18 分钟。歼-20 一经网络曝光就掀起了全球关注热潮。请读者利用网络搜集世界各国新型隐形战机的有关信息，并将收集到的信息进行归类整理并填入表 1-4 中。

表 1-4 隐形战机信息汇总

什么是隐形战机	
隐形战机的原理	
美国隐形战机概况	
俄罗斯隐形战机概况	
中国隐形战机概况	
中国第四代隐形战机试飞的意义	

任务二 网络市场调研与分析

【任务导入】

食品安全指食品无毒、无害，符合应当有的营养要求，对人体健康不造成任何急性、亚急性或者慢性危害。根据世界卫生组织的定义，食品安全是“食物中有毒、有害物质对人体健康影响的公共卫生问题”。食品安全也是一门专门探讨在食品加工、存储、销售等过程中确保食品卫生及食用安全，降低疾病隐患，防范食物中毒的一个跨学科领域。为了加强对食品安全问题的监管，杭州市有关部门决定对市场上食品的安全性开展调查。

【任务分析】

市场调研是指以科学的方法，系统地、有目的地收集、整理、分析和研究所有与市场有关的信息，特别是有关消费者的需求、购买动机和购买行为等方面的市场信息，从而提出解决问题的建议，以作为营销决策的基础。

传统的市场调研一方面要投入大量的人力物力，如果调研面较小，则不足以全面掌握市场信息；如果调研面较大，则时间周期长，调研费用大。另一方面，在传统的市场调研中，被调查者始终处于被动地位，企业不可能针对不同的消费者提供不同的调查问卷，而针对企业的调查，消费者一般也不予以反应和回复。

网络市场调研虽然也存在这样那样的问题，但其优势也是非常突出的，主要表现在以下几个方面：一是它的互动性，这种互动不仅表现在消费者对现有产品的发表意见和建议，更表现在消费者对尚处于概念阶段产品的参与，这种参与将能够使企业更好地了解市场的需求，而且可以洞察市场的潜在需求；二是网络调研的及时性，网络的传输速度快，一方面调研的信息传递到用户的速度加快，另一方面用户向调研者的信息传递速度也加快了，这就保证了市场调研的及时性；三是网络调研的便捷性和经济性，无论是对调查者还是被调查者，网络调查其便捷性都是非常明显的。调研者只要在其站点上发布其调查问卷，而且在整个调查过程中，调研者还可以对问卷进行及时修改和补充。同时，对于反馈的数据，调查者也可以快速便捷地进行整理和分析，因为反馈的数据可以直接形成数据库。这种方便性和快捷性大大地降低了市场调研的人力和物力耗费。

1. 确定市场调研方法

（1）采用传统市场调研方法，对杭州市场上的食品进行调研。

（2）采用网络市场调研方法，通过网络平台了解市民对食品安全消费的认知度。

2. 制订食品安全调查方案（见表1-5）

表1-5　食品安全调查的方案

市场调研	传统市场调研	问卷调研	社区、政府、食品工厂、市场等
	网络市场调研	问卷调研	杭州市食品安全网
撰写调研报告	完成杭州市食品安全调研报告		

【任务实施】

一、2010年杭州市食品安全消费者满意度调查①

1. 您是否知道本市实施了食品放心工程、食品安全专项整治工作？

□ 知道　　□ 不知道

2. 您采购食品最关注什么？

□ 安全　　□ 价格

□ 品牌　　□ 包装、标识

□ 其他

3. 当前，有关食品安全知识方面，您最需要的是：

□ 食品安全相关法规　　□ 安全饮食知识

□ 食品营养知识　　□ 食品贮存知识

□ 食品生产加工知识　　□ 食品烹饪知识

□ 食品添加剂知识　　□ 儿童食品安全知识

□ 其他

4. 如果您对食品安全问题进行了投诉，您对有关政府部门的处理结果满意吗？（单选）

□ 满意　　□ 一般

□ 不满意

5. 如果您遭遇到食品安全问题（假冒伪劣食品问题、餐馆就餐问题、饮用水品质问题等等），您是否向当地有关政府部门进行了投诉？（单选）

□ 是　　□ 否

6. 您认为超市所销售的食品安全可信程度为：（单选）

□ 80%～100%　　□ 60%～80%

□ 40%～60%　　□ 20%～40%

7. 您常去哪种场所购买食品？（单选）

□ 超市　　□ 集贸市场

□ 小卖部　　□ 小摊贩

① 杭州市食品安全网。

8. 您选择食品的主要依据是什么？（多选）

☐ 品牌 ☐ 价格

☐ 营养 ☐ 新鲜程度

☐ 包装标识 ☐ 安全

9. 您对您所评价的城区的哪类食品最不放心：（多选）

☐ 米、面 ☐ 肉及肉制品

☐ 蔬菜 ☐ 水果

☐ 奶制品 ☐ 水产品

☐ 豆制品 ☐ 儿童食品

☐ 酒 ☐ 饮料

10. 您购买食品时最不能忍受的是：（多选）

☐ 以假充真或以次充好 ☐ 缺斤少两

☐ 虚假或错误标签标识 ☐ 夸大宣传

☐ 超过保质期 ☐ 不安全食品

11. 您能辨别注水肉吗？（单选）

☐ 能 ☐ 不能

12. 您知道在蔬菜处理过程中怎么减少农药残留吗？（单选）

☐ 知道 ☐ 不知道

13. 您认为对安全问题严重的食品，最有效的解决办法是：（多选）

☐ 政府部门加强监督，加大处罚力度

☐ 政府部门及时公布食品安全信息

☐ 媒体多曝光

☐ 普及科学消费知识

☐ 倡导诚信经营，行业自律

☐ 消费者增强维权意识，举报、投诉不法商贩

14. 您想了解和获取食品安全知识最快的途径是：（多选）

☐ 向有关部门咨询 ☐ 上网搜索

☐ 看报纸 ☐ 问邻居

☐ 看电视 ☐ 去书店买书看

15. 您对您所评价的城区的食品安全满意度是：（单选）

☐ 很满意 80%～100% ☐ 满意 60%～80%

☐ 一般 40%～60% ☐ 不满意 20%～40%

☐ 很不满意 20% 以下

16. 请选择您所评价的区域

☐ 上城区 ☐ 下城区

- [ ] 江干区　　　　　　- [ ] 拱墅区
- [ ] 西湖区　　　　　　- [ ] 滨江区
- [ ] 萧山区　　　　　　- [ ] 余杭区
- [ ] 桐庐县　　　　　　- [ ] 淳安县
- [ ] 建德市　　　　　　- [ ] 富阳市
- [ ] 临安市　　　　　　- [ ] 杭州经济技术开发区
- [ ] 杭州西湖风景名胜区

感谢您的支持！

请输入您的姓名和联系方式以便我们与您联系。

姓　　名：________________________

联系方式：________________________

电子邮箱：________________________

二、杭州食品安全调查

某学院的学生利用2009年暑期组成了社会实践小分队，深入群众，走访有关政府部门，参观工厂对杭州食品安全进行了调查。

三、完成2009年杭州食品安全调研报告（阅读材料）

杭州食品安全调研报告——某学院学生2009年暑期实践活动成果。

经历了全国人大常委会四次审议，全国人大对法律7次逐条审议，向全社会公开征求了1万余条意见，耗时长达3年的《中华人民共和国食品安全法》于2009年6月1日正式颁布实施了。新的《中华人民共和国食品安全法》是在全党深入学习实践科学发展观，顺应我国经济社会发展形势需要而出台的一部重要法律，体现了党和国家对保障食品安全、保护人民群众身体健康和生命安全的高度重视。《中华人民共和国食品安全法》赋予了卫生行政部门食品安全综合协调、重大事故查处、风险监测与评估、信息发布、标准制定、新产品的许可及检验规范的制定等6项重要使命。在新法正式颁布实施一个月之后，某学院杭州食品安全调查暑期社会实践小分队，深入群众，走访政府，参观工厂，对《中华人民共和国食品安全法》颁布实施以来带来的变化及目前的食品安全现状进行了调查，详细分析《中华人民共和国食品安全法》的实施给我们带来的意义及如何立足于现状更好地解决食品安全问题。

1.《中华人民共和国食品安全法》颁布实施的意义

一是《中华人民共和国食品安全法》的颁布实施是促进社会和谐发展的具体体现，是深入贯彻落实科学发展观的重大成果。近年来，我国接连发生多起重大食品安全事故，特别是2008年三鹿奶粉事件给人民群众健康造成严重伤害，给国家声誉和政府形象带来了恶劣影响。做好食品安全工作，提高食品安全水平已经成为广大人民群众的迫切要求。制定《中华人民共和国食品安全法》的重要目的就是通过法制化的手段，保证食品安全，保障公众身体健康和生命安全，是实践科学发展观的具体体现。

二是《中华人民共和国食品安全法》的颁布实施是维护社会稳定和改善民生的有效手

段，是维护公众身体健康和生命安全的重要举措。食品安全直接关系人民群众切实利益，是重大的民生问题，党中央、国务院历来高度重视，始终将实现好、维护好、发展好最广大人民的根本利益作为一切工作的出发点和落脚点。《中华人民共和国食品安全法》的颁布实施，从法律上规范食品生产经营活动，防范食品安全事故发生，加强食品安全监管，约束行业自律，对维护社会稳定和改善民生发挥重要作用。

三是《中华人民共和国食品安全法》的颁布实施，明确了各部门的职责和分工，为系统有序地解决当前食品安全问题提供了强有力的法律保障。《中华人民共和国食品安全法》在食品卫生法律制度基础上，不断总结经验教训，特别吸取2008年三鹿牌婴幼儿奶粉事件的惨痛教训，在法律中明确了食品生产经营者是食品安全的第一责任人，以及建立食品安全全程监管的要求。《中华人民共和国食品安全法》将科学的管理制度、有效的管理手段及明确的职责分工通过法律的方式予以规定，有利于食品。安全监管体制不断完善，有利于实现食品安全的全程监管，为系统有序地解决当前食品安全问题提供了法律保障。

2. 目前的食品安全现状

改革开放以来，我国的国民经济得到前所未有的发展，与之相伴的是我国的食品工业也得到了巨大的发展，但是仍然存在不少问题，目前存在的最为严重的问题是食品安全问题。重大食品（物）中毒事件频频发生，假冒伪劣食品屡打不止、屡禁不止。这些食品安全问题不仅严重损害了我国消费者的身体健康，而且还严重影响了广大消费者的食品消费心理，引起了相当程度对食品安全的不信任。国际上流行的“对食物短缺的担忧已被对食品的安全恐惧的代替”这一说法在我国有一定程度的体现。食品安全问题已成为举国关注，百姓日常议论和关切的话题，如果上述问题得不到很好的解决将会对人民的体质健康、整体生活水平、稳定健康的心态以及食品工业和整个经济的发展都带来严重的负面影响。

表1-6是对近些年来出现的重大食品安全问题的统计。

表1-6 食品安全现状

问题食品	爆发时间	问题物质	危　害
可口可乐	2012.4	含氯消毒液	刺激胃肠道
虾	2012.2	胶	含有重金属和致癌物
台湾饮料	2011.5	塑化剂	毒性远高于三聚氰胺，DEHP还可能会造成小孩性别错乱，包括生殖器变短小、性征不明显
双汇肉肠	2011.3	瘦肉精	人食用会出现头晕、恶心、手脚颤抖、心跳，甚至心脏骤停致昏迷死亡，特别对心律失常、高血压、青光眼、糖尿病和甲状腺机能亢进等患者危害极大
麦当劳的麦乐鸡	2010.7	聚二甲基硅氧烷特丁基对苯二酚	食品添加剂超标，对眼睛有刺激性
王老吉	2009.5	夏枯草	脾胃虚弱的人或患风湿的人喝了可能会造成腹泻甚至加重病情
鸡蛋	2008.10	三聚氰胺	可能导致肾结石、肾衰竭等泌尿系统疾病，严重者可致死

续表

问题食品	爆发时间	问题物质	危　害
柑橘	2008.10	蛆虫	少量误食柑蛆不会产生什么问题，但如有身体不适，应立即就医
螃蟹	2008.10	甲醛（水溶液俗称“福尔马林”）	大量食用可导致急性中毒甚至死亡，长期食用可致癌
银鱼	2008.10	甲醛（水溶液俗称“福尔马林”）	可能导致肾结石、肾衰竭等泌尿系统疾病，严重者可致死
婴儿奶粉	2008.9	三聚氰胺	可能导致肾结石、肾衰竭等泌尿系统疾病，严重者可致死
多宝鱼	2006.11	孔雀石绿	长期大量摄食，既会产生耐药性，也存在致癌可能
红心鸭蛋	2006.10	苏丹红	可能致癌
大闸蟹	2006.10	硝基呋喃代谢物	致癌
雀巢奶粉	2005.5	碘超标	影响甲状腺功能
肯德基的奥尔良烤翅	2005.3	苏丹红	经常摄入含较高剂量苏丹红的食品会增加致癌的危险性

3. 食品安全问题的祸因

(1) 化肥、农药等对人体有害物质残留于农产品中

由于多施和不按规定要求滥用农药，我国每年因农药引起的食物中毒事件屡屡发生，特别是蔬菜中残留的有机磷中毒。蔬菜中残留的有机磷被人体吸收后，通过血液输送到全身各个脏器，其中毒症状主要表现为出汗、肌肉颤动、心跳加快、瞳孔缩小等，严重的可导致中枢神经系统失常。我国农产品中有机磷残留量超出国家标准的现象较为突出。

我国每年大量、超量或不合理地施用化肥于农作物上，使化肥在土壤中的残留量越来越重，化肥施用不当、滥用化肥生产的蔬菜对人体健康的威胁并不亚于蔬菜中残留的农药。硝酸盐本身并没有毒，但在人的口腔和胃肠中会在细菌的作用下还原为亚硝酸盐。当亚硝酸盐大量聚集则可能引起中毒，长期摄入，可诱发消化道系统癌变，如胃癌、肠癌。流行病学实验已经证明，硝酸盐和亚硝酸盐与食品中固有的胺类化合物是致癌物亚硝胺的前提物质，亚硝胺的诱癌时间随人体摄入量增多而缩短。

(2) 抗生素、激素和其他有害物质残留于禽、畜、水产品体内

为了预防和治疗家禽、畜和水产品患病而大量使用抗生素、磺胺类等化学药物，往往造成药物残留于动物组织中。兽药残留既包括原药，也包括药物在动物体内的代谢产物。在食品中由于药物本身的副反应或耐药性细菌种群的增长，将增加潜在健康安全问题。目前氯霉素等抗生素兽药残留量是欧盟各国对我国出口肉食品检验检疫的重点。近年，在我国由于盐酸克伦特罗（“瘦肉精”）兴奋剂可以使禽、畜产生足够的瘦肉而被大量使用，从而使更多食用残留有“瘦肉精”食品的消费者引起中毒反应，严重者甚至死亡。

(3) 重金属污染

重金属污染对食品安全的影响非常严重，它属于化学污染。据分析，重金属污染以镉

污染较为严重，其次是汞、铅等，污染物多为粮食作物，非金属砷的污染也不可忽视。多数金属在体内有蓄积性，半衰期较长，能产生急性和慢性毒性反应，可能还会有致畸、致癌和致突变的潜在危害。目前，我国儿童铅污染较为严重。

(4) 超量使用食品添加剂

国家有关部门认定了可供食品加工用的添加剂品种及其用量和在产品中的残留限量，超量使用可能对人体造成危害。经质量技术监督部门检测，曾有在面粉中超限量5倍添加增白剂“过氧化苯甲酰”；在腌菜中超标量20多倍使用苯甲酸；在饮料中成倍超标使用化学合成甜味剂等。

(5) 毒素污染

毒素污染是目前极为严重的食品安全问题。毒素主要来源于自然界，如贝类毒素和真菌毒素。贝类毒素不易被加热所破坏，所以其危害性是相当大的。我国浙江、福建、广东等地曾多次发生贝类中毒，中毒症状主要表现为突然发病、唇舌麻木、肢端麻痹、头晕恶心、胸闷乏力等，部分病人伴有低烧，重症者则昏迷、呼吸困难，最后因呼吸衰竭窒息而死亡。导致中毒的是蚶子、花蛤、香螺、织纹螺等常食用的贝类。真菌存在于大多数的农产品中，真菌毒素直接或间接进入食物链导致动植物食品受到毒素污染。在众多的真菌毒素中，黄曲霉毒素是众所周知的最危险的毒素之一，是一种强致癌物。黄曲霉毒素常存在于花生、坚果等粮油类食品及其制品中，近年来我国频繁出现“毒大米”事件，即为黄曲霉毒素污染。

(6) 滥用非食品加工用化学添加物

在食品加工制造过程中，非法使用和添加超出食品法规允许适用范围的化学物质（其中绝大部分对人体有害）。例如：使馒头、包子增白用二氧化硫；使大米、饼干增亮用矿物油；用甲醛浸泡海产品使之增韧、增亮，延长保存期；改善米粉、腐竹口感使用“吊白块”（一种化工原料，学名甲醛次硫酸氢钠）等。

(7) 食品制造使用劣质原料

加工食品使用劣质原料给食品安全造成极大隐患。如：用病死畜禽加工熟肉制品；用“地沟油”加工油炸食品等。

(8) 假冒伪劣食品

近年来假冒伪劣食品在一些地区，特别是广大农村地区肆意横行。如：用化学合成物质掺兑的酱油、食醋；粗制滥造的饮料、冷食品；水果表面用染料涂色；用工业酒精制造假酒、甲醇假冒白酒等。

(9) 病原微生物控制不当

食品的原料和加工程度决定了它具备一定的微生物生长条件，食品加工制造过程和包装储运过程中稍有不慎就会发生微生物的大量繁殖。我国发生的集体食物中毒大多由微生物引起。在我国，易造成食物中毒的病原微生物主要有：致病性大肠杆菌、金黄色葡萄球菌、沙门氏菌等。病原微生物引起的食物中毒事件每年都有发生，尤其在气温较高的夏、秋季节更容易发生。

(10) 腐败变质的食物上市流通

食品基本都以动植物生物组织作为主要成分。这些物质在一定条件下会发生一系列的化学和生物变化，产生各种对人体有害的物质。比如变质的鲜奶、酸奶、鲜肉，超过保质期的糕点、果汁饮料等。

(11) 转基因食品的潜在危险

生物技术产品的出现同样带来了安全性问题。如今，转基因食品早已摆上了人们的餐桌，比如人们大量食用的番茄、甜椒，大豆粉、大豆油等大豆制品。尽管目前还没有足够证据证明转基因食品对人类有害，但有关转基因食品安全性问题已引起人们的密切关注。目前人们所担忧的是转基因食品对人体健康的危害，转基因产品是否对人体无毒、无副作用，转基因产品与非转基因产品是否"实质等同"无显著差异。从国内外对转基因生物的研究来看，转基因食品具有以下几个方面的潜在危险：可能损害人类的免疫系统（标记基因）；可能产生过敏综合症；可能对人类有毒性；对环境和生态系统有害；对人类和人体存在未知的危害。

4. 政府职能在监管中出现的问题

按照我国目前的食品安全监管体制，我国采取分阶段分环节监管的体制，具体分工如下：

- 农业、林业、渔业部门根据各自职责负责初级农产品生产环节的监管；
- 质量技监部门负责食品生产加工环节的监管，并划入现由卫生部门承担的食品生产加工环节的卫生监管职责；
- 工商部门负责食品流通环节的监管；
- 卫生部门负责餐饮业和食堂等消费环节的监管；
- 食品药品监管部门负责对食品安全的综合监督、组织协调和依法组织查处重大事故；
- 在食品生产加工、流通和消费环节；
- 质量技监部门负责食品生产加工环节质量卫生的日常监管，要严格实行生产许可、强制检验等食品质量安全市场准入制度，严厉查处生产、制造不合格食品及其他质量违法行为；
- 工商部门负责食品流通环节的质量监管，要认真做好食品生产经营企业及个体工商户的登记注册工作，取缔无照生产经营食品行为，加强上市食品质量监督检查，严厉查处销售不合格食品及其他质量违法行为，查处食品虚假广告、商标侵权的违法行为；
- 卫生部门负责食品流通环节和餐饮业、食堂等消费环节的卫生许可和卫生监管，负责食品生产加工环节的卫生许可，卫生许可的主要内容是场所的卫生条件、卫生防护和从业人员健康卫生状况的评价与审核，要严厉查处上述范围内的违法行为。

但是，目前政府的监管还是出现了以下两个问题：

(1) 政府监管不力

监管重点落点不对：目前政府多是对最终产品进行监督和管理（即使这些都还没有监管到位），忽视了过程控制，虽然增加了 QS 认证，但也是形式化，没有真正地走到企业中，没有给企业形成监督的压力，实在劳民伤财，没有得到足够的监管，反而成了某些人捞钱的工具。

监管人员的素质不高：政府的这些监管人员多流于理论，观察和发现问题的能力较低，再有就是监管态度，不是为了引导、管理企业如何更好地发展，只是走一走、看一看、挑挑所谓的毛病，使企业疲于应付。

（2）监管部门责任不清

没有具体人员对企业监管负责，出现问题更找不到监管部门的责任人。也就是说责权不分，没有绩效考核的制度，这样一来，监管部门也就干好干坏都一样。

5. 如何解决食品安全问题

（1）加强“农田到餐桌”监管、加强食品检测检验研究是保障食品安全的第一步

在实行从“农田到餐桌”管理的食品安全保障体系中，检测工作应当紧随标准的修订不断完善。检测工作作为食品原料、生产加工过程、运输以及市场销售等环节中内部自我监控和外部监督检查的重要手段，直接影响食品的质量和安全。随着食品中安全卫生指标限量值的逐步降低，对检测技术提出了更高的要求，检验检测应向高技术化、速测化、便携化以及信息共享迈进。设置系统的食品检测机构并使之逐步社会化、建立科学的检测质量保证体系以及加强检测技术储备和人员储备是从总体上提高我国食品检测能力的重要举措。

（2）进一步完善食品安全的法律法规、理顺食品安全监管体系，加强监管力度

及时更改和修订过时的法律法规，要做到与时俱进。各地也可根据实际情况，制定符合本地工作需要的地方性法规。面对当前食品安全状况，建议在现有基础上进一步加强以上五个方面工作：一是加强“从田头到餐桌”的全过程质量安全控制；二是加强食品安全标准体系，科学确定食品标准制定原则和依据，增强标准的可操作性，逐步实现标准体系与国际惯例接轨；三是加强无公害农产品、绿色食品、有机食品认证等各类认证的法律地位，理顺相互之间的关系，逐步建立统一的食品认证认可体系，培育一批运作规范、社会信誉高、符合国际通行规则的食品认证机构；四是加强劣质产品召回制度，为查处和销毁不安全食品提供法律依据；五是加强食品安全应急机制。

（3）建立顺畅的食品安全信息网络

建立良好的质量信号传递机制，有助于解决食品质量的市场失灵。我国食品生产者大多文化素质低，生产规模小，而食品产业链较长，致使信息标签管理等难发挥作用。政府要提供公共信息和教育培训，使公众拥有完全充分的信息来权衡利益风险进行选择。及时发布食品安全信息，定期公布质量抽检结果，发布疫情和有毒有害物污染警报，提醒公众采取必要的防范措施，对具有良好声誉的企业进行宣传报道，并接受新闻媒体和公众监督。建立各类食品营养信息数据库，对消费者、生产者和食品系统从业人员进行食品安全方面的培训与教育。

（4）多种手段综合运用来提高食品安全水平

提高食品安全水平除了法律和行政监管外，还要注重从经济和技术等层面上共同推进。经济手段提高生产的组织化程度，充分发挥产业化龙头企业和农村经济合作组织引导和带动作用，将分散经营的主体组织起来加强质量控制，实行标准化生产，实现规模效应和品牌效应；按照市场价格和市场需求调节农产品加工，靠加工企业对原料的需求和对原料的检验监督来带动分散生产的农户组成有一定规模的标准化的商品生产基地，使生产、加工、销售一脉相承，形成良性循环，从而保证食品加工的每一阶段都是安全的；提高质量认证的可信度和权威性，提高优质产品的知名度，使生产经营者强化诚信意识，规范生产经营行为，提升技术装备，改进工艺操作和检验手段，加强原料生产、制造加工、储运和流通过程的食品安全控制，从而实现从农田到餐桌的全过程控制；增强对食品安全事件的经济处罚力度，从而增加不法厂商的风险成本，从根本上遏制假冒伪劣食品的生产。技

术手段加强基础研究和食品安全管理前沿问题研究，探索研究食品中病原体、农药、兽药、化学污染物等有害物质的快速、高效检测技术和方法，确定有害物最大残留限量，提高食品安全检测机构的实验室条件和人员水平、标准物质的质量和参照标准水平；开展先进的食品安全控制技术的基础研究和应用研究，促进科研成果转化为生产力。

技能训练1-3　转基因食品调查

转基因食品（Genetically Modified Foods，GMF）是利用现代分子生物技术，将某些生物的基因转移到其他物种中去，改造生物的遗传物质，使其在形状、营养品质、消费品质等方面向人们所需要的目标转变。以转基因生物为直接食品或为原料加工生产的食品就是“转基因食品”。

据国际农业生物技术应用服务组织（ISAAA）的报告称，虽然全球经济不景气，粮食价格在下跌，但对于转基因技术的运用量却增加了7%。目前，全世界种植的豆类食品中，有四分之三是转基因作物，棉花中转基因的占大概一半，而玉米中也有四分之一的为转基因。

应用转基因的方法，改变生物的遗传信息，拼组新基因，使今后的农作物具有高营养、耐贮藏、抗病虫和抗除草剂的能力。但是不可避免的是转基因技术的使用带来了一定的食品安全隐患。

请以小组为单位，对本市市场上的转基因食品进行调查；利用网络或者传统渠道调研大众对转基因食品的认同度；并完成本市转基因食品调研报告，如表1-7所示。第一调查网（http://www.1diaocha.com/）、问卷星（http://www.sojump.com/）等都是专业的在线调查平台）。

表1-7　转基因食品调查

类　别	要　点
转基因食品分布问卷	
大众对转基因食品认知度问卷	
转基因食品调研报告	

任务三　网络营销策划

【任务导入】

要提高婚庆产品和服务质量，行业之间的强强联合是一条出路。而网络为这种联盟合作提供了更多的机会和空间。通过对婚纱影楼进行网络营销策划，利用网络给婚纱影楼开辟了新的市场。图 1-14 所示为全国影楼网首页。

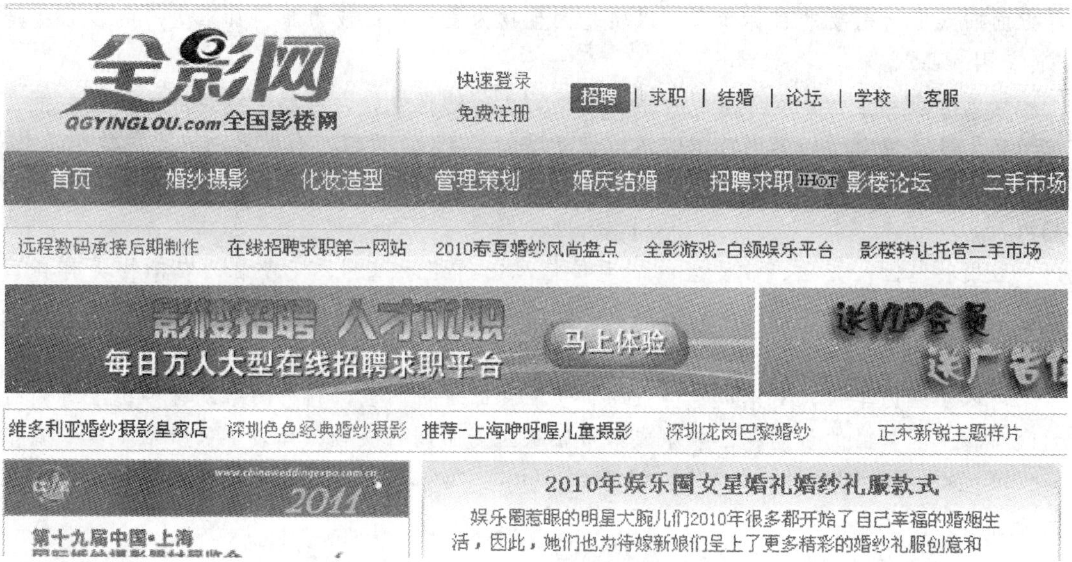

图 1-14　全国影楼网首页

【任务分析】

网络营销并不单指网站推广，也并不只是一个网上销售，所以，网络营销工作所带来的效果也是多种表现，比如对客户服务的支持、对线下产品销售的促进、对公司品牌拓展的帮助等。

一次成功的网络营销策划能起到很关键的作用，网络营销策划包括：设计网络营销规划书、组建网络营销团队、建设网络营销平台，选择网络推广方法和网上销售方法，还要注意线上线下互动等。

【任务实施】

下面以影楼的网络营销策划为例讲解如何低成本地进行网络营销策划。

一、网络营销所要准备的东西

1. 设计一份网络营销规划书

网络营销规划书最主要的功能是通过对自身及网络环境的分析，进行合理的网络定位，迅速在网络的竞争中找准自己的位置，产生最大的效果。网络营销规划书最基本的功能就是：协调工作。当然在协调工作的同时，也起到监督、管理的作用。在执行的过程当中，对网络营销规划书需要根据实际情况不断地更新。

2. 组建网络营销团队

有营销，就必须要有人去规划，去执行，去跟踪，去管理，合理地配备一个营销团队来负责网络营销，也是有必要的，通常有以下几种方案：

一个完整的营销团队分为：网络营销运营总监（或者主管）、网站二次开发人员1名、美工人员1名、网络SEO优化推广人员1名、推广人员2～4名、客户服务人员2～4名、网络营销商务人员1名。

压缩版：网络营销主管1名，网站设计兼美工1名，网络SEO优化推广人员1名，推广兼客户服务人员2名，网络营销商务人员1名。

精减版：网络营销主管兼商务人员一名，网站设计兼美工一名，网络SEO、推广各一名，客服人员两名。

超级减版：网络SEO+商务人员+网络维护1名，推广+客服1名。

3. 建设网络营销平台

方案一：

建设自己的平台：展现公司的品牌、文化等；影楼论坛：给客户一个交流平台。

网站就相当于虚拟的影楼门面，顾客登录网站就相当于走进影楼，与门市沟通。在这里顾客可以放松的了解影楼的产品、影楼的服务流程、影楼的经营理念、影楼的门面以及内部的图片、影楼的地址、电话号码、技术人员的介绍、影楼最新的优惠促销以及拍摄风格，影楼网站所展示的图片是顾客选择影楼的关键。

方案二：

借助别人的平台：博客平台+论坛平台+商务平台+其他平台。

通过这些平台，可以让更多的潜在客户了解我们的影楼、了解我们的产品、了解我们的服务，而这些平台，通常不需要我们花费太多的成本，他们基本上是免费的，我们只要花一些时间去维护就可以。

4. 发展代理商，加强渠道建设

任何一个行业要做大、做强、快速发展，需要的是销售量和业务量。企业销售不应完全靠自己来做，而应充分利用代理商的渠道。每个代理商都拥有自己的顾客群体，充分利用他们来做销售比自己直接做终端客户更方便、更有成效。

5. 整合经营策略，组织团购

传统婚纱影楼主要有四种经营模式：一是以摄影技术取胜，二是以促销吸引消费者，三是以雄厚的资金实力做强硬件设施，四是凭借新兴的网络营销模式在网上推广影楼品牌。但不管哪一种经营模式，为赚取更多利润，影楼通常会尽可能地减少经营成本，并以低价吸引消费者。网络团购是目前网友比较喜欢的一种消费方式，因为消费者能得到最大程度的优惠，而影楼也由于减少了销售成本，从而产生了让利空间。

6. 线上线下互动

虽然有了网络营销但也不能放弃传统的营销方式，企业应尽可能多地进行线上线下互动，例如，与一些非盈利性的论坛或网站组织线下活动，准备丰富的节目和抽奖环节，提供大力度的优惠，安排口才好的专业销售员为顾客做演讲，而抽奖则可促进顾客现场订单。

二、影楼实施网上销售的注意事项

1. 价格的统一

由于网络的传播速度太快以及信息的互通，网络顾客都是非常理智的，他们对影楼产品及影楼产品的价格有详细的了解，因此影楼一定要严格统一价格。只有影楼组织活动，或者顾客组织团购方可享受相应的优惠政策。

2. 口碑

“做广告不如做口碑”，广告做的再好，若影楼本身的服务没有跟进做到位，还不如不做网上销售。顾客感觉影楼服务周到，就会给影楼做正面宣传，反之，就会是负面宣传。所以影楼要做网上销售，首先要健全客服系统，把自身的服务做到最好。

3. 解决顾客的投诉

服务行业很容易让顾客产生不满，特别是影楼行业，有太多的细节需要注意，任何一个环节出现差错都能导致顾客投诉。处理顾客投诉时，要保持诚恳的态度，不要在网络上跟顾客争执，因为顾客只会站在自己的角度来说话，不会站在影楼的角度去考虑问题。其次，反应速度要快，及时给予妥当处理。

4. 良好的服务

当顾客在网络上咨询婚纱照的拍摄问题时，影楼的网上销售人员应站在顾客的角度去考虑问题，以朋友的方式将影楼的拍摄风格、服务细则、套系说明等清晰简单地介绍给顾客；将影楼的消费项目提前告知顾客，打消顾客顾虑，让顾客轻松地了解影楼消费的全过程；将拍摄前和拍摄中要注意的、容易被顾客忽略的细节问题均一一介绍，让顾客感觉到销售人员的细心与真心，提升顾客对影楼的信任度。

三、网站推广

网站推广，首先要让客户能够轻松地找到网站，其次，尽可能地提升网站的流量和知名度。可以用以下几种方式进行网站推广。

1. 网站 SEO

SEO 的主要工作是通过了解各类搜索引擎如何抓取互联网页面、如何进行索引以及如何确定其对某一特定关键词的搜索结果排名等技术，来对网页进行相关的优化，使其提高搜索引擎排名，从而提高网站访问量，最终提升网站的销售能力和宣传能力的技术。SEO 也是最常用网络营销手段之一。

2. 论坛推广

在本地区有潜在客户的论坛上注册账号，如：地方生活论坛，地方门户社区等（当然，在别的地区的论坛上也可以做推广，这样，有助于搜索引擎的收录和 SEO 的优化，也有助于增加曝光率），同时把签名设为自己的网站。发表热门内容，增加点击率。好的标题是论坛推广成败的关键，因此，要认真设计标题内容，尽量使其引人注目，这里说的论坛是指泛论坛，包含留言本、论坛、贴吧等一切网民可能聚集的地方。

3. 博客推广

在知名博客服务商处注册企业博客，并宣传推广企业形象和产品。

博客营销是一种基于个人资源的网络信息传递形式，开展博客营销的前提是对某个领域知识的熟练掌握和有效利用，并通过对知识的传播，达到传递营销信息的目的。

4. 联合营销

跟有潜力的网站、论坛、社区合作进行联合营销。可以单独购买广告，也可以跟别的行业一起推广，这样有助于公司运营成本的降低，如跟珠宝行业一起做营销推广。

5. 关键字竞价

搜索竞价排名通常被叫做 PPC（Pay Per Click），按每次单击付费。现在搜索引擎也开始提供按效果付费的竞价排名，每当用户在广告主的网站上完成一次行动时，广告主则需要支付相当的广告费用。这个行动可以是注册会员、下载软件或购买商品等。

搜索竞价排名通常会出现在两个媒介上，一个是搜索引擎本身的搜索结果页，另一个是参加搜索引擎竞价排名联盟的网站。

6. 软文推广

软文的形式有很多，包括营销信、植入式广告的技术帖子等，在这当中，技术帖子将受到一定程度的重视，营销信和植入式广告帖子将面临被删除的危险，或者只能发在灌水版块及广告版块。而怎样写植入式广告帖子又不被删除或发现，将成为软文推广的关键。

影楼工作人员在网络上发布帖子的时候，要记得在帖子右下角挂上影楼的网址，但一定要小，太大了容易被视为广告帖而删除，因为很多论坛是不允许发广告帖的。

7. 友情链接

影楼应与一些人气旺盛的网站或时尚年轻人较关注的网站进行友情链接，扩大宣传范围，同时方便顾客找寻与登录。

四、网络营销的方法

1. 建立 QQ 客户交流群和交流平台

建立 QQ 客户交流群和交流平台是最好的网上销售方法之一，但销售人员一定要思维敏捷，知识面广，对影楼的各个方面和专业知识一定要掌握娴熟，能够解决顾客的所有问题，而且要有耐心。

2. 让老顾客帮忙介绍新客户

不可将顾客消费视为一次性消费。影楼对老顾客的情感、关系维护是有必要的，每个顾客都有自己的朋友圈、同事圈、亲友圈，让他们为影楼介绍新顾客是一种非常可行的发掘新客户的途径。

3. 邀请有能力的组织者组织团购

很多顾客组织能力强，而由消费者自己组织的团购信任度更高，对顾客的吸引力也更强，影楼可先告诉这样的顾客团购所享受的优惠政策，邀请他组织团购。

4. 站在客户的角度考虑问题

影楼的网络销售人员可站在顾客的角度去考虑问题，以朋友的方式将影楼的拍摄风格、服务细则、套系说明等清晰简单地介绍给顾客；将影楼的消费项目提前告知顾客，打消顾客顾虑，让顾客轻轻松松地了解影楼消费的全过程；介绍拍摄前和拍摄中要注意的、容易被顾客忽略的细节问题，让顾客感觉到销售人员的细心与用心，提升顾客对影楼的信任。

技能训练1-4 某市婚礼产业链信息集成

婚庆公司是指能够承接婚礼策划实施的专业机构。利用网络采集本市婚纱影楼与婚庆公司的信息，并将要点填入表1-8中。

表1-8 某市婚庆产业链信息集成

本市有多少婚纱影楼？上规模的影楼有哪些？各有什么特色？	
本市有多少婚庆公司？有特色的婚庆公司有哪几家？	
请为其中一家婚庆公司设计针对本市客户的网络营销策划书	

任务四 网络营销组合策略

【任务导入】

快速消费品是指那些周转周期较短，流转速度较快，价值不高，易于消耗，消费者分布广，购买频率高，购买持续时间长的消费品。多是消费者的生活必需品，主要包括香皂、牙膏等日化类产品以及烟、酒、饮料、小吃等副食类产品。制订快速消费品网络营销组合策略，可以使快速消费品更好的实施网上销售（见图1-15所示为中国快速消费品网首页，http://www.fmcg.com.cn/forum.php）。

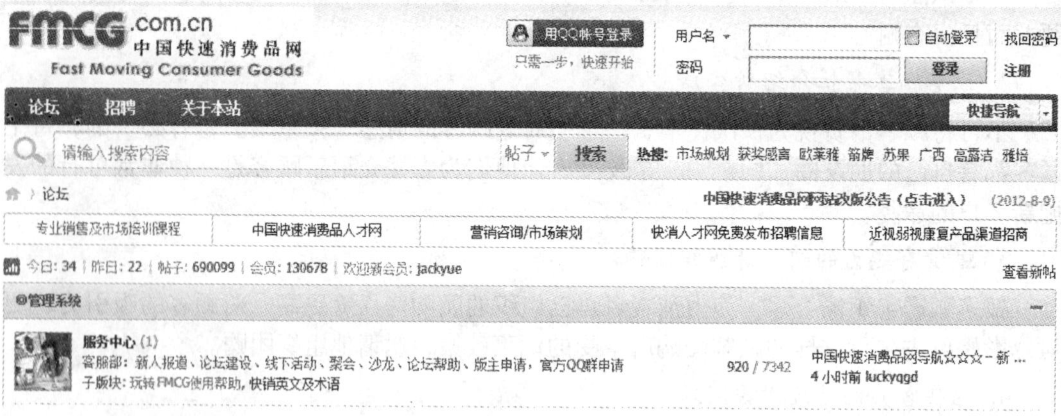

图1-15 中国快速消费品网首页

【任务分析】

1. 快速消费品具有三大特点：一是产品的周转周期短；二是产品的保鲜期较短；三是购买便利。快速消费品企业制定科学的网络营销策略是实施网络营销成功与否的关键。

2. 根据快速消费品的特点，可以制定快速消费品网络营销的产品策略、品牌策略、促销策略和快速消费品网站推广策略。

【任务实施】

一、快速消费品网络营销的产品策略

1. 快速消费品网络营销的产品种类

网络营销是一种以消费者为导向强调个性化的营销方式，企业在为产品定位时应充分考虑到这一特点，选择能让消费者参与设计能给他们更大自由和发挥空间的独特的产品。网络营销有其不同于传统营销的特点，商家在选择网络产品时，应结合我国的现状和网络营销的特点，通过剖析产品性质，考察产品网上交易的难易程度及价值大小，进行合理选择以赢得商机。鉴于网络营销有别于传统营销的特点，商家必须考虑产品在网上交易的难易程度及价值大小，有选择性地将适宜的产品放到网上进行营销。

2. 快速消费品网络营销的产品选择

针对具体的快速消费品，并非所有的产品都适合网络营销，中价位的商品大多适合网络营销。

例如联华超市股份有限公司作为中国内地最大的零售连锁超市企业，已经于2001年开设了快速消费品网络营销，由于其特定的连锁超市定位，其选择了一些成熟产品种类，以便于物流公司和顾客运输、携带，并实现了网络营销利润。

二、快速消费品网络营销的品牌策略

与其他行业不同，快速消费品公司如果想获取销售收入和利润，就需要消费者对公司产品的认同，而消费者认识产品，在很大程度上是通过品牌。品牌是和消费者沟通的重要符号，不停地提升品牌价值以期达到强势地位，就可能最大限度地建立产品和消费者之间的沟通，找到产品和消费者需求的切合点，从而达到获取销售收入和利润的目的。如近年来业绩持续增长的青岛啤酒就确立了从生产规模扩张到市场扩张再到品牌扩张的战略，其主攻方向转变为继续做大做强品牌，在品牌的影响下赚取回报。

三、快速消费品网络营销的促销策略

网络促销是指利用现代化的网络技术向虚拟市场传递有关产品和服务信息，以启发需求，引起消费者的购买欲望和购买行为的各种活动。

开展快速消费品网络促销活动，必须注意以下几点：第一，结合目标客户群特点要在目标人群对口的网站或一些网站的适应性栏目开展；第二，可以将地面的促销活动搬到网上开展，但针对目标网民兴趣点定制的互动性活动更可能吸引消费者参与；第三，从芙蓉姐姐等人通过网络的出名可以看出娱乐精神在这个时代的重要性，因此我们有必要给网络促销活动赋予更多的娱乐精神。

快速消费品企业可采取以下的促销策略。

1. 网络广告促销

网络广告是企业进行网络促销的最主要的手段。网络消除了广告障碍，相对于传统媒体来说，由于网络空间具有无限扩展性，因此在网络上做广告可以较少地受到空间篇幅的局限，尽可能地将必要的信息一一罗列，快速消费品广告的发布途径可以是企业自己的网站，以主页形式发布，也可以通过网络服务商在其他网站上发布，诸如一些专业销售网，企业名录，网上报纸或杂志，虚拟社区，公告栏或新闻组等都可以作为快速消费品广告的发布场所，但广告发布要有针对性，要针对本企业产品的目标顾客发布，这样才能起到广告的作用。

2. 折扣促销

在传统的促销活动中，折扣是历史最为悠久，如今仍颇为风行的一项极为重要的促销手段。在网络促销中，折扣手段也得到广泛的应用，目前大部分网上销售的快速消费品都有不同程度的价格折扣。

3. 免费促销

在互联网上，“免费”一词被使用的频率最高。但“免费”在不同的地方有着不同的含义。在旗帜广告中，“免费”并不意味着要完全免费赠与物品或所有的服务，而是指浏览者可以自由单击旗帜广告，通过浏览网页内容免费参与该网站的某种活动而得到一种“免费”的物品或服务。

4. 网络文化促销

网络文化促销是指借助网络文化的特点来吸引消费者。如将快速消费品广告融于游戏中，使网络使用者在潜移默化中接受了促销活动；通过组建 QQ 群吸引经常进行快速消费品网络营销的顾客来交流意见，也可以实现网络文化传播的作用。企业可以将其产品和企业形象精确地渗透到每一个对快速消费品网络营销真正感兴趣的用户心中，同时企业也可以通过网络交流来影响网络文化，从而制定有效的营销策略。快速消费品企业应根据网络促销的特点，结合自身条件来实现网络促销。在促销策略的制定上，应重视与消费者的沟通与交流，使消费者在购前、购中、购后加强对企业的认同感。

四、快速消费品网站推广策略

（一）注册搜索引擎

注册搜索引擎实际上已成为众多网站的客户访问量的重要来源。搜索引擎收集了成千上万的网站索引信息，并将其分门别类地存放于数据库中，当我们想在网上寻找某方面的网站时，一般都会从搜索引擎入手。采用搜索引擎的重要一点是要得到一个靠前的排名。

现在提供搜索的服务商推出了价格不菲的固定排名、竞价排名服务，购买服务的企业网站可以保证得到排名靠前的位置。有一定经济实力的大企业可以通过购买排名的方式争取在搜索引擎中前排的位置；而对于中小企业来说，最好采用比较经济的做法，在设计网站时采取一定的网站优化技巧，根据搜索引擎的排名规则来规划设计网站，提升网站在搜索引擎中的自然提名。

（二）在线与离线推广

1. 在线推广

获得相关站点到公司主页的链接是站点在线推广重要的一个部分。从营销的角度来说，是“品牌合作”的方式。比如：雅虎与 Ben&Jerry 冰激凌、Salnlnue1AdamS 啤酒以及其他一些组织机构建立了广泛的合作关系。网站链接有多种模式可以选择使用。按链接的多少可区分出四种链接战略：（1）相关网站链接；（2）高点击率网站链接；（3）免费链接与付费链接；（4）查询站点链接情况。

2. 离线广告宣传

如果说在线推广可以使网站提升知名度，那么离线广告则可以塑造网站的品牌形象。离线广告宣传其实就是运用传统大众媒体来推广网站，以及在名片、宣传册和信笺等一切旅游者能够看到的载体上印上网址。另外，也可以在热门网站上发布广告，通过邮件列表来推广。

（三）提高用户忠诚度

通过对网络营销领先者的研究发现，尽管每家公司采取的模式互不相同，但它们都具备 3 个条件：信息技术应用与管理，顾客关系以及利润结构。企业要注重营造持久的顾客关系，提高客户忠诚度。

技能训练1-5　*波司登国际控股有限公司网络营销组合策略*

波司登国际控股有限公司（见图 1-16）（http://www.bosideng.com/index.htm）是中国最大的羽绒服企业，在全国超过 65 个城市共设有约 5600 个零售网点，专门售卖集团的六大核心品牌羽绒服装，包括波司登、雪中飞、康博、冰洁、双羽和上羽。通过这些品牌，波司登集团提供多种羽绒服产品以迎合不同阶层的消费者，巩固及扩展了其在中国羽绒服行业的龙头地位。假设你是公司营销部门的主管，请设计一份波司登公司 2012 年秋冬的网络营销组合策略，填表 1-9。

图 1-16　波司登国际控股有限公司

表 1-9 波司登国际控股有限公司网络营销策略

	策略名称	主要内容
网络营销组合策略		

任务五 基于手机的无线互联网营销模式

【任务导入】

2011 年，国家“十二五”提出以加快转变经济发展方式为主线，加快培育发展战略性新兴产业，电子商务作为新一代信息技术的核心被列入战略性新兴产业。战略性新兴产业是指对未来具有全国性影响的新兴产业，是下一阶段我国经济转型发展的重点。中国 3G 行业门户的适时推出，为广大的民营企业和中小企业提供了一个难得的发展机遇。

内蒙古小肥羊餐饮连锁有限公司（图 1-17 为小肥羊网站首页）于 1999 年 8 月诞生在草原鹿城——包头市，以小肥羊特色火锅连锁为主业。2008 年 6 月小肥羊集团有限公司（以下简称“小肥羊”）在香港上市，是中国首家在香港上市的品牌餐饮企业。2012 年 2 月，百胜餐饮集团以协议计划方式私有化小肥羊。小肥羊从 2012 年 2 月 2 日起正式在香港联交所除牌，并成为百胜餐饮集团旗下一个新的餐饮品牌。

目前，小肥羊公司已经发展成为拥有一个调味品基地，两个肉业基地，一个物流配送中心，一个外销机构，国内十五大餐饮市场区域，国际三大餐饮市场区域的大型跨国餐饮连锁企业。目前，小肥羊的餐饮店面已遍布全国，而且连锁店已经进入美国、加拿大、日本、港澳等国家和地区。截至 2011 年 12 月底，小肥羊在中国大陆拥有 469 家连锁餐厅，是颇有知名度的中国餐饮连锁品牌。

早在 2010 年 3 月，小肥羊公司就委托上海传漾网络科技有限公司进行网络推广，并把此次网络推广作为 2010 年“3 · 15 品质月”营销活动方案中的组成部分。公司寄希望于通过精准网络传播平台帮助小肥羊成功实施整体营销计划。

图 1-17 小肥羊网站首页

上海传漾网络科技有限公司是一家智能化数字营销平台，该公司运用强大的技术力量，通过对互联网营销资源的整合，提供智能化的技术平台、营销平台和服务，持续为客户创造更多价值，使得整个产业链利益最大化。

【任务分析】

一、移动互联网行业门户

1. 无线互联网行业门户

无线互联网行业门户（即移动互联网行业门户）是指在门户网站的基础上为行业提供交流、为企业提供服务的综合性行业门户。它开创了中国无线互联网行业门户的新篇章。无线互联网行业门户是一个全新、开放的平台。其目标是致力于打造中国第一无线互联网行业门户。

无线互联网行业门户又被称为第三代行业市场。

2. 行业市场

某一行业在区域内形成集原材料供给、生产加工、贸易为一体的区域市场叫行业市场。行业市场也叫“企业群落”“专业化产业区”“特色产业区”“地方性产业集群”。

3. 行业市场的商业模式

通过建立一个企业、产品、供求的聚集平台，以收取摊位费和广告费达到盈利目的的商业模式。

4. 第三代行业市场

通过运营行业市场的商业模式，在以手机为终端的无线互联网上，建立起类似阿里巴巴的平台，称之为第三代行业市场。

5. WAP 网门户

WAP 网门户——中国最大的专业化手机无线互联网商务服务平台，包括行业、企业、产品、服务、贸易和推广功能等，是企业在手机网络上实现WAP网站建设、行业新媒体传播、移动商务运营、无线及时沟通的集成型系统服务平台，其行业整合的推广理念和手机网络无线通信的全新营销模式，形成一个手机无线信息网络。它的所有功能设置和增值服务，都为使用者提供完善、高效的3G体验，完美体现手机3G时代强势的商务内涵。

二、3G网络营销

1. 3G网络营销

3G网络营销属于无线互联网中的网络营销，是通过无线网络为载体，将产品或服务的信息传递给用户的营销方式，是继网络营销，普通WAP手机网络营销后的又一个新型网络营销方式。

2. 3G时代立体营销手段

借助3G，利用移动互联网、占据用户手机阵地，并结合互联网，全方位地展开企业推广，成为3G商圈全新功能的重要体现。

由于采用了SEO自动优化功能，3G商圈能够帮助企业更准确地定位关键词，并建立“关键词长尾模式”，大幅提升了搜索引擎的友好性。同时，网络营销模块还能够将企业所有网页链接提交给搜索引擎，并让搜索引擎更快地完成对网站页面的收录，将传统的被动、消极等待搜索，变成主动出击。

3. 实现“面向3G时代的网络营销”的步骤

第一步：

完成不同寻址方式——各种域名的注册；

（域名大类主要包括：英文域名、中文域名、短信网址、手机域名，注册不同的域名能满足不同人群的浏览访问方式以及使用习惯）

第二步：

建设支持多种终端访问的网络平台；

建设支持电脑用户访问的WWW网站；

建设支持手机用户访问的短信平台以及WAP网站。

第三步：

开展面向电脑以及手机用户的网络营销活动进行网络推广；

开展移动营销活动，例如定向营销，群发短信、彩信、WapPush。

4. 上海传漾网络科技有限公司认为可以通过无线互联网来对小肥羊企业的产品进行营销推广。

【任务实施】

小肥羊——只为天然优品保证

如图1-18所示为小肥羊移动营销界面。

图 1-18　小肥羊移动营销界面

一、推广目的

通过时间定向、地域定向、场景定向，借以 flash 为表现形式，向消费者介绍“天然优品”的小肥羊羔羊肉，包括：羊源基地、羊的品种、现代化的加工、最先进的排酸工艺、急速冷冻和冷冻运输链的保证、后厨的精细加工，让更多的消费者了解一个真实的小肥羊。

二、推广细则

（1）根据目标用户的网络行为习惯选择媒介类型。

（2）打造小肥羊品牌专属数字媒体平台，多重定向手段、优质广告与优势技术让投放效果最大化。

（3）打通各媒体之间的界限，积累用户互动情况的数据，以人为本的进行投放。

三、推广策略

（1）地域定向、媒体圈整合及频次定向投放技术

针对客户地域定向到全国门店的要求，为小肥羊精心选择了全国覆盖面积广阔的门户网站和垂直媒体圈，并利用频次定向技术提供了准确、高效的网络传播效果。

（2）精选创意互动表现

在广告中直接加入手机下载免费品尝的短信功能，帮助小肥羊扩大品牌知名度。

四、投放效果

将互动平台直接置入富媒体广告创意中，同时把产品理念与营销活动有机地结合在一起，大大提升了网民的参与度，取得了良好的传播效果。

技能训练1-6

请认真浏览3G门户网，按要求完成表1-10。

3G门户网（http://www.3g.cn/ads/）（手机登录3G.CN）是最大的无线互联网门户，开创了中国无线互联网的独立免费模式。所有Internet上的服务，都可手机登录3g.cn获得，网站拥有近70个频道，包括资讯、娱乐、书城、财经、体育、社区等。公司自创办至今，一直引领无线互联网行业的发展，自行研发各种手机流媒体技术，手机浏览器GO、看电视软件GGLive、手机在线听音乐软件GGMusic，手机在线阅读软件GGBook，在手机流媒体应用和UI创新方面，3G门户技术最为领先。

自2004年3月上线，3G门户先后获得三轮风险投资，分别来自中国宽带产业基金、IDGVC、JAFCO ASIA（集富亚洲）、WI HARPER（美国中经合集团）四家国际著名风险投资公司。截至2012年6月，3G门户注册用户达1.667亿个。

表1-10 3G门户网

3G门户上的热门机型有哪些品牌？各有什么特色（举两个例子）？	
3G门户提供哪些主要软件？	
手机免费读书软件的特点有哪些？	
3G门户旗下品牌有哪些？	
3G门户最近一年进行了哪些市场活动？	
举一个典型的3G营销案例	

任务六 网络营销管理

【任务导入】

Dior甜心精灵淡香水是一款香甜宜人的淡香水，这款香水的包装拥有水晶般的光芒。香水味道清新、愉悦，散发着无尽魅力。清新的香味使人振奋，味道也很持久。Dior公司准备在2009年夏季从网络营销管理角度打造Miss Dior的中国网上摩登世界。

【任务分析】

网络营销管理的价值在于让企业网络营销活动有计划、有目的地进行，发现网络营销过程中的问题并进行适当的控制，从而达到提升网络营销总体效果的目的。从目前网络营销市场发展的现状来看，企业需求开始从最基础的网站建设与推广向更高层面的网络营销管理服务市场深入。同时了解网络营销管理的内容也是网络营销主管必备的基本能力。

一、网络营销管理内容体系分类

由于目前对网络营销管理的研究还处于初级阶段，因此对网络营销管理只能粗略地做如下分类。

（1）按照网络营销管理的形式，参照管理学的研究方法，可以将网络营销管理分为：网络营销计划管理、网络营销人事管理、网络营销组织管理、网络营销策略实施管理、网络营销效果评价和控制等。每一项网络营销管理职能都可以细化为若干具体的工作，并且与网络营销具体策略的实施建立对应关系。

（2）按照开展网络营销的阶段划分，可以将网络营销管理分为：网络营销总体策划阶段的管理、网络营销准备阶段的管理、网络营销实施过程的管理、网络营销效果控制与评价管理等。

（3）按照网络营销工作的性质，可划分为单项网络营销策略管理、阶段性网络营销管理和连续性网络营销管理。单项网络营销策略管理是对于某一具体的网络营销活动或者某一项网络营销策略（如邮件列表营销管理、竞争者网络营销策略调研等）；阶段性管理主要针对某个时期，或者网络营销发展的某个阶段进行的临时性管理措施，如在网站建成之后进行的专业性诊断、网站推广不同阶段的推广计划和效果评价。连续性网络营销管理则具有长期性、重复性的特征，如网站内容管理、在线顾客关系管理、定期顾客调查等。

（4）按照对网络营销工作的内容，可将网络营销管理分为：网络营销基础环境管理、网络营销产品和服务管理、网络营销的内容管理、网络营销用户资源管理、用户行为研究与管理、网站流量统计管理等。

（5）按照网络营销的八项基本职能，可以将网络营销管理分为：网络品牌管理、网站推广管理、信息发布管理、在线顾客关系管理、在线顾客服务管理、网上促销管理、网上销售管理、网上市场调研管理。

如果需要，还可以用多种不同的分类方式对网络营销管理进行细分，不过无论做怎么样的分类，其目的都不外乎要说明一个基本的问题：在网络营销的哪个阶段应该做哪些网络营销管理工作。

二、网络营销管理的一般内容

从网络营销基本职能的角度来细化网络营销管理的一般内容如下。

1. 网络品牌管理

网络品牌管理是指通过合理利用各种网络营销途径创建和提升品牌，主要内容包括网络品牌策略制定、网络品牌计划实施、网络品牌评价等。

2. 网站推广管理

网站推广的直接效果表现在网站访问量的增加、品牌形象提升、用户数量增长等多个方面，网站推广管理是网络营销管理的基础内容之一，也是最基本的网络营销管理活动，主要包括：网站专业性诊断、网站搜索引擎优化状况诊断、网站推广阶段计划的制订、各种网站推广手段管理、网站推广效果分析评价（如网络广告、E-mail 营销、搜索引擎营销等）、网站流量统计分析、网站访问量与效果转化分析等。

3. 信息发布管理

信息发布包括网站的内容策略及内容管理、外部信息发布渠道管理、信息发布的效果管理等。

4. 在线顾客关系管理

在线顾客关系管理包括用户行为研究、用户资料管理和有效利用、顾客关系营销策略的效果评价等。

5. 在线顾客服务管理

在线顾客服务的基础是有效利用在线服务手段，对各种在线服务手段的特点进行研究并制定适合用户要求的顾客服务策略构成了在线顾客服务管理的基本内容。

6. 网上促销管理

针对不同产品/服务，制定不同阶段的促销目标和策略，并对在线促销的效果进行跟踪控制。

7. 网上销售管理

网上销售管理主要内容包括在线销售渠道建设，在线销售业绩分析评价，网上销售与网站推广、网上促销等工作的协调管理。

8. 网上市场调研管理

网上市场调研管理包括在线市场调研的目标、计划、调研周期管理，以及调查结果的合理利用和发布管理等。

网络营销管理贯穿于整个网络营销活动中，网络营销管理的内容也相当繁多，每一项网络营销职能均包含多种具体的网络营销管理内容，在不同的阶段，网络营销管理的任务和实现手段也会有一定的差别，有些属于阶段性网络营销管理，有些则属于长期性、连续性的管理内容。

三、网络营销管理的目的

网络营销管理的目的是让网络营销活动更加有效、更有利于实现网络营销的总体目标。网络营销工作时时都离不开网络营销管理，只是这些工作可能是零散的，不够系统。通过有效的管理才能实现网络营销工作的系统化。

四、Miss Dior 选择腾讯网作为合作伙伴

腾讯网首次采用迷你首页（All In One，AIO）以全屏半透明的效果展现 Dior 新品（见图 1-19）。精美的画面加完美的音质，使得腾讯网用户在开始第一天网络生活、关注今日要闻精选之前，首先感受到来自 Dior 的视觉冲击和幸福观感的传递。在充分了解 Dior 核心用户群的基础上，腾讯网选择和目标人群最接近的接触点组合，如娱乐频道、音乐频道、视频频道等，通过对用户资料以及动画单击次数的精确分析，做好基于网络营销管理的整合安排，实现了精准投放。腾讯网做的工作有：

1. 重磅发布 TVC，震撼上市以吸引最广泛关注；
2. 邀请网民体验全新的品牌官网；
3. 找到核心用户体验新产品。

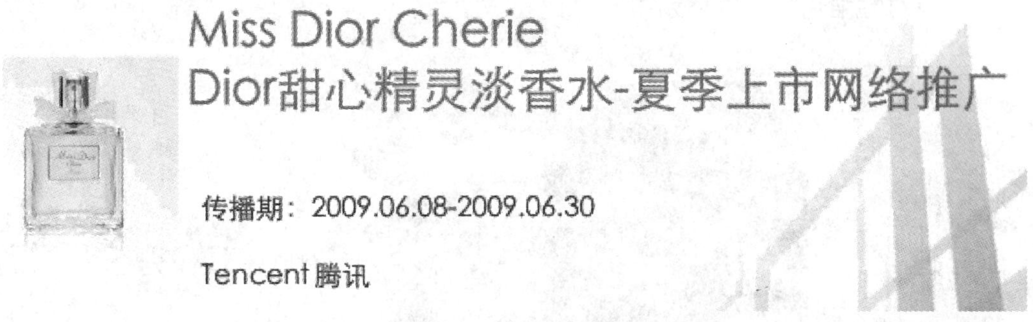

图 1-19　Dior 腾讯网推广

【任务实施】

任务名称：打造 Miss Dior 的网上摩登世界

品牌名称：Dior 甜心精灵淡香水

营销平台：腾讯网

2009 年 6 月，迪奥甜心精灵淡香水 Miss Dior Cherie 上市。为了展现这款香水清新、愉悦的特点以及自然随性的气质，Dior 请知名导演索菲亚·科波拉（Sofia Coppola）亲自操刀拍摄了一部唯美的广告片，打造出一位优雅、空灵、率真的法国女孩——Miss Dior，她带领观众穿梭于巴黎的大街小巷，用自己的美诠释“清新与自然”的品牌内涵。此外，Dior 还精心制作了该产品的官方网页，在全球传播。

为配合该广告片在中国的推广，Dior 选择与腾讯网合作，让那些年轻独立、享受生活的都市白领女性，在腾讯网上尽享迪奥甜心精灵淡香水营造的美妙意境。

一、互动式体验

2009 年 6 月 8 日新品发布当天，迷你首页以全屏半透明形式弹出 Dior 新品的 TVC。这种 AIO 全屏半透明效果，为腾讯网历史上首次采用。精美的画面、完美的音质，使得亿万受众耳目一新，真正达到震撼发布的目的。

从新品发布日到 6 月 30 日，用户可以在线填写申请资料，在线申领免费试用小样。申请资料的填写包括性别、年龄、收入等，符合申领条件的用户最终成为 1000 名幸运儿的一份子。这样，活动以有限的 1000 份小样获得将近 5 万份核心用户信息。用户还可以转发链接，邀请好友参加，通过好友关系链使试用信息迅速传播。此外，Dior 利用原有的用户数据库，以与腾讯联合的名义发送 EDM 给 Dior 会员，作为对 Dior 老用户的回馈。

二、精确化导航

2009 年 6 月 9 日到 30 日的传播期为精耕细作阶段。腾讯网对年轻白领女性十分活跃的平台资源进行整合，通过 TVC 在娱乐频道、音乐频道、视频频道的持续播放，以及 Flash 在 QQ. com、QQ 秀首页的大量曝光，向受众传递甜美、幸福、享受的品牌内涵。并通过女性专题与受众深度沟通，让用户对品牌与产品有更为立体的认知。

在腾讯平台上，QQ 空间、QQIM、QQ 音乐等应用，都非常符合中国白领用户网民的网络使用习惯。针对性强的活动，强化了对白领女性群体的引导，最终找到 Dior 的核心用户，如图 1-20 所示。

图 1-20 精确导航

从广告影响用户年龄结构来看，18～30 岁用户占到 74%，这部分人群正是 Dior 新品想要影响的目标受众。从小样申领用户收入结构来看，近 50% 用户月收入都在 3000 元以上，具备 Dior 产品的消费能力，他们当中有 3.8 万高价值用户希望在后期能够定期了解 Dior 的最新产品信息，便于 Dior 在今后与用户的长期沟通中进一步延伸品牌。

三、差异性定位

奢侈品传播的关键在于人群的精准及形象的高端，这种特性决定其不会在电视上大规模投放广告，网络的视频播放成为不二之选，并能够直击核心用户群体。作为综合性门户网站，腾讯网不仅通过视频，还借助 Flash、大篇幅媒体展示、专题、互动体验等形式更深入地传递品牌内涵，通过多种形式原汁原味地呈现品牌意境，这是 Dior 选择腾讯网的另一大原因，见表 1-11。

表 1-11 差异化的品牌沟通

消费者	● 消费者对奢侈品意境的领悟可以转化为对产品实际的拥有/使用体验，从而产生真正的归属感和拥有感 ● 品牌信息搭载用户好友关系链迅速传播
内容	● 奢侈品传播的关键在于人群的精准及形象的高端，这种特性决定她不会大规模地投放电视广告，但是网络的视频播放渠道使品牌 TVC 的展示能够大大弥补电视投放的不足，并集中投向核心用户群体 ● 品牌专题的深入报道，使消费者对于产品有个情感上的共识
品牌沟通	● 原汁原味地呈现品牌意境是对于奢侈品传播的关键，多媒体呈现方式能够直观地传递品牌所要传递的内涵 ● 幸福甜美的品牌感觉通过 Vedio、Flash、大幅富媒体展示和专题的形式得以准确传递。
便利	● 对于多数人向往，少数人拥有的品牌，往往加剧了品牌与用户的距离，而深度互动平台上一触可及的品牌交流及产品体验，使用户更加轻易地能了解到品牌内涵

四、营销效果

在腾讯网投放首日，就有6800万人关注该活动，这个数字相当于中国两成的互联网网民。在23天的活动时间里，TVC播放总量超过2.88亿次，Flash播放次数超过3.8亿次，Flash单击次数超过20万次，这样的投放效果是电视广告望尘莫及的。活动中对Dior甜心世界——女性频道互动专题深入了解的用户达到86万人，这群人往往是Dior新品的潜在用户或忠实用户，正是Dior想要捕捉的核心人群。

腾讯广告销售部策划中心总监Anchor Liu认为，数字媒体营销有一个趋势，就是从创意主导转向数字媒体接触点主导。在这个案例中，我们充分了解到迪奥核心用户群在腾讯网上的行为轨迹，在考虑了整个消费者数字媒体接触点之后，我们选择和目标人群最接近的接触点组合，如娱乐频道、音乐频道、视频频道等，进行整合安排，实现精准投放。

另一方面，海量覆盖对中国互联网营销来讲是不可缺失的。在该案例中，全屏半透明形式TVC的震撼发布，在当天便覆盖了中国近两成网民，达到了震撼发布和吸引更多网民关注的效果，在这里，媒介的创新功不可没。

五、Dior与腾讯合作的三大亮点

1. 品牌意境氛围的营造

创新形式的TVC，营造了一种精致、奢华的意境氛围，给观众强烈的视觉震撼力，Dior新品优雅、高端、清新、精致的特质通过高密度的曝光完全展示在受众面前。

2. 品牌内涵的深度沟通

通过对腾讯网诸多女性平台的整合，以及Dior品牌专题与目标受众的深入沟通，很好地诠释了Dior品牌想要传达的幸福感和自我陶醉的气质，使Dior新品在受到高关注度的同时也吸引了一批核心用户。

3. 真实的产品体验

试用小样在线申领活动使受众获得真实的产品体验，不仅深化了品牌体验，Dior也获得珍贵的用户数据，建立了精准的数据库。

这三大亮点正是奢侈品在线传播的成功要素，也是腾讯网区别于其他平面媒体、广播电视等传统媒体的优势所在。

技能训练1-7　波司登公司网络营销管理

波司登国际控股有限公司是中国最大的羽绒服企业，在全国超过65个城市共设有约5600个零售网点，专门售卖集团的六大核心品牌羽绒服装。假设你是公司电子商务部门的主管，请设计一份该公司网络营销管理文案，见表1-12。

表1-12　波司登公司网络营销管理

管理类别	主要内容
网络品牌管理	
网站推广管理	
信息发布管理	

续表

管理类别	主要内容
在线顾客服务管理	
网上促销管理	
网上销售管理	
网上市场调研管理	

项目小结

通过本项目的学习，所学者能从企业需求出发，利用各种搜索引擎收集企业所需要的信息并加以归纳整理；能根据企业的特点设计调研问卷，并利用各种网络平台进行调研写出调研报告；能根据企业需求选择性地采用网络营销策略，制订企业网络营销策划方案，让企业网络营销活动有计划、有目的地进行。

【阅读材料】

一、搜索引擎的种类与使用技巧

（一）搜索引擎概述

搜索引擎是指根据一定的策略、运用特定的计算机程序搜集互联网上的信息，在对信息进行组织和处理后，为用户提供检索服务的系统。它主要用于检索网站、网址、文献信息等内容。随着网络技术的发展，各种搜索引擎层出不穷，目前流行的搜索引擎主要是帮助用户搜索表层信息，如Google、百度、雅虎等。

（二）搜索引擎的分类

目前，主流的搜索引擎有如下几类。

1. 全文索引

根据搜索结果来源的不同，全文搜索引擎可分为两类：一类拥有自己的检索程序（Indexer），俗称“蜘蛛”（Spider）程序或“机器人”（Robot）程序，能自建网页数据库，搜索结果直接从自身的数据库中调用，上面提到的Google和百度就属于此类；另一类则是租用其他搜索引擎的数据库，并按自定的格式排列搜索结果，如Lycos搜索引擎。

2. 目录索引

目录索引虽然有搜索功能，但不能称为真正的搜索引擎，只是按目录分类的网站链接列表而已。用户完全可以按照分类目录找到所需要的信息，不依据关键词进行查询。目录索引中最具代表性的是雅虎、新浪分类目录搜索。

3. 元搜索引擎

元搜索引擎接受用户查询请求后，同时在多个搜索引擎上搜索，并将结果返回给用户。著名的元搜索引擎有InfoSpace、Dogpile等。中文元搜索引擎中具代表性的是搜星搜索引擎。在搜索结果排列方面，有的直接按来源排列搜索结果，如 Dogpile；有的则按自定的规则将结果重新排列组合，如 Vivisimo。

（三）搜索引擎使用技巧

1. 关键词的选择

选择合适的关键词是成功检索的第一步。关键词的选择虽然没有什么定式，不过也有一些规律可循，在提取关键词时力求做到规范，避免口语化，便能达到事半功倍的效果。此处用特殊实例来说明：

（1）使用特定词汇

有时输入的关键词由于过泛而没有被收录在搜索引擎的数据库索引中，这时可以选择与该主题相关且更具体的词汇。例如，欲搜索某些期刊的投稿电子信箱，一般策略是在搜索框内输入“×××杂志编辑部”，对知名度高、信息化程度高的期刊而言，一般都能搜出相应的 E-mail，可信息化程度不高的期刊就比较难。此时可以尝试如下两种方法提高搜索效率：①同时输入两个关键词，缩小检索范围，即“×××杂志 E-mail”或“×××杂志电子信箱”；②关键词中加入电子信箱关键信息，即“×××杂志@”。因为任何电子信箱中均有“@”，“@”成了查找电子信箱的关键符号。通过这两种方法，很容易就能将期刊编辑部的电子信箱搜到。

（2）使用多个含义相近的关键词

对于热门信息来说，搜索时犯愁的是返回条目太多，可对冷门事件或事物来说往往恰恰相反。此时可使用同义关键词和关联关键词来检索，以达到更全面的搜索结果。如：在学术部门的年轻人想查阅申报课题的技巧时会发现相关结果少，此时可用“报课题技巧”、“报项目技巧”、“课题申报经验”、“课题申报指南”等关键词来检索。

2. 局限于某个具体网站或者网站频道

许多单位都会针对同一热门事件在本单位网站发大量文件或文章。这些文章或文件往往名称相同但具体内容和要求却不同。此时，指定网站或频道的搜索功能能为我们提高搜索效率。

3. 按文件类型查找

如需要查找简历模板时可以构建如下检索式：“简历模板 filetype：doc”，此时能搜到 word 格式的简历模板。此处的 filetype：doc 是限定检索文件的类型，该字段必须在英文状态下录入，而“简历模板”是检索的关键词。两个字段之间必须用空格隔开。同理，如果需要检索市场营销的教案也可以构造“市场营销教案 filetype：ppt”的检索式，检索结果为 ppt 格式的市场营销教案。该检索方式支持 txt，ppt，xls，pdf，mp3，swf 等常见文件类型。

4. 巧用快照

有时会搜到访问不了的“死链网页”和过期文件，而看其内容摘要很符合需要。此时可利用搜索引擎提供的网页快照功能查阅此类文献。

5. 使用不同的搜索引擎

不同的搜索引擎，其信息覆盖范围有差异，我们平时搜索信息时仅集中于某一家搜索引擎是不明智的，因为再好的搜索引擎也有局限性，而使用优秀的搜索引擎可以达到事半功倍的效果。

6. 留意搜索引擎返回的结果

由于竞价排名业务的推广，搜索引擎返回的Web站点顺序会影响人们的访问。所以，为了增加Web站点的点击率，一些Web站点会付费给搜索引擎，以在相关Web站点列表中显示在较前的位置。

二、2010年度电子商务市场八大关键词①

2011年1月18日，中国电子商务研究中心正式发布《2010年度中国电子商务市场数据监测报告》。报告显示，2010年中国电子商务市场交易额已达4.5万亿元，同比增长22%。其中，B2B电子商务交易额达到3.8万亿元，网上零售市场交易规模达5131亿元。

回眸2010年，中国电子商务到底给我们留下了什么？卓跃营销传播机构通过扫描梳理2010年中国电子商务行业发展的八大关键词，浓缩回放2010年中国电子商务市场的精彩瞬间，从而给2011年电子商务市场的发展提供一个活的注解与参照。

1. 关键词一：全网全程

多年的发展和累积，中国电子商务已经由当初“一站+广告”的初级发展模式，到目前易趣、淘宝、有啊、拍拍、天涯等多平台“多店”模式。但“多店”模式导致各种信息错位及管理和劳动的重复，且随着网络的全辐射，订单数量的激增，如何有效处理订单提高转化率已经成为整个电子商务行业面临的实际问题。

基于对行业积淀和洞察，对电子商务行业70%客户提供服务的上海商派在2010年年初提出“全网全程”理念，倡导电子商务“营销与运营”并重的发展模式，实现“在任何可能存在客户的地方展示商品并提供交易购买服务”，为客户提供简单、快捷、高效的购物体验，并通过帮助企业快速、准确、高效完成订单并有效管理后台信息，帮助企业打造电子商务运营平台。

2. 关键词二：扎堆上市

2010年10月26日和12月9日，麦考林和当当网相继赴美国IPO，掀起中国B2C行业奔跑上市的浪潮。据业内人士预测，随着麦考林和当当网成功赴美上市，国内电子商务企业将掀起新一轮上市高潮，作为电子商务行业第一集团阵营的凡客、京东将为下一批上市冲刺的代表；而电子商务市场第二阵营的崛起，将推进中国B2C企业进入集中上市期。

3. 关键词三：淘宝商城

11月1日，淘宝商城高调发布了全新独立域名和垂直市场战略，并宣布在未来3个月内投入2亿元人民币，用于淘宝商城的品牌推广，这标志着淘宝商城正式全面杀入B2C市场。

4. 关键词四：双11单身节

11月11日，淘宝商城150家知名品牌参与单身节促销，24小时之内，总交易额9.36亿元，2家店铺交易额过2000万元，11家店铺过1000万元，20家店铺过500万元，181家店铺过百万元，每秒平均交易额超过1万元。销售额的激增，使得众多商家后台运营系

---

① 资料来源：中国电子商务研究中心。

统崩溃，无法及时接受和处理订单，甚至影响淘宝商家们“单身节”活动后的正常运营。

5. 关键词五：平台开放

2010年，包括京东、当当、拍拍网、凡客诚品、盛大连接等大型电商企业，甚至新浪微博等都相继开放了自己的平台，吸引第三方供应商和软件开发者入驻。众多品牌企业、品牌代理商、C2C公司纷纷加入开放平台，形成电子商务发展的新动向。线下品牌企业与开放平台网站合作，共享网购低价、便捷的优势，加速品牌企业入网的进程，并进一步做大做强电子商务蛋糕。

6. 关键词六：网络团购

数据显示，2010年国内团购网站总销售额已经突破10亿元，其中美团网月销售额近4000万元。截至2010年11月底，国内具有一定规模的团购网站总数已达1664家，拍拍、淘宝、百度有啊、走秀等都先后推出了自己的团购频道。

团购本质并不属于电子商务，但是网络改变了传统团购的游戏规则：改变产品差异化条件下，消费者和厂家的博弈地位；实现消费主权的集中表现；成为市场经济不规范条件下消费者风险规避的出路；企业更方便准确收集有效需求。尽管团购目前还没有成为主流的网络购物消费模式，但其所蕴涵的爆炸力已逐渐显露。

7. 关键词七：微博营销

根据易观智库最新公布的研究显示，2010年中国微博市场注册用户数量达到了7500万户，增长速度创下中国互联网应用发展之最。

微博最大的特点就是集成化和开放化，相对博客、SNS社区来说，微博对用户的黏性更强，是一种实现时间就是金钱的新的推广和交易平台。基于用户对微博上的商业信息、商业活动具有较高的信任度，并且对关注的人或粉丝推荐的产品更具好感，都彰显了微博巨大的潜在营销价值。

8. 关键词八：移动互联网

CNNIC发布的《第26次中国互联网络发展状况统计报告》显示，截至2010年6月底，手机网民用户达到2.77亿户，在网民中的占比已攀升至65.9%。在2010年12月16日召开的“第二届中国电子商务创新发展高峰论坛”上，ShopEx、京东、凡客等企业亦强调将无线业务作为2011年服务支持或业务发展的重点。

技能训练1-8 “宁月”产品网络营销方案

“宁月”公司是一家生产耳机、音箱、音响等扬声器产品的典型的中小型企业。请你为该企业制订一套完整的网络营销方案，见表1-13。

表1-13 “宁月”公司网络营销方案

“宁月”公司产品特点	
竞争对手资料	
采用哪些网络营销组合策略	
“宁月”公司网络营销策划书	

项目二　营销型网站的建设与优化

项目背景

在互联网时代，一个企业如果没有自己的网站就像一个人没有住址，一个商店没有门脸。随着经济全球化和电子商务经济的到来，企业上网和开展电子商务成了一个不可回避的现实。当竞争对手正在通过 Internet 共享信息，通过电子商务降低成本、拓展销售渠道时，我们也不能坐失良机，创建一个营销型网站是企业发展的趋势。

传统观念中的网站有 Flash 形象首页、大篇幅企业新闻报道、领导人风采展示、产品介绍不详等问题，使得企业网站营销职能难以很好地发挥出来，同时也提出了对网站进行优化的需求。而一个优秀的营销型网站能够有效利用多种手段获得商业机会，提高产品销售业绩和品牌知名度。

本项目介绍的“宁月”公司是一家典型的中小企业，其主要产品是扬声器。公司领导对扬声器市场的现状和产品的网络消费趋势进行了大量的考察、分析和判断，决定建设一个营销型网站，从而大力进军电子商务领域。

项目内容

本项目通过基本知识模块及四个典型工作任务的剖析，并辅以相关技能训练。引导读者掌握营销型网站优化的基本技能。

营销型网站优化建设的主要内容如表 2-1 所示。

表 2-1　营销型网站优化建设的主要内容

类　别	子类别	导入案例	技能训练
项目知识	营销型网站的基本要素	淘宝网 (http://www.taobao.com) 京东商城 (http://www.360buy.com) 凡客诚品 (http://www.vancl.com)	当当网 (www.dangdang.com)
	企业为什么要建营销型网站		
	营销型网站建设的流程		
	营销型网站建设的典型案例		

续表

类　别	子类别	导入案例	技能训练
项目任务	营销型网站优化方案的制订	"宁月"公司网站	"伊万绣布艺"网站优化方案纲要的制定
	营销型网站界面的设计		"伊万绣布艺"网站界面的分析
	营销型网站内容的设计		"伊万绣布艺"网站内容的分析
	营销型网站的维护		"伊万绣布艺"网站维护的方案
项目小结		阅读材料	

项目知识

营销型网站建设的基本知识

一、营销型网站的基本要素

营销型网站是指以现代网络营销理念为核心，基于企业营销目标进行站点规划，具有良好搜索引擎表现和用户体验、完备的效果评估体系，能够有效利用多种手段获得商业机会，提高产品销售业绩和品牌知名度的企业网站。

网站营销的三大基本要素为：公信力、传播力、成交力。

1. 公信力

"公信力"的核心是信任，而这种信任针对的主体是访客，公信力需建立在访客对网站的信用体验和认定的基础上。所以网站的设计布局要合理精致，要让访客一看就能喜欢上，产生信任感；网站内容方面一定要符合企业品牌形象和产品定位；网站上发布的产品信息要真实严谨。这样才能建立官方网站的权威性。

2. 传播力

"传播力"指的是该网站是否具有吸引力，能让客户收藏网站成为其忠实用户，并免费地去传播。企业通过网站发布相关的正式消息、通知、说明等，通过网站传播塑造企业形象，使公众对企业的品牌知名度、美誉度等指标有进一步的了解。

3. 成交力

"成交力"指的是当客户对企业的产品和服务比较满意时，网站可以提供直接成交的功能和途径，如在线客服、购物车、网上支付、物流等功能。方便客户快速便捷地进行交易，购买到心仪的产品。

二、企业为什么要建营销型网站

网络可以带给企业不分地域、不分国界的大量客户，带来无限的商机。为了获得本行业的领先地位，面对不断涌现的种种机会，建立一个具有特色的、精美完善的、集多种功能于一体的营销型网站就显得尤其重要。企业拥有自己的网站等于是在网络上设了一个据点，通过该据点客户可以了解企业品牌形象和产品，从而扩大企业的影响力。通过这个据点可以达到以下7个方面的目的。

1. 提升企业形象

一般说来，企业网站建好后，很难马上为企业带来新客户、新生意，也很难大幅度提高企业业绩。毕竟，企业用于网站的费用很低，期望极低的费用能马上为企业带来巨大的收益是不现实的。企业网站的作用更类似于企业在报纸和电视上所做的宣传企业本身及品牌的广告，目的是提升企业形象。不同之处在于企业网站容量更大，可以把任何想让客户及公众知道的内容放入网站。此外，相对而言，建立企业网站的投入比其他广告方式要低得多。当然，网站和广告是两种不同的宣传方式，各有不同作用，它们之间更多的是互相补充，而不是排斥，企业如果建立了自己的网站，应在网络中进行推广宣传，并把具体的内容放入网站，吸引更多的人来访问网站。

2. 使企业具有网络沟通能力

在中国，人们对互联网络往往有所误解，以为电子信箱就是互联网络，有的企业将电子邮件地址当成网址，并印在名片上。实际上，电子邮件只是互联网络最常用、最简单的功能之一。互联网络真正的内涵在于其内容的丰富性，几乎无所不有。对企业来说，具有网络沟通能力的标志是企业拥有独立网站，而非电子信箱。

3. 全面详细地介绍企业品牌和产品

企业网站的一个最基本的功能，就是能够全面、详细地介绍企业品牌和产品。企业可以把任何想让人们知道的信息放入网站，如企业简介、人员构成、厂房、生产设施、研究机构和企业产品的外观、功能及使用方法等。

4. 与客户保持密切联系

在发达国家，当人们想知道某企业有什么产品、服务或新产品、新服务，甚至只是想知道该企业有什么新闻时，他们就会习惯性地进入该企业的网址。因为大多数企业已经把所有的产品、服务信息发布于网上，并且定期更新这些信息。由于互联网络这种高科技的媒介进入中国时间不长，中国企业与客户之间暂时还不习惯这种联系方式。但随着越来越多的企业对互联网络认识的加深，在网上发布产品和信息这种情况将越来越频繁，目前已经有越来越多的中国企业建有自己的网站，并逐渐习惯于利用网络与客户进行沟通。

5. 与潜在客户建立商业联系

这是企业网站最重要的功能之一，也是为什么那么多国外企业非常重视网站建设的根本原因。现在，世界各国的经销商主要都是利用互联网络来寻找新的产品和新的供求，因为这样做费用最低、效率最高。原则上，全世界任何人，只要知道了企业的网站，就可以看到企业的产品和服务。因此，关键在于如何将企业网站推荐出去。一种非常实用、有效且常用的方法是将企业的网站登记在全球著名的搜索引擎上（如YAHOO、Excite、Altavista等），则可以使潜在客户能够容易地找到企业和企业的产品。这正是商业上通行的做法，而且已被证明是十分有效的。

6. 降低通信费用

对于企业而言，每年的通信费用，尤其是涉及进出口贸易的通信费用，是一笔非常庞大的开支。利用企业网站所提供的集团电子信箱（可达到30个左右），可以有效地降低这笔费用，这是企业建立网站的另一个益处。

7. 利用网站及时得到客户反馈的信息

客户一般是不会积极主动地向企业反馈信息的。所以企业在设计网站时，可以加入客户与企业联系的电子邮箱和留言板，因使用极其方便，客户会习惯于使用这种方式与企业进行联系。这样，企业可以得到大量的客户意见和建议，将有利于企业的蓬勃发展。

三、营销型网站建设的流程

网站的建设需要循序渐进，要先做好目标定位以及市场分析，做到有的放矢，并且在建设过程中要加入SEO的思想，才能更好地达到网络营销的目的。

1. 市场分析

网站建设前的市场分析是必不可少的环节，需要企业内部人员进行区域以及产品的市场调研，调研内容如下：

（1）相关行业的市场形势和特点，是否能够在互联网上开展公司业务。

（2）企业主要竞争者分析，竞争对手网上销售情况及其网站规划、功能作用。

（3）企业自身条件分析、公司概况、市场优势，可以利用网站提升哪些竞争力，建设网站的能力（费用、技术、人力等）。

2. 网站定位

不同的企业因行业性质、经营模式和发展方向的差异，对网站功能的定位也不尽相同。一般，在网站的定位上需要考虑如下几个方面：

（1）确定目标客户群；

（2）确定核心产品；

（3）确定核心竞争力；

（4）确定核心卖点；

（5）确定网站规模。

3. 网站内容规划

网站内容的策划和规划往往牵涉企业的业务经营、服务理念、营销推广、企业经营管理、品牌和文化建设等方面。

（1）从业务经营来看，企业建设网站就是为企业产品销售和各类经营业务提供一个强大的业务咨询和产品交易平台。通过网站这个载体可以为企业提供网上销售渠道。因此网站内容就需要设置产品介绍、服务介绍、成功案例、解决方案、在线订购、网上商店等功能模块。

（2）从服务理念来看，企业建立网站就是为客户提供更好的售前售后服务。因此网站内可以设置联系方式、专业知识、网上客户服务系统、常见问题、在线留言、文档下载、销售网络等功能模块。

（3）从营销推广来看，企业网站已经成为企业营销推广必须采用的重要手段之一。因此企业网站可以设置新闻公告类栏目，把企业重大事件、重大活动、突出业绩、奖励以及最新产品信息、产品促销推广政策等通过网站及时发布。

（4）从企业经营管理角度来看，企业网站可以设置人才招聘、网上调查、网上留言等栏目。

（5）从企业品牌和文化建设来看，网站可以通过建立企业论坛、企业博客、在线视频展示等栏目。

需要说明的是企业网站并不一定要大而全，面面俱到。网站的功能策划最终还是要结合企业的经营管理以及企业整体营销战略来分步实施，突出重点，通过差异化、个性化来提高企业的整体形象，从而更好地进行业务拓展。

4. 网站技术解决方案

在制订网站技术解决方案时需要重点关注以下内容：

（1）服务器是采用自建服务器，还是租用虚拟主机。

（2）操作系统是选择用UNIX、Linux还是Windows2000/NT。这需要分析投入的成本、实现的功能以及开发的稳定性和安全性等因素。

（3）解决方案采用系统性的（如IBM、HP等公司提供的企业上网方案、电子商务解决方案），还是自己开发的。

（4）网站的安全性措施，防黑、防病毒方案。

（5）相关程序开发，如网页程序ASP、JSP、CGI以及数据库程序等。

5. 网页设计

企业网站视觉设计的好坏也会直接影响到该网站的整体形象，一个富有创意并结合企业文化理念的专业设计可以大大提升企业在公众眼中的直观感受。网页设计中需要关注下列情况。

（1）网页美术设计要求，一般要与企业整体形象一致，要符合CI规范[①]，要注意网页色彩、图片的应用及版面规划，保持网页的整体一致性。

（2）在新技术的采用上要考虑主要目标访问群体的分布地域、年龄阶层、网络速度、阅读习惯等。

（3）制订网页改版计划，如半年到1年时间进行局部改版，3～5年进行全面改版等。

6. 网站测试

网站发布前要进行细致周密的测试，以保证正常的浏览和使用。主要测试内容有：

（1）服务器的稳定性和安全性。

（2）程序及数据库测试。

（3）网页兼容性测试，如浏览器、显示器的兼容性。

（4）根据需要的其他测试。

7. 网站发布与推广实施

网站宣传推广方式是网络营销计划的组成部分。制订网站推广计划本身也是一种网站的推广。推广计划不仅是网站推广的行动指南，同时也是检验推广效果是否达到预期目标的衡量标准，所以，合理的网站推广方式也就成为网站推广计划中必不可少的内容。网站推广方式通常是在网站策略阶段就应该完成的，甚至可以在网站建设阶段就开始网站的“推广”工作。

---

① CI，也称CIS，是英文Corporate Identity System的缩写。CI目前一般译为“企业视觉形象识别系统”或“企业形象统一战略”。

8. 网站维护

企业在不断地发展变化，企业网站的内容也需要随之调整，这就不可避免地涉及网站维护的问题。网站维护不仅是网页内容的更新，还包括通过 FTP 软件进行网页内容的上传，asp、cgi-bin 目录的管理，计数器文件的管理，新功能的开发，新栏目的设计，网站的定期推广服务等。

四、营销型网站典型案例

淘宝网（www.taobao.com）是阿里巴巴旗下的购物网站（见图 2-1），也是国内首选、亚洲最大的购物网站，由杭州阿里巴巴公司投资 4.5 亿元创办，致力于成为全球首选购物网站。

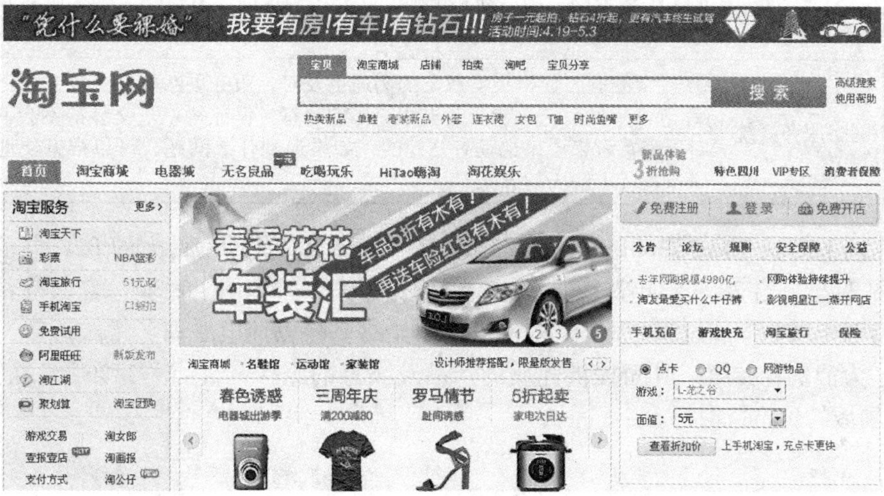

图 2-1 淘宝网

淘宝网，顾名思义，是指没有淘不到的宝贝，没有卖不出的宝贝。自 2003 年 5 月 10 日成立以来，淘宝网基于诚信为本的准则，从零做起，在短短 5 年时间内，迅速成为国内网络购物市场的第一名，占据了中国网络购物 85% 的市场份额，创造了互联网企业发展的奇迹。对淘宝网的网站分析见表 2-2。

表 2-2 淘宝网案例分析表

序 号	分析内容	分析情况
1	设计方案	主题鲜明，版式、目录结构设计紧密，网页形式与内容相统一，合理运用多媒体功能，总体界面给人的感觉很友好
2	目标客户	淘宝网是一个致力于全球的最大的个人交易网站，所以，淘宝网的目标客户，就是在网上开店的卖家，在淘宝上可以免费开店，这就吸引了很大一部分人去关注
3	经营模式	C2C 经营模式
4	商业模式	用户注册→身份认证→发布信息→购买→付款到支付宝→发货→确认收货→打款到商家→信用评价

续表

序　号	分析内容	分析情况
5	支付系统	“支付宝”是一种针对网上交易特别推出的安全付款服务，是淘宝网与工行、建行、农行和招商银行等多家银行联手推出的一种在线交易安全支付工具。即网上买家先将货款打到支付宝账户上，支付宝确认到账之后通知网上卖家发货，买家在收到货物确认无误之后通知支付宝，支付宝再将货款转付卖家。支付宝的出现，无疑使得交易更安全、诚信，免去了交易双方的后顾之忧，保证了消费者购物的安全性。这也是淘宝网发展很快的原因之一
6	内容	淘宝网内容更新非常快，在首页，有一元拍、荷兰拍卖区、二手、新店铺等栏目，像这些内容，几乎每天都在变，因为淘宝网的拍卖，是根据时间来排名的，越接近拍卖时间就越靠前。还有就是公告栏时时发布信息，让用户及时了解淘宝的一些活动和规则。此外，淘宝网还有店小二、客服能及时处理用户的一些问题、建议及投诉
7	网络服务系统	① 淘宝旺旺，使得买卖双方的沟通更及时，服务更贴心，交易更快捷 ② 电子邮件系统，能及时提醒交易的动态，保证每一笔交易都不会漏掉。这对于消费者来说，也是有好处的，如果遇到什么问题，可以很方便地与卖家联系，寻求解决的方案

京东网上商城（www.360buy.com）是以3C① 产品为主的中国最大的B2C电子商务公司（见图2-2）。自2004年年初正式涉足电子商务以来，京东网上商城一直保持着高速增长，连续五年增长率超过300%。京东网上商城始终坚持以纯电子商务模式运营，缩减中间环节，为消费者在第一时间提供优质的产品及满意的服务，目前“京东价”已经成为3C销售领域的价格风向标。

图2-2　京东商城

① 3C：中国强制性产品认证，是我国政府为保护消费者人身安全和国家安全、加强产品质量管理、依照法律法规实施的一种产品合格评定制度。

京东网上商城在线销售商品包括家用电器、手机数码、电脑商品及日用百货四大类，商品超过3万种。目前，京东网上商城的注册用户超过300万户，日订单处理量突破20 000单，每月浏览网站上各类产品信息的人次超过3 000万个。京东网上商城已经成为中国消费者选购3C产品的重要途径。对京东网上商场的网站分析见表2-3。

表2-3　京东网上商城案例分析表

序　号	分析内容	分析情况
1	市场定位	顾客定位：全体网民 产品定位：3C网购专业平台 销售模式：网上直销 价格策略：以低价，口碑迅速打开市场
2	经营模式	B2C经营模式
3	产品	以3C产品为主，日用百货为辅
4	支付方式	在线支付、第三方支付、货到付款、邮局汇款
5	特色服务	● 五日售后保障 ● DIY装机服务 ● 上门自提服务 ● 价格保护承诺 ● 商品代购服务 ● 360度视频展示服务 ● 即时拍卖模式 ● 用户产品评价系统 ● 运费实收多退少补
6	设计方案	B2C商城，图片精美，介绍清晰
7	营销战略	● 价格策略：连绵不绝的促销战术 + 良好的口碑 + 维持低价 ● 广告：网络营销配合户外广告 ● 促销 + 市场活动：全场免运费、百分百中奖、购物返券、双倍积分、特色专场及特价抢购

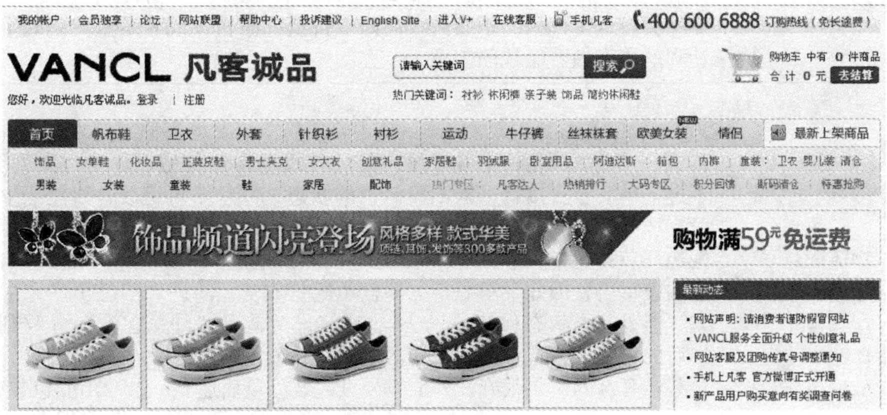

图2-3　凡客诚品

VANCL 正式运营于 2007 年 10 月 18 日，由卓越网创始人之一陈年先生创办，联创策源、IDGVC、软银赛富、启明创投等联合投资（见图 2-3）。2008 年 8 月 5 日获得第三轮风险投资，称雄服装 B2C 行业。以互联网成就的服饰家居时尚用品品牌。坚持国际一线品质，中产阶级合理价位，提倡简单得体的生活方式。对凡客诚品的网站分析见表 2-4。

表 2-4 凡客诚品案例分析表

序 号	分析内容	分析情况
1	所属行业	服装 B2C
2	主要竞争对手	PPG
3	目标客户	坚持国际一线品质，中产阶级合理价位。实质上，VANCL 在国内的目标客户定位就是白领一族，并且从 VANCL 商品货架的结构来看，VANCL 现在就要针对男白领。因为相对女生来说，男士的服装更加容易进行大批量标准化生产与供应，只需要提供适当的参照标准，顾客就可凭个人喜好选定商品。另一方面，男士似乎并不专注于逛街购物，他们更喜欢一种简单的生活方式，VANCL 就是发现了这一个细分市场，商品货架就是以男衬衫与 POLO 衫为主的，而这一切让男士买衣服变得更加简单有效。再有就是，VANCL 并不标榜名牌，除了一些特殊的商品会有其他品牌的进入外，VANCL 的产品基本上自己生产，VANCL 还有自己的设计师，VANCL 知道他们的顾客需要什么，并且致力于提供这些服务
4	产品及服务	定位于白领一族，提倡简单的生活方式。在 VANCL 购物，你能体会到的最大的好处就是简单易选。一个商品子目录下是几个系列，系列下面就是直接可选的有限款式，只需要通过系列进入商品货架，就可以直接选定款式、颜色与尺寸。VANCL 的购物系统提供了快速定位产品及预览产品的通道，聘请或高大帅气或气质大方的模特试穿展示，满意的同时让人赏心悦目
5	营销策略	加盟方式：即通过网站加盟、网店加盟、博客加盟等方式进行，通过这种方式，VANCL 可以让它的客户资源分布到网络可以延伸到的任何地方，VANCL 会返还一部分提成给加盟商家，这样 VANCL 就可以花费少量管理成本，通过有效的激励方式进行大范围内的网络推广。门户广告：打开网易和新浪，就会发现 VANCL 真诚回顾广大客户的消息。定价机制：国际一线品质，标品牌原价，卖平民实价。虽然 VANCL 的价格其实还是有点高的，但是 VANCL 基本不会以这个价格出售商品，而是以批量优惠价，或者是限时抢购等方式以让利的姿态做着赚钱的生意
6	物流配送	VANCL 的成功在于满足白领一族中希望简单消费的人群的需求，选择商品的款式、尺寸、颜色都十分方便，支付方式也有预付型、货到付款型等方式。不过下单后，直接就进入不可撤销的状态，并且不可更改，以至于下单后就没有选择的空间 配送环节：配货环节，VANCL 使用了条形码技术，每一件衣服都会有一个相应的条形码，因此下单后不久即显示配货成功，并进入“已出库未配送”状态，但是这个状态保持超过 24 小时，订单转入“配送在途”并收到短信通知后的第二天，就可接到快递的电话，并可去拿商品 包装：凡客的包装很好，外面有硬纸包装，里面还有一个专用的包装袋

技能训练2-1

当当网（www. dangdang. com）是全球最大的综合性中文网上购物商场（见图2-4），请根据表2-5列出的各项，对该网站进行分析。

图2-4　当当网

表2-5　当当网案例分析表

序　号	分析内容	分析情况
1	基本情况	
2	功能框架	
3	战略目标	
4	目标客户群	
5	经营模式	
6	管理模式	

项目任务

【任务导入】

“宁月”公司是一家生产耳机、音箱、音响等扬声器产品的中小型企业。随着电子商务的兴起，企业领导对扬声器市场的现状和产品的网络消费趋势进行了大量的考察、分析和判断，决定对原有的企业网站重新进行优化建设，使之更好地参与网络上的竞争，从搜索引擎中依靠关键词的优越排名引来客户，使其逐步树起网上的以至于延伸到网下的品牌效果。

经过对市场的考察，对同行网站的比对研究以及市场部的认真研讨，主要从四个方面着手对企业网站进行优化：

（1）营销型网站优化方案的制订；
（2）营销型网站界面的设计；
（3）营销型网站内容的设计；
（4）营销型网站的维护。

任务一　营销型网站优化方案的制订

【任务分析】

企业营销型网站建设的目的是使企业具备网络竞争优势，开拓新的市场渠道。这需要对企业自身的业务特点、潜在的客户需求、企业竞争对手的情况等方面进行一系列的调研分析，通过研究讨论制订出有针对性的优化方案。

【任务实施】

一、营销型网站的需求及市场分析

1. 网站的功能定位

网站不仅代表着企业的网上品牌形象，同时也是开展网络营销的根据地，网站实现的功能对网络营销的效果有直接影响，网站功能定位不明确不准确是许多企业网站失效的主要原因。因此，对企业网站功能准确定位是网站建设中需要首要解决的问题。

（1）企业网站应充分展示企业的经营理念、产品或服务特色

企业网站是企业根据自身经营的需要建立起来的，因此首先应当适应企业经营的需要，为企业的经营和营销服务。企业网站应充分展示企业主营业务的特色和优势，通过文字、图案、颜色甚至声音等媒介，让用户能在最短的时间内抓住企业所要传递给目标消费者的核心思想，而不是让人陷入一个“迷茫的海洋”甚至产生错觉。

（2）处理好信息服务与销售的关系

企业网站的定位并不意味着一定要实现在线销售和电子商务，其最大优势在于信息的传递，而在线销售却有支付手段、信用体系、安全立法、物流配送等诸多环境因素的制约。在企业网站上提供丰富的相关产品信息、专业知识介绍和售前售后服务通过开展网上营销活动，促进网下销售额的增长，这是大多数成功网站的共同特点。

（3）处理好商务与技术的关系

技术本身不是目的，任何技术都是为商务目的来服务的，技术的价值只有通过商务的诉求才能实现，只有当它促进商务目标实现的时候才有价值。商务功能定位准确的网站并不是越美观越华丽就好，技术也并不是越新就越好。网页是静态的好还是动态的好，要不要使用数据库技术，这应当根据网站建设所处的阶段以及企业的规模与业务量的大小来确定。不能为了炫耀技术而牺牲网页下载的速度，不能不顾企业信息化水平和员工素质的现状而盲目追求高新技术，不能不顾产品不适合在网上销售的特点，以及该行业互联网觉醒度还比较低，开展网络交易相关的支付安全、信用等问题还比较突出的特点，一味追求网上销售的实现，这样只能事倍功半甚至适得其反。

网络和网站技术只是实现企业经营目标的一种工具，只是企业开展经营和营销的手段

和媒介，技术只有和商务特别是企业的主营业务有机结合从而促进商务活动的开展时才能创造价值并带来效益否则极有可能沦为可有可无的摆设，甚至成为妨碍企业发展的陷阱和吞噬资金的黑洞。

(4) 网站应最大限度地满足顾客需求

因为企业的商务目标需要通过满足消费者的需求来出售产品，所以企业网站不仅要适合自身特点，还应最大限度地满足顾客需求。

在当今的消费市场中，顾客需求多样化、个性化的特征，要求每个企业都能对这些变化做出及时快速的反应，这是企业在市场立足与发展的必要条件。同时，企业之间的竞争在很大程度上是客户资源的竞争，把握住了客户的需求，并以最快的速度做出响应，谁就能吸引新客户，保持老客户，在竞争中取胜。由于市场的激烈竞争使得许多商品的品质区别越来越小，产品的同质化倾向也越来越强，这种商品的同质化使得品质不再是顾客消费选择的主要标准，越来越多的顾客更加看重商家能为其提供何种服务，以及服务的质量和及时程度。为了保持企业持续、稳定、健康地发展，企业网站必须注重提高自身的服务质量，增进与顾客的沟通，树立良好的服务形象和品牌形象，加强企业的竞争能力。

2. 网站的目标客户

开拓网络市场的目的就是要挖掘网络客户资源，但是如何挖掘潜在的客户呢？如何将这些潜在客户转化为自己的消费客户呢？因此对目标客户的分析也非常必需，客户的来源主要有 3 种。

(1) 目标明确的客户，有些客户对自己需要采购的商品比较明确，因此他们会在第一时间准确到达所需采购商品的货架中挑选出自己需要的商品。因此这部分客户不需要进行引导，但是所需求商品之间的对比是十分必要的。

(2) 目标不是很明确的客户，这一部分目标客户可分为两类：一是为自己购买但是不知道买些什么，二是为朋友购买，但是购买的商品不明确。针对这样两部分客户就应该提供有效的推荐，简单地推荐一件商品已经不能满足所有客户的需要。目标客户按照性别、年龄、职业进行划分可分为男人女人、老人孩子、大学生、白领等，这样一来就可以根据不同的目标客户群进行相应的商品组类推广，即针对某一单一客户群进行商品组类的界定同时进行推荐，以有效地推荐使目标不明确但有购买需求的这部分客户形成购买。

(3) 无目标的客户，这一部分客户的随意性比较强，遇见自己喜欢的就会购买，但是多数都是逛客。如何抓住这一部分客户是营销的关键，一般是通过页面布局、季节性、节日特色和事件性营销等方式。布局主要体现在是否可以在第一时间吸引住这一部分客户的目光。有效的商品展示布局与商品图片的美观度能在视觉上吸引客户的点击从而形成客户的购买行为。节日的活动与优惠促销也是抓住这一部分客户的关键，因此网站内容的更新速度也很重要。同时这一部分客户一般会针对自己和朋友的喜好进行闲逛，闲逛时能找到适合自己和朋友的商品分类是这部分客户所希望的，所以针对这一部分目标客户进行相应的商品组类推广是很有必要的。

二、营销型网站的域名与主机策略

域名的选取在整个搜索引擎优化工作过程中是一个很重要的环节。选择一个好的域名，并期望它为 SEO 效果提供尽可能大的辅助作用，是每个搜索引擎优化工作人员都希望的。

一般来说，权威专业的站点更能获得搜索引擎的喜爱。由于 . edu 和 . gov 后缀的域名并不是任何人都能注册，需要注册单位出示相关机构证明材料，这两类站点上发布的信息具有权威和原创的特性，所以我们会经常发现教育和政府的站点更能在搜索引擎中获得较好的关键词排名。

像 Google 那样的对全球网页进行索引的搜索引擎，当用户查询的时候，它会把与用户所处地域和使用语言等信息匹配的搜索结果展示给用户，而不会出现 Google 向一个中文搜索用户返回其他非中文国家的网页信息。基于以上分析，有很多的观点认为，带有 . cn 后缀的域名在中文搜索引擎里更加具有搜索结果展示优势。

1. 域名基本常识

域名是 Internet 网络上的一个服务器或一个网络系统的名字，具有唯一性，在全世界，没有重复的域名。就相当于我们现实生活中的门牌号码一样，可以在纷繁芜杂的网络世界里准确无误地把我们指引到要访问的站点。

域名就是对应于 IP 地址的用于在互联网上标识机器的有意义的字符串。例如 CNNIC 的域名 www. cnnic. net. cn，比起 IP 地址而言就更形象也更容易记忆。

下面以域名 www. cnnic. net. cn 为例，来认识一下域名的体系结构。从 www. cnnic. net. cn 这个域名来看，它是由几个不同的部分组成的，这几个部分彼此之间具有层次关系。其中最后的 . cn 是域名的第一层，. net 是第二层，. cnnic 是真正的域名，处在第三层，当然还可以有第四层，如：. inner、. cnnic、. net、. cn，至此可以看出域名从后到前的层次结构类似于一个倒立的树型结构。其中第一层的 . cn 叫做地理顶级域名。

目前互联网上的域名体系中共有三类顶级域名：一是地理顶级域名，共有 243 个国家和地区的代码。例如：. cn 代表中国，. jp 代表日本，. uk 代表英国等，另一类是类别顶级域名，共有 7 个：. com（公司），. net（网络机构），. org（组织机构），. edu（美国教育），. gov（美国政府部门），. arpa（美国军方），. int（国际组织）。由于互联网最初是在美国发展起来的，最初的域名体系也主要供美国使用，所以 . gov，. edu，. arpa 虽然都是顶级域名，但却是美国使用的。只有. com，. net，. org 成了供全球使用的顶级域名。相对于地理顶级域名来说，这些顶级域名都是根据不同的类别来区分的，所以称之为类别顶级域名。

随着互联网的不断发展，新的顶级域名也根据实际需要不断被扩充到现有的域名体系中来。新增加的顶级域名是 . biz（商业），. coop（合作公司），. info（信息行业），. aero（航空业），. pro（专业人士），. museum（博物馆行业），. name（个人）。

在这些顶级域名下，还可以再根据需要定义次一级的域名，如在我国的顶级域名 . cn 下又设立了 . com，. net，. org，. gov，. edu 以及我国各个行政区划的字母代表如：. bj 表北京，. sh 代表上海等。

2. 域名设计

域名设计包括网站名称的设计创意以及一级域名、二级域名后缀的选择。域名可根据易记、易推广、符合品牌形象的要求来设计。具体策略如下：

（1）域名与企业名称、商标一致

选择和企业名称、商标一致的域名，便于企业品牌的宣传推广。像海尔（www. haier. cn）、TCL（www. tcl. com）是比较成功的案例。还可以把企业域名也规划到 CI 形象系统中。如果企业名称比较冗长、复杂，可选择英文名称的缩略语。

（2）域名短小顺口，便于输入和记忆

选择有意义的词或词组作为域名，容易记忆和推广。同时，要求域名应发音清晰准确，避免同音异字。

（3）重新命名

有些企业为了更好地抢占网络市场，从长远战略眼光，不惜重金重新设计企业名称与域名，打造品牌形象。比如联想集团用“Lenovo”代替“Legend”，注册了 www. lenovo. net。

3. 保险标的

（1）及早注册

一旦有了好的域名创意，应尽快申请注册，否则就会被其他人抢先注册。例如，麦当劳公司未能及时注册，只能花 800 万美元“买回”自己的域名。

（2）多重域名

由于目前顶级域名 . com、. net、. org 以及新域名 . cc、. biz 等采用开放的原则，为保护企业自身权益，从企业自身实力及长远目标考虑，尽可能将几种域名都进行注册。还应该注册与域名形态及发音近似、相似、容易混淆的其他域名。

如 2004 年 12 月网上出现的假冒银行网站域名与中国银行、中国工商银行、中国农业银行的真正网址非常接近，如假冒中国银行的域名是 www. bank-off-china. com，比中国银行网站 www. bank-of-china. com 多一个英文字母 f；假冒中国工商银行域名是 www. 1cbc. com. cn，与中国工商银行网站 www. icbc. com. cn 也只是“1”和“i”一字之差；而假冒中国农业银行域名是 www. 95599. com，仅与中国农业银行网站 www. 95599. cn 的顶级域名不同。

（3）注意新的域名资源与注册方法

CNNIC 推出的中文网址、通用网址、无线网址对移动商务、企业品牌推广起到了很大的作用，这也是企业应关注和开发的重点。

（4）域名的续费保护

域名注册，实行年费制，即每年需要向域名注册机构缴纳一定金额的域名管理费。如果到期后没有及时续费，该域名将会从域名注册商的注册域名数据库中删除，重新开放给公众注册。

（5）谨防注册一个遭受搜索引擎惩罚过的域名

现在域名的注册费用不再像前几年那么高得让人犹豫了，所以很多 SEO 从业人员或网站管理员往往会注册大量的域名来做网站群。一旦这些网站因违反了搜索引擎的相关规则而被搜索引擎惩罚，域名所有人将会立即抛弃这些被惩罚的域名。

如果一不小心注册到一个被搜索引擎惩罚过的域名，这会为网站登录搜索引擎付出不少时间成本。一般来说，等搜索引擎刷新被惩罚域名所有人的信息后，它会把该域名视为一个新域名，并对其站点网页进行重新索引，但是谁也不知道这个过程需要多少时间。

那么，怎样才知道一个域名是否已经遭受搜索引擎惩罚了呢？

首先，可以使用site命令在主流搜索引擎中查询，来获取该域名在搜索引擎中的相关数据。比如，想注册域名www.abc.com，那么针对该域名的site命令查询形式就为：site:abc.com。如果该域名在搜索引擎尚未存在收录数据，则有两种对该域名进行判断的可能：一种是该域名为一个新域名，未曾被人注册过；另一种是该域名已经被人注册过，并被搜索引擎惩罚而删除了该域名所对应的网站收录页面。

到此，还不能最终决定该域名是不是可以注册，因为该域名是否遭受过搜索引擎惩罚暂时还不得而知。那么这时可以通过http://www.archive.org/查询该域名的使用历史。

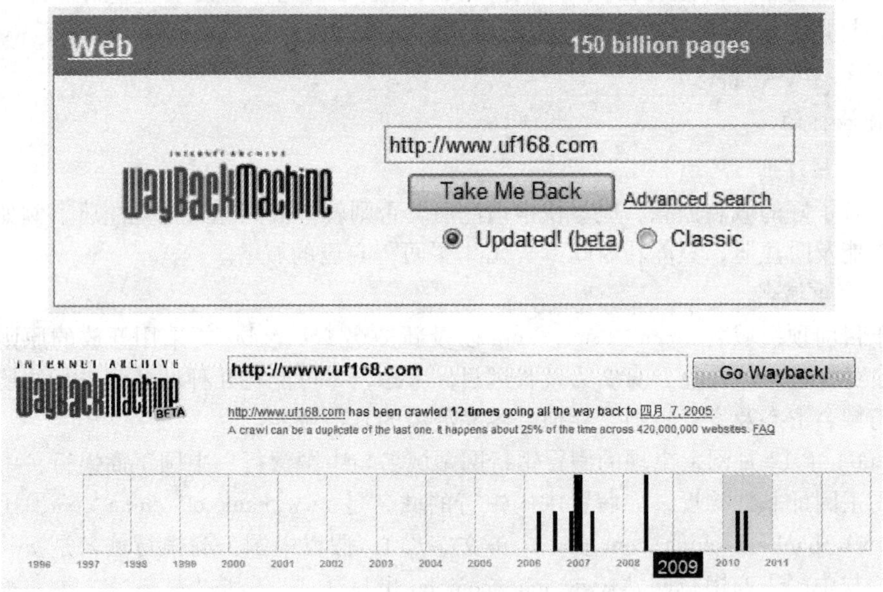

图2-5 查询域名使用历史

图2-5是查询域名www.uf168.com的历史网页的结果。从中可以看到，这个域名2005年4月已经被使用，到2006年5月停止了使用。浩维互动的一个客户正是在2007年又注册并使用了这个域名，结果百度始终没有收录其网页，最后不得不更换域名。

4. 域名申请的步骤

下面以国内网站的域名注册步骤为例，介绍所有域名的注册过程，需要说明的是国内和国际域名的注册只是在机构上有所差别，其他步骤基本相同。

（1）选择域名的申请机构

选择域名注册服务商，可以是顶级域名注册商或者其代理服务商。到2004年年底，经过ICANN认证的国内顶级国际域名注册商共8家，每家注册商都有不同数量的代理商，各家公司提供的服务内容大体类似，但服务水平和服务方式会有一定的差别。通过顶级域名注册商直接注册域名，通常可以完全自助完成、自行管理，整个过程完全电子商务化。表2-6所示为ICANN授权的中国顶级域名注册商及其授权域名注册范围。图2-6所示则为商务中国的域名服务页。

表 2-6 ICANN 授权的中国顶级域名注册商及其授权域名注册范围

公司名称	网 址	授权范围
商务中国	http://www.bizcn.com	.biz, .com, .info, .net, .org
东方通信域名注册中心	http://reg.eastcom.com	.com, .net, .org
中国万网	http://www.net.cn	.biz, .com, .info, .name, .net, .org
新网互联	http://www.dns.com.cn	.biz, .com, .info, .net, .org
中国频道	http://www.china-channel.com	.biz, .com, .info, .name, .net, .org
时代互联	http://www.now.cn	.biz, .com, .info, .name, .net, .org
新网	http://www.xinnet.com	.biz, .com, .info, .name, .net, .org

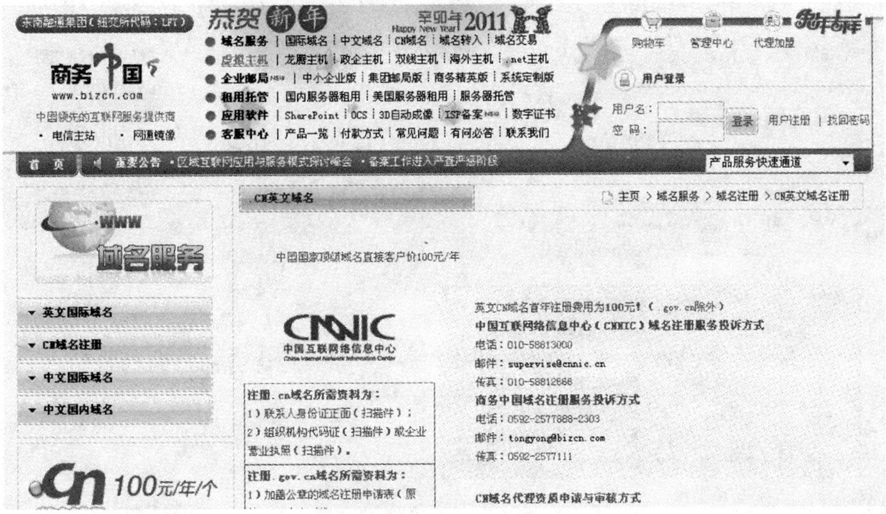

图 2-6 商务中国域名服务页

(2) 选择域名

输入想注册的域名，如果中意的域名已经被他人注册了，可以重新输入一个其他的域名。以“宁月”网站为例，为其设计域名为 Silentmoon，通过域名查询发现，已被注册如图 2-7 所示；继续申请域名，如图 2-8 所示，选择域名为 Silentmmusic，经查询发现未被注册可以采用并进行下一步操作。

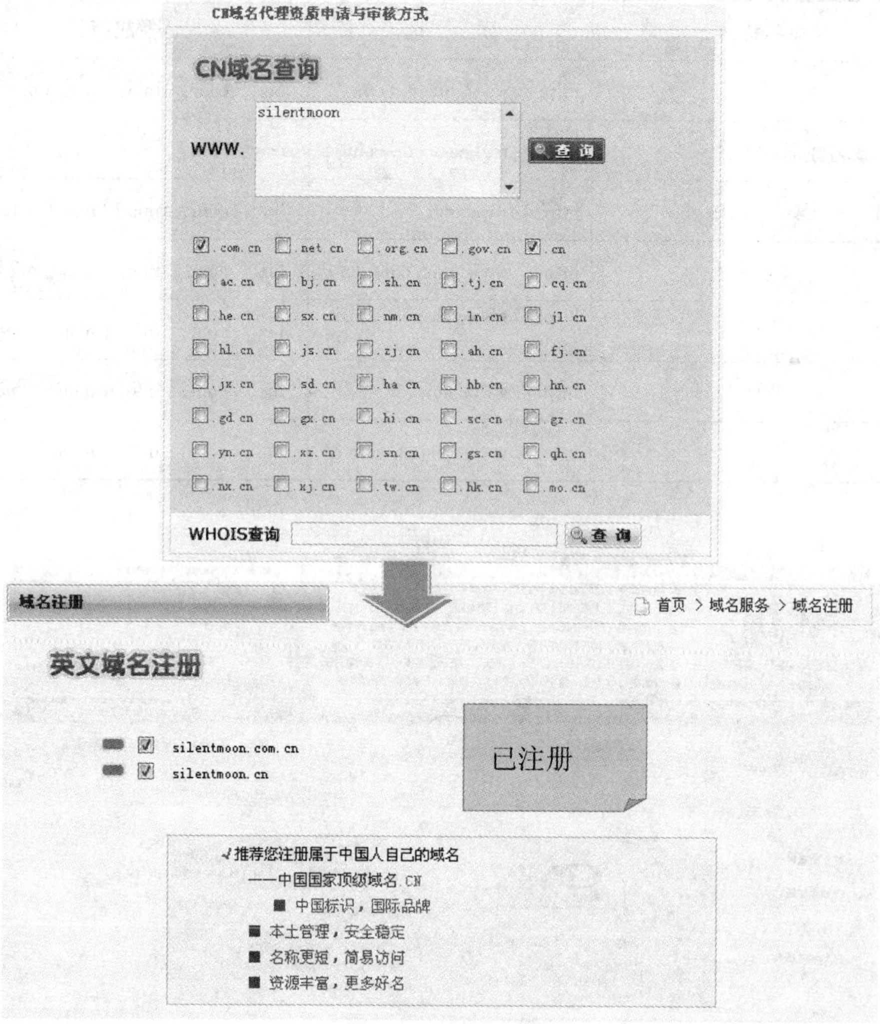

图 2-7 查询域名

（3）域名注册信息和联系信息

填写要注册域名的详细信息。根据提供的信息申请域名注册。这些信息，尤其是域名所有者名称一旦注册成功就很难更改，所以务必仔细核对，输入正确的信息。如图 2-9 所示。

输入联系信息，这些信息将被用于联系，而不会被用做其他任何用途。

（4）服务条款

系统会显示应支付的费用以及服务条款，请仔细阅读条款，并单击“我同意”键，完成此次订购。

（5）完成

在线申请部分到此就全部完成。

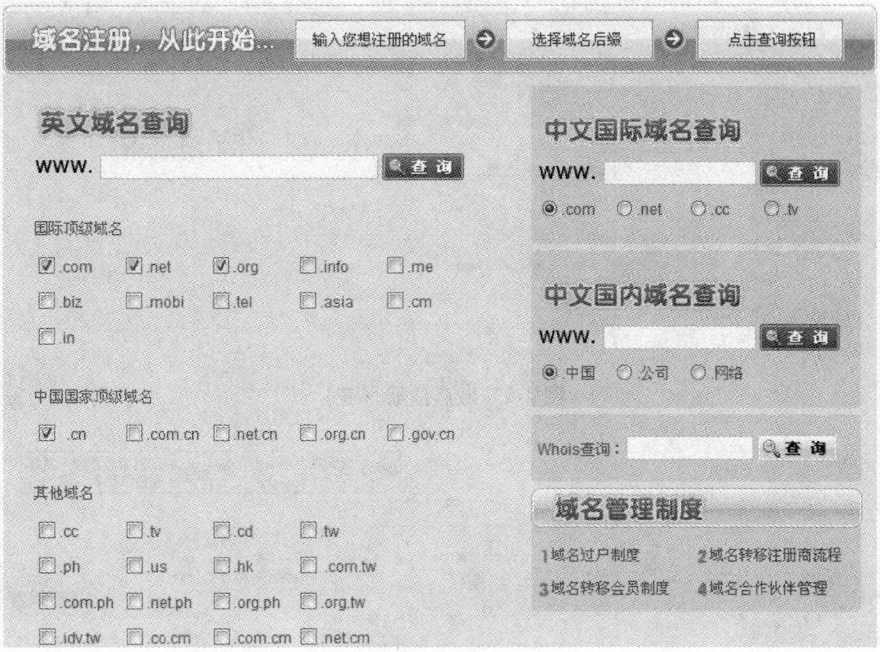

图 2-8　继续申请域名

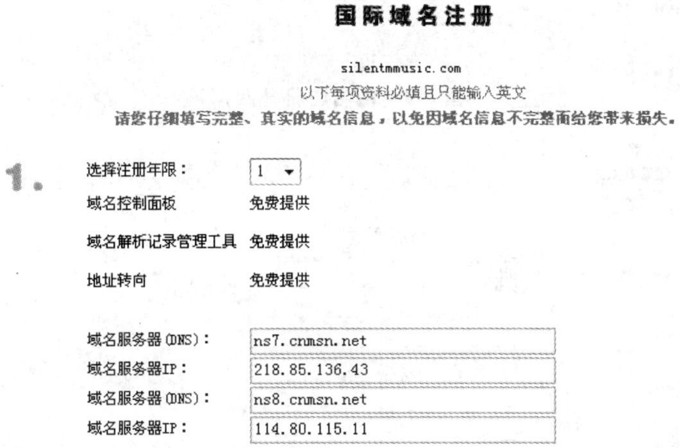

图 2-9　域名注册（一）

图 2-9　域名注册（二）

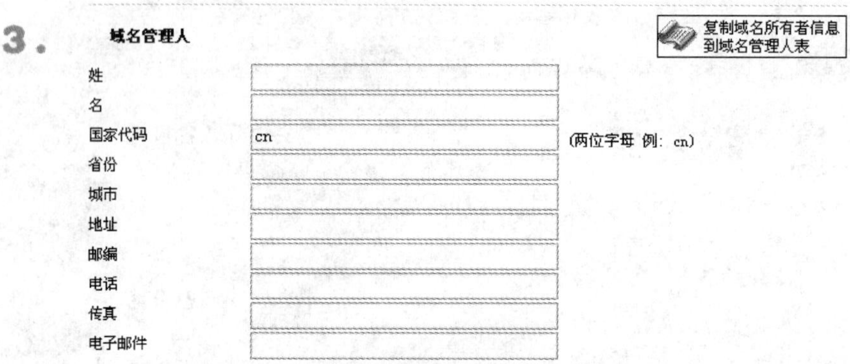

图 2-9　域名注册（三）

图 2-9　域名注册（四）

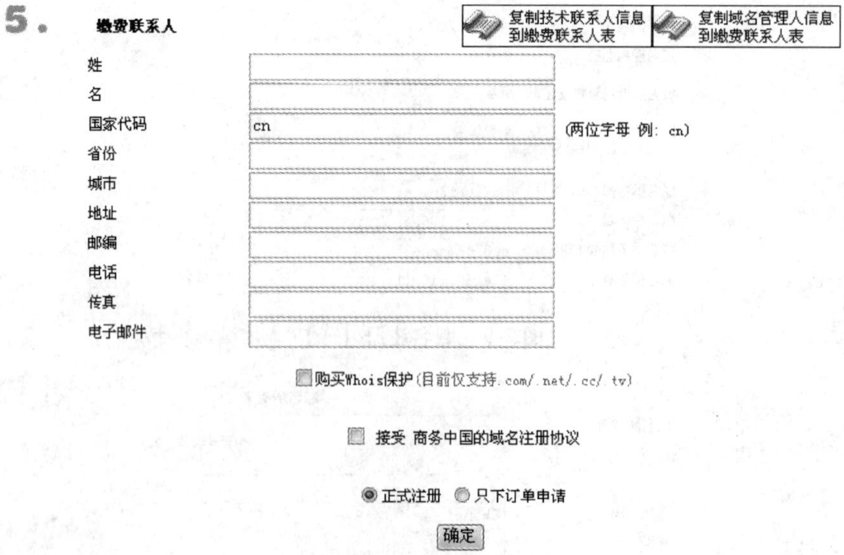

图 2-9　域名注册（五）

注意的问题：

（1）要了解中国国情

在我国，域名管理仿照《中华人民共和国商标法》执行，受国家法律保护，以其他公司域名或产品商标来命名自己的域名属于违法行为。但是在不违背以上原则的前提下，谁先注册就属于谁，这一点与国外对域名的管理可能有很大的差别。

（2）要具有东方特色

同一个音节对中国人和美国人可能意味着完全不同的内涵，让人产生截然不同的想象，所以中国企业的网址域名一定要具有东方特色。

（3）力争响亮上口

域名要想为众多的网民知晓，就需要在大众媒体上广为宣传。名字响亮上口就易于传诵，易于给人留下深刻印象并让人记住。

（4）要符合企业自身定位

语言具有形象性，这种由语言而引发的联想要符合企业的形象定位。

三、营销型网站的设计思想

营销型网站的最终目的是可以长久地、持续地、低成本地增大网站营销性，并从中实现盈利。为此我们可以从以下四个方面来进行设计。

1. 搜索引擎友好性

搜索引擎的友好性是从网站容易被搜索引擎收录并且获得好的检索效果的角度，说明网站设计应该关注的重要因素。搜索引擎友好意味着网站的网页内容更容易被搜索引擎收录，也就意味着用户通过搜索引擎获得网站信息的机会大大增加，搜索引擎友好的最终目的同样是为了用户可以更加方便地获取信息。

在图片中加入大量的文本描述和标题，用文本导航条取代图片或 java 描述语言菜单，避免框架结构、flash 或任何妨碍搜索引擎蜘蛛程序索引的编码，为每页加入标题及标识引导页并与内容匹配，使目标关键词及搜索用语分散在网站内部，便于搜索引擎进行相关搜索时，网站可以获得较好的排名并收录进较好的目录。

2. 网站易用性

网站易用性是从用户获取信息的角度描述网站设计，折射了整个搜索行为，包括：检索查询、网页浏览、获得一个页面的上一页和下一页、感觉内容是否符合需求、扫描内容（快速浏览）、阅读等。主要体现在内容的相关性和刺激用户单击进入网站上，有利于带来好的用户体验。

在用户易用性方面，内容的架构和网站界面都很重要。良好的架构和界面意味着该网站拥有对搜索引擎友好的内容。友好的界面就是有利于用户和搜索引擎的网站区域，包括导航和链接。人们想要明白他们在网站中处于一个什么样的位置，地点提示不仅告诉用户他们的当前位置，同时告诉搜索引擎该页在全站中处于什么样的位置。

3. 网站可信性

可信性意指可相信。它也有值得依赖的意思，与一个高度可用网站可预言的，或值得信任的典型行为略有不同。从这个意义上说，值得信赖是指更强烈的安全感，如用户在透露个人资料、联系信息和信用卡号码时感到是安全的；并确信他们的信任会以期望的信息或货物的形式得以回报。然而这种程度的可信性非常脆弱：来之不易且容易遭到破坏，但对于网站的成功极为重要。

像易用性一样，可信性是一种无法约束并随情况发生改变的属性，正逐渐受到人们的重视。值得注意的是，良好的易用性是取得可信性的主要属性之一。

4. 关键词设计

如果想在搜索引擎排名中获得优先排名，关键词的设计是最关键的一步。

以“百度新闻”频道为例。看看百度在设计方面有什么应该我们学习的？

```
<!DOCTYPE HTML PUBLIC "-//W3C//DTD HTML 4.01 Transitional//EN" "http://www.w3.org/TR/html4/loose.dtd">
<html>
<head>
<!--STATUS OK-->
<meta http-equiv="X-UA-Compatible" content="IE=7">
<meta http-equiv=Content-Type content="text/html; charset=gb2312">
<title>百度新闻搜索——全球最大的中文新闻平台</title>
<meta name="description" content="百度新闻是包含海量资讯的新闻服务平台,真实反映每时每刻的新闻热点.您可以搜索新闻事件、热点话题、人物动态、产品资讯等,快速了解它们的最新进展.">
<!--ecombegin--><!--ecomend-->
<link href="resource/css/search.css" rel="stylesheet" type="text/css">
</link>
```

代码如上所示，Title：“百度新闻搜索——全球最大的中文新闻平台”、description：“百度新闻是包含海量资讯的新闻服务平台，真实反映每时每刻的新闻热点……”找其特点，首先，以标题后面紧跟注释的形式来做标题，描述为一句话形式，其次“新闻”这个词在标题中出现2次，在描述中出现4次，共6次。

我们可根据这个特点来确定关键词的选用次数，即：标题的关键词重复出现次数不得大于2；描述中关键词的出现次数不得大于4。

四、公司网站优化方案分析

“宁月”公司是一家生产经营扬声器设备的厂家。该厂家生产的产品在长三角地区拥有较广的客户群，随着网络时代的到来，准备发展网络市场，从而开拓更为广泛的用户市场。如图2-10所示。

图2-10 “宁月”网站

（一）网站优化目标及意义

在搜索引擎许可的优化原则下，通过对“宁月”网站中代码、链接和文字描述的重组优化，以及后期对该优化网站进行合理的反向链接操作，最终实现“宁月”网站在搜索引擎的检索结果中得到排名提升。

对本网站优化具体从以下三个方面着手：对用户优化、对网络环境（搜索引擎等）优化以及对网站运营维护优化。

（1）对用户优化：通过对网站的优化设计，用户可以方便地浏览网站的信息、使用网站的服务。具体方法：以用户需求为导向，网站导航方便，网页下载速度尽可能快，网页布局合理并且适合保存、打印、转发，网站信息丰富、有效，有助于用户产生信任。

（2）对网络环境（搜索引擎等）优化：以通过搜索引擎推广网站的角度来说，经过优化设计的网站使得搜索引擎能顺利抓取网站的基本信息。当用户通过搜索引擎检索时，企业期望的网站摘要信息出现在理想的位置，用户能够发现有关信息并引起兴趣，从而单击搜索结果并到达网站获取进一步信息，直至成为真正的客户。具体方法：设计适合搜索引擎检索的关键词、描述等（搜索引擎优化），积累网络营销网站资源（如互换链接、互换广告等）。

（3）对网站运营维护优化：对网站运营维护优化有利于网站运营人员方便地进行网站管理维护（日常信息更新、维护、改版升级），有利于各种网络营销方法的应用，并且可以积累有价值的网络营销资源（获得和管理注册用户资源等）。

（二）“宁月”网站功能需求和市场分析

1. 网站功能定位

“宁月”公司希望通过建立网上平台，实行全天候销售服务，借助网络推广企业的形象、宣传企业的产品、发布公司新闻，同时通过信息反馈使公司更加了解顾客的心理和需求，通过网络虚拟公司与实体公司的经营运作有机结合，拓展公司产品的销售渠道，并节省大量的广告宣传和经营运营成本，更好地把握商机。

“宁月”公司需要在网络中发布的业务有：产品宣传、订单管理、售后服务、信息发布与反馈等。与这些业务有关的部门有：运营部门、销售部门、服务部门等。

2. 网站目标客户

“宁月”公司的产品可分为普通类和专业类，普通类产品主要针对大众音乐爱好者，而专业类产品主要针对的对象是音乐专业人士以及有一定财力并对音乐品质要求比较高的人士。鉴于不同人在购买产品的时候有着不同的行为习惯，大致将他们的情况做了如表 2-7 所示的归类。

表 2-7　目标客户分析

序　号	目标客户特点	行为习惯	建　议
1	事先规划	开始购物前会想清楚自己到底需要买什么，有时会记在一个纸片上，并且现在的客户消费很理性，购物之前会询问好朋友的意见，或者是查看评论	网站虽不能左右别人现实中的评价，却可以管理留言板中的在线评价

续表

序　号	目标客户特点	行为习惯	建　议
2	看文字，看介绍	购买产品时看得非常仔细，会去研究各个细节，特别是第一次购买时	多些文字介绍，多些图片信息，或者视频，对于建立信任度是十分有必要的
3	咨询客服	在购买时都希望能够咨询客服，这样问题就能够得到及时解决，尤其是大小，尺寸等问题如果得不到很好的解决，那么就会妨碍客户进行购买	随时在线的客户系统是必不可少的
4	有冲动性	对于一些好的产品避免不了产生冲动购买	做好导航系统，做好产品的交叉链接以及热门推荐，注意提升销售技巧，就可以让此类人群产生冲动购买
5	退换货问题	虽然退换货物比较麻烦，但是还有一大批用户肯定有这样那样的问题需要退换货	用心建立一个客户的成本要超过送货的物流成本，所以，必须认清楚客户的价值是有潜力的，因为他会变成忠诚用户
6	较强传播性	发现购买的东西物有所值，会跟周围的同学朋友去宣传并乐此不疲	好的产品会给网站带来不错的口碑
7	较容易上瘾	一开始对网购不认同，有一些排斥感，但是成功一两次之后反而会慢慢接受并且上瘾，因为网上的产品可以一目了然地选择，对比也比较方便，足不出户就可以购买到手	成功引导一个客户购买相当于销售出了一批产品

（三）框架布局及网页设计

在“宁月”网站的建设过程中，以“快捷方便、速度优先、价值内容”为指导，让网站能满足客户需要，赢得好评。可以考虑先把自己放到浏览者的位置上，然后合理设计网页布局。

网页源代码要坚持精简原则，以最少的代码体现最多的内容。避免网页中大量采用图片或者 flash 等富媒体形式，而没有可以检索的文本信息；网页没有标题，或者标题中没有包含有效的关键词；网页正文中有效关键词比较少；网站导航系统让搜索引擎“看不懂”；大量动态网页让搜索引擎无法检索；没有被其他已经被搜索引擎收录的网站提供的链接；网站中充斥大量欺骗搜索引擎的垃圾信息，如“过渡页”、“桥页”、颜色与背景色相同的文字等；网站中含有许多错误的链接。

避免使用框架或内嵌框架，非要使用时尽量简洁化。网站设计要求简单化，表格嵌套尽量在 3 层以下，页面内容应该文字多图片少，文字中关键词保持在 8% 以下，图片文件尽量小，避免应用大量 Alt 属性说明。

新闻列表或内容链接内，避免滥用 Title 标题，如：新闻标题。

图片可以有 Alt 描述，如：alt =" 点此进入 宁月网站 音乐 视听"。

描述文字要求简洁，避免烦琐累赘。整页内图片描述不宜过多，保持在 20% 以下。

技能训练2-2

布艺，曾一度被人们视为一种潮流，她不止细腻、温婉，而且千姿百态。她在现代家居中的每一次演变都被奉为家居潮流的风向标。伊万绣（南通）民俗老土布手工艺品创作中心，利用老土布制作出手袋、背包、挂饰、玩具等各种形态各异的工艺品，每个产品都别具匠心没有雷同，受到各个年龄阶层以及外国游客的欢迎。如图 2-11 所示。

现伊万绣创作中心计划通过互联网推广其手工艺品，而要建设一个网络平台。请为其制订一份网站建设方案。完成表 2-8 的填写。

图 2-11　伊万绣产品

表 2-8　伊万绣网站建设方案表

序　号	项　目	内　容
1	功能定位	
2	目标客户	
3	域名设计	
4	风格设计	
5	功能设计	
6	SEO 设计	

任务二　营销型网站网页的设计

【任务分析】

一张界面友好美观的网页会给人带来舒适的视觉享受，拉近人与电脑的距离，为网站创造卖点。有着良好视觉感受的网页是网站拉拢人气的关键所在，因此网页设计不只是单纯的美术绘画，还需要定位使用者、使用环境、使用方式并且为最终用户而服务，是纯粹的科学性的艺术设计。检验一个网页设计成功与否的标准既不是某个项目开发组领导的意见也不是项目成员投票的结果，而是最终用户的感受。

本项目通过“宁月”网站网页的设计，掌握商品类网站的设计要点，熟悉网站版式构成设计的基本步骤，并能运用版式设计的理念进行商务网站布局编排，以构造出自然、和谐、流畅的网站界面。“宁月”网站首页布局如图2-10所示。

【任务实施】

一、网页设计策略

网页是用户和互联网产生接触的最直接的窗口，对于互联网产品的用户体验以及访问量、注册量、销售额甚至成本等都有至关重要的影响，所以规划好网页也显得尤为重要。

（一）什么是好的网页设计

1. 由内容和功能决定表现形式和页面设计

做网页设计，需要了解客户的东西有很多：建站目的，栏目规划，每个栏目的表现形式及功能要求；主色调、联系方式、旧版网址、偏好网址；根据行业和客户要求，哪些要着重表现；是否分期建设，后期兼容性；客户是否有强烈的建站欲望；是否能在精神意识上引导客户；网站类型等。

当把这些内容都了解清楚了，那么这个网站就有了一个全面而形象的定位，这时才可以有的放矢地去做页面的设计。

2. 页面弱化

一个好的网页设计它的页面是弱化的，突出的是功能，着重体现的是网站提供给使用者的是什么。这就涉及浏览顺序、功能分区等问题。

要让访客在0.5秒内就能把握网站的行业性质，1秒内就知道该从哪个地方开始使用这个网站，能点一次的绝不点第二次。当然上面说的是大多数功能性网站，对于宣传展示性网站，诸如加特效的或flash网站，可能就不得不花哨一些，但也不能太过，效果可以体现意境，点到为止。

3. 模块化和可修改性强

模块化不仅可以提高重用性，统一网站风格，还可以降低程序开发的强度。这里就涉及尺寸、模数、宽容度、命名规范等内容。

无论是架构还是模块或图片，都要考虑其可修改性。以logo、按钮为例，很多人喜欢制作图片，N个按钮就是N张图片。如果只做3～5类按钮的背景图片，然后用在网页代码里打上文字，那么修改起来就简单了，让程序员自己改文字就可以了。此外网页中显示的字体是带有锯齿的，一般既清晰又保证美观的字体字号有以下几类：

宋体 12px，宋体 12px 粗体，宋体 14px，宋体 14px 粗体，黑体 20px，verdana 9px，Arial Black 12px。

（二）网页设计的要点

1. 确定网站的整体风格

（1）将网站的标志 logo，尽可能地放在每个页面上最突出的位置。

（2）突出标准色彩。

（3）总结一句能反映网站精髓的宣传标语。

（4）相同类型的图像采用相同效果，比如说标题字都采用阴影效果，那么在网站中出现的所有标题字的阴影效果的设置应该是完全一致的。

2. 确定色彩搭配方案

（1）用一种色彩。可以先选定一种色彩，然后调整透明度或者饱和度，这样的页面看起来色彩统一，有层次感。

（2）用两种色彩。先选定一种色彩，然后选择它的对比色。

（3）用一个色系。用一个感觉的色彩，例如淡蓝、淡黄、淡绿；或者土黄、土灰、土蓝。

注意：

（1）不要将所有颜色都用到，尽量控制在三至五种色彩以内。

（2）背景和前文的对比尽量要大（绝对不要用花纹繁复的图案作背景），以便突出主要文字内容。

3. 网页设计的工具

（1）Dreamweaver，由 Macromedia 公司所开发的著名网站开发工具，已被 Adobe 收购，现有 Mac 系统和 Windows 系统 2 个版本。它使用所见即所得的接口，亦有 HTML 编辑的功能，是唯一提供 Roundtrip HTML、视觉化编辑与原始码编辑同步的设计工具。

（2）FrontPage，是微软公司出品的一款网页制作入门级软件。它使用方便简单，会用 Word 就能做网页。所见即所得，结合了设计、程式码、预览三种模式于一体，也可一起显示程式码和设计检视，可以与 Microsoft Office 各软件无缝连接。

（3）Flash，由 Macromedia 公司推出的交互式矢量图和 Web 动画的标准，由 Adobe 公司收购。网页设计者使用 Flash 可以创作出既漂亮又可改变尺寸的导航界面以及其他奇特的效果。

（4）Photoshop，是 Adobe 公司旗下最为出名的图像处理软件之一，集图像扫描、编辑修改、图像制作、广告创意，图像输入与输出于一体的图形图像处理软件，也是网站开发中必不可少的辅助工具。

（5）Fireworks，是 Macromedia 公司发布的一款专为网络图形设计的图形编辑软件，它大大简化了网络图形设计的工作难度，无论是专业设计家还是业余爱好者，使用 Fireworks 都不仅可以轻松地制作出十分动感的 GIF 动画，还可以轻易地完成大图切割、动态按钮、动态翻转图等，因此，对于辅助网页编辑来说，Fireworks 必不可缺。

（三）网页设计的原则

1. 网页设计应于网站的总体方案相符

网站的构思创意即总体设计方案。对网站的整体风格和特色做出定位，对网站的组织结构进行规划，才能更好地进行网页的设计。

网站应针对所服务对象（机构或人）的不同设计不同的网页。有些站点的网页只提供简洁文本信息；有些则采用多媒体表现手法，提供华丽的图像、闪烁的灯光、复杂的页面布置，甚至可以下载声音和录像片段。

在对网页的设计中，为了做到主题鲜明突出，需要按照客户的要求，以简单明确的语言和画面来体现站点的主题；调动一切手段充分表现网站的个性和情趣，突出网站的特点。

网页应具备的基本成分包括以下几个部分：

（1）页头：准确无误地标识站点和企业标志；

（2）E-mail 地址：用来接收用户垂询；

（3）联系信息：如普通邮件地址或电话；

（4）版权信息：声明版权所有者等。

2. 网页的版式设计

网页设计作为一种视觉语言，特别讲究编排和布局，虽然主页的设计不等同于平面设计，但它们有许多相近之处。

多页面站点页面的编排设计要求把页面之间的有机联系反映出来，特别要处理好页面之间和页面内的秩序与内容的关系。为了达到最佳的视觉表现效果，需要反复推敲整体布局的合理性，使浏览者有一个流畅的视觉体验。

3. 网页设计中的色彩

色彩是艺术表现的要素之一。在网页设计中，需要根据和谐、均衡和重点突出的原则，将不同的色彩进行组合、搭配来构成美丽的页面。根据色彩对人们心理的影响，合理地加以运用。如果企业有 CIS（企业形象识别系统），那么可以按照其中的 VI① 进行色彩运用。

4. 网页设计形式与内容相统一

为了将丰富多样的网页设计形式组织成统一的页面结构，形式语言必须与页面内容相符，并能体现出内容的丰富含义。

灵活运用对比与调和、对称与平衡、节奏与韵律以及留白等手段，通过空间、文字、图形之间的相互关系建立整体的均衡状态，产生和谐的美感。如对称原则在页面设计中，它的均衡有时会使页面显得呆板，但如果加入一些富有动感的文字、图案，或采用夸张的手法来表现内容往往会达到比较好的效果。点、线、面作为视觉语言中的基本元素，巧妙地互相穿插、互相衬托、互相补充构成最佳的页面效果，充分表达完美的设计意境。

---

① VI：全称 Visual Idontity，即企业 VI 视觉识别系统。是将 CI 的非可视内容转化为静态的视觉识别符号。

5. 三维空间的构成和虚拟现实

网络上的三维空间是一个假想空间，这种空间关系需借助动静变化、图像的比例关系等空间因素表现出来。在页面中，图片、文字位置前后叠压，或页面位置变化所产生的视觉效果都各不相同。尽管通过图片、文字前后叠压排列能产生强节奏的空间层次，视觉效果强烈，但所构成的空间层次不太适合网页设计，根据现有浏览器的特点，网页设计适合比较规范、简明的页面。

网页上常见的是页面上、下、左、右、中位置所产生的空间关系，以及疏密的位置关系所产生的空间层次，这两种位置关系使产生的空间层次富有弹性，同时也让人产生轻松或紧迫的心理感受。

现在，人们已不满足于 HTML 语言编写的二维 Web 页面，三维页面开始吸引更多的人，虚拟现实要在 Web 网上展示其迷人的风采，于是出现了 VRML 语言。VRML 是一种面向对象的语言，它类似 Web 超级链接所使用的 HTML 语言，也是一种基于文本的语言，并可以运行在多种平台之上，只不过能够更多地为虚拟现实环境服务。

6. 网页设计中多媒体技术的利用

利用多媒体技术可以制作生动、有趣的网页，使得 Internet 上的浏览者会一再的光临网站而留连忘返。到目前为止，在 Internet 上所能使用的多媒体技术可以说越来越广泛，从简单的 gif 动画、3DVRML 动画、广播站到电影文件几乎都可搬上 Internet。但需要提醒的是，由于网络带宽的限制，在使用多媒体形式表现网页的内容时应将客户端的传输速度考虑在内。

7. 网页设计应结构清晰并且便于使用

如果当访客来到企业网站后，发现看不懂或很难看懂该网站，甚至不清楚网站在介绍些什么，那么，他们是不会喜欢该网站的，这类网页就是一个失败的设计，由此可见网站结构清晰的重要性。可以通过对网站内容进行提炼，规划好网站栏目，创建好页面与页面，页面内部的超链接，使访客最多单击 3 次即可达到目的页面。

8. 网页设计应导向清晰

清晰的导向可以给网站浏览者提供指引，就像大海中的灯塔使浏览者不会迷失在网站中。通过设计导航栏、网站地图等使浏览者能够在网站上自由前进或后退。

9. 快速的网页下载时间

浏览者不会选择进入一个需要等待 5 分钟下载时间才能打开的网页，在互联网上 30 秒的等待时间与我们平常 10 分钟等待时间的感觉相同。因此在网页设计中尽量避免使用过多的图片及体积过大的图片。主要页面的容量可控制在50K 以内，平均30K 左右，确保普通浏览者页面等待时间不超过 10 秒。

10. 网页中的非文字内容

由于浏览互联网的大多是一些寻找信息的人们，所以要确定网站将为他们提供的是有价值的内容，而不是过度的装饰。所以在必要时适当使用动态“gif”图片可减少动画容量，或应用巧妙设计的 Java 动画，可以用很小的容量使图形或文字产生动态的效果。

11. 网页中加入方便的反馈及订购程序

如果客户在浏览网站时产生了购买产品的欲望，使他们能够非常方便地进行订购是获得成功的重要因素。所以可以在网页中加入方便快捷又安全的订购程序版块和提供及时有效的售前售后服务留言板版块。

（四）网页设计技巧

1. 网页配色基本方法

（1）白纸黑字是永远的主题。

（2）网页配色的忌讳

- 忌脏：背景与文字内容对比不强烈，灰暗的背景易给人沮丧感。
- 忌纯：艳丽的纯色对人的刺激太强烈，缺乏内涵。
- 忌跳：再好看的颜色，也不能脱离整体。
- 忌花：要有一种主色贯穿其中，主色并不是面积最大的颜色，而是最重要，最能揭示和反映主题的颜色，就像领导者一样，虽然在人数上居少数，但起决定作用。
- 忌粉：颜色浅固然显干净，但如果对比过弱，就显得苍白无力了。
- 蓝色忌纯，绿色忌黄，红色忌艳。

（3）网页最常用的流行色有几下几种：

- 蓝色：蓝天白云，沉静整洁的颜色；
- 绿色：绿白相间，雅致而有生机；
- 橙色：活泼热烈，标准商业色调；
- 暗红：宁重、严肃、高贵，需要配黑和灰来压制刺激的红色。

（4）几种固定搭配

- 蓝白橙：蓝为主调。白底，蓝标题栏，橙色按钮或 ICON 做点缀。
- 绿白蓝：绿为主调。白底，绿标题栏，蓝色或橙色按钮或 ICON 做点缀。
- 橙白红：橙为主调。白底，橙标题栏，暗红或橘红色按钮或 ICON 做点缀。
- 暗红黑：暗红主调。黑或灰底，暗红标题栏，文字内容背景为浅灰色。

2. 网页设计理念

（1）内容决定形式

先充实内容，再分区块，然后定色调，最后处理细节。

（2）先整体，后局部，最后回归到整体

全局考虑，把能填上的都填上，占好位置。然后定基调，分模块设计。最后调整不满意的局部细节。

（3）功能决定设计方向

看网站的用途，决定设计思路。商业型的就要突出营利目的，政府型的就要突出形象和权威性的文章，教育型的就要突出师资和课程。

二、典型网站网页设计分析

下面以“宁月”网站为例来谈谈它的网页设计。

（一）构思布局

根据“宁月”网站的特点以及网站的功能性，确定网站的首页为分栏布局，整体颜色采用红色和白色，昭显年轻、动力、热情。在栏目设计上尽量做到简洁、明了，突出产品，元素包括 logo、导航、广告、公告/新闻、分类目录、最新产品、底部版权等信息。

（二）首页结构图

首页版式采用“T”型结构，结构如图 2-12 所示。

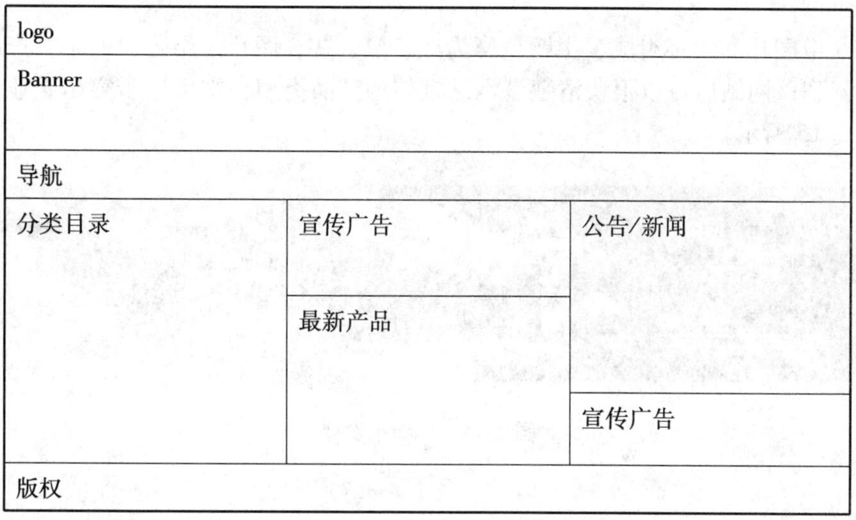

图 2-12　首页结构图

（三）首页头部元素设计

1. logo 设计

logo 设计采用特殊文字中英文组合的形式，通过多变的色彩使其更加丰富、生动。见图 2-13。

图案的含义：

（1）中英文突出网站名，宁月——一弹流水一弹月，半入江风半入云。

（2）“月”同“乐”，突出网站的主题是与音乐相关的。

（3）英文“Silent moon”用了很多的色彩，寓意音乐能给人流光溢彩的不同心境和享受。

图 2-13　logo

2. 导航设计

导航分为“首页”“产品文化”“宁月新闻”“宁月产品”“店铺地址”“留言板”等栏目，如图 2-14 所示。导航条为红色渐变，产生一种立体感，文字为白色，既中和了亮丽的红色，又形成了鲜明的对比，可以明显定位，一目了然。

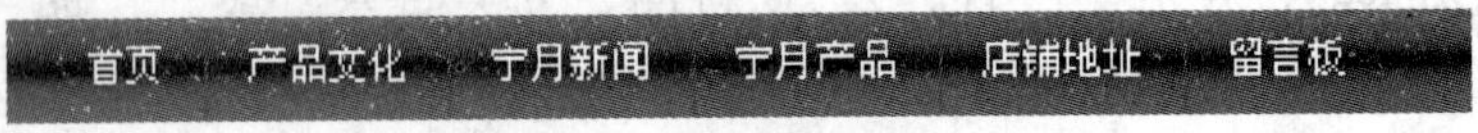

图 2-14 导航设计

3. Banner 设计

Banner 由图片和文字组成，主题色彩为红、黑、灰，图片采用公司的主打产品，让浏览者在访问到该网站后可以很快清楚该网站宣传的产品类型，文字用于突出企业的产品文化。如图 2-15 所示。

图 2-15 Banner 设计

技能训练 2-3

请为伊万绣创作中心制订一份网站界面设计方案，并完成表 2-9 的填写。

表 2-9 伊万绣网站设计方案表

序 号	项 目		内 容
1	网站的整体风格	logo	
		色彩	
		标语	
		图像	
2	文字设计	正文文字	
		标题文字	
		图片文字	
		超链接文字	
3	首页结构图		
4	多媒体功能		

任务三　营销型网站的内容设计

【任务分析】

什么是内容，内容就是网站中用户想要了解的信息，它不只是文字，甚至有可能是一张小图片。就如同视频网站，视频就是内容；购物网站，商品就是内容；设计网站，风格设计就是内容等。所以内容不一定就等同于文字，但是对于搜索引擎而言，文字更好理解。

【任务实施】

一、网站内容策略

网站内容是网站组成的核心部分，并且是使网站获得用户的喜爱，网站推广最好的资源。高效的网站内容策略是一个网站长期发展的基础，特别是在搜索引擎时代，具有高价值的网站内容更加容易获得搜索引擎的青睐。因此在内容的设计上需要考虑到以下几个问题。

（1）需要哪些内容

这是一个有关内容定位的问题，网站需要什么样的内容，用户对什么样的内容感兴趣？以一个简单的例子说明，一个旅游网站需要知道人们现在都喜欢去哪里旅游，境内游哪个省份的旅游是热点，出境游哪个国家是热点旅游目的地等。深刻明白用户需求在哪，才能够提供用户喜欢的内容。

（2）用户怎么找到网站的内容

这涉及站内和站外两个方面的问题，站内的问题主要是网站的内容布局和排版方式，站外则是如何让用户在网络上找到网站的信息。站内问题更多是与用户体验有关，站外问题更多是与搜索引擎、SEO 有关。

（一）栏目内容规划

相对于网站页面及功能规划，网站栏目规划的重要性常被忽略。其实，网站栏目规划对于网站的成败有着非常直接的关系，网站栏目兼具以下两个功能，二者不可或缺。

1. 提纲挈领，点题明义

网速越来越快，网络的信息越来越丰富，浏览者却越来越缺乏浏览耐心。打开网站不超过 10 秒钟，一旦找不到自己所需的信息，网站就会被浏览者毫不客气地关掉。要让浏览者停下匆匆的脚步，就要清晰地提供给他们网站内容的“提纲”，也就是网站的栏目。

网站栏目的规划，其实也是对网站内容的高度提炼。即使是文字再优美的书籍，如果缺乏清晰的纲要和结构，恐怕也会被淹没在书本的海洋中。网站也是如此，不管网站的内容有多精彩，缺乏准确的栏目提炼，也难以引起浏览者的关注。

因此，网站的栏目规划首先要做到“提纲挈领、点题明义”，用最简练的语言提炼出网站中每一部分的内容，清晰地告诉浏览者网站在说什么，有哪些信息和功能。

2. 指引迷途，清晰导航

网站的内容越多，浏览者也越容易迷失。除了“提纲”的作用之外，网站栏目还应该为浏览者提供清晰直观的指引，帮助浏览者方便地到达网站的所有页面。

网站栏目的导航作用，通常包括以下四种情况：

（1）全局导航

全局导航可以帮助用户随时去到网站的任何一个栏目，并可以轻松跳转到另一个栏目。通常来说，全局导航的位置是固定的，以减少浏览者查找的时间。

（2）路径导航

路径导航显示了用户浏览页面的所属栏目及路径，帮助用户访问该页面的上下级栏目，从而更完整地了解网站信息。

（3）快捷导航

对于网站的老用户而言，需要快捷地到达所需栏目，快捷导航为这些用户提供直观的栏目链接，减少用户的点击次数和时间，提高浏览效率。

（4）相关导航

为了增加用户的停留时间，网站策划者需要充分考虑浏览者的需求，为页面设置相关导航，让浏览者可以方便地去到所关注的相关页面，从而增进对企业的了解，提升合作机率。

归根结底，成功的栏目规划，还是基于对用户需求的理解。对于用户和需求理解得越准确、越深入，网站的栏目也就越具吸引力，能够留住越多的潜在客户。

（二）内容编辑原则

网站大量的内容都是通过网络编辑在日常工作中录入，而这恰恰关系到网站的生存根本——服务内容。网站编辑不是单纯编辑或是写作文章，不是资料记录员，也不是搬运工，而是编辑网站产品的内容，添加服务质量。

对于外部宣传资料类文章内容的编辑原则如下：

（1）宣传的文章内容中含有产品名称的文字需设置锚链接到该网站相关产品的介绍页面，以达到内外呼应的目的。

（2）宣传的文章内容和编辑网站一样要突出显示关键词，文章标题中应包含关键词且符合搜索习惯的匹配。

（3）宣传的文章内容和标题中可以含有网站域名，内容从先对核心关键字进行概要描述开始，可以提高相关度。

另外，文字锚链接比直接的域名地址链接在优化方面要强很多。所以在提高外链的时候主要是要提高对文字的超级链接，而不是直接把网址贴上去。这也是平时和其他网站做友情链接的原因，因为友情链接就是典型的文字锚链接。

（三）内容撰写和发布规范

1. 内容的标题

（1）新颖、准确、真实

内容的标题和网站的标题一样是网站的脸面，要真实，有中心思想，再加上稍微的修饰，做到能够吸引读者即可。

（2）字数控制

字数的控制是标题的要求之一，要做到搜索引擎能够收录，并保证收录显示出来的快照能够完整地显示网站的标题。需要提醒的是一般内容页标题和网站主标题加起来的字数控制在 32 个汉字以下为佳。

（3）符号控制

内容页面一般不带符号，但是也可以用一些感叹类的，疑问类的符号，达到吸引读者的目的。

2. 内容的主体

（1）文字说明

文章都是通过文字来表达，所以文字表达是内容页面的主要部分。文字不能过少，但是也不要去堆积，清楚地表达文章的含义，侧面地介绍和文章相关的内容，达到让读者看了有用的目的。

（2）图片说明

图片是辅助内容介绍的一个非常好的方式，清晰的图片，准确的布置，不仅让读者增加了视觉效果，更能辅助读者理解所写的内容。

（3）视频效果

视频是一个新生的文章主体，如果网站空间带宽和流量足够，相应的视频会起到声色并茂的效果，这样更能增强文章内容的说服力。

（4）适当评论

评论是内容页不断互动不断更新的最大的来源，它不仅能够达到内容主体的讨论，更能有益补充内容的质量。但是应注意自己的评论内容不要出现敏感词语和其他违反互联网法规的词语，一定要做好保护措施。

（5）推荐插件

如果文章内容对读者有益，读者会相应的去转载这篇文章，所以可以辅助地做些博客或者微博的插件让他们自己选择，要记得告诉读者转载留下其出处。

3. 主体相关链接

（1）完全相关链接

完全相关链接，链接到和公司网站相关的页面，这样会更能增加相关页面的权重。但是需要注意的是不管是完全相关还是泛相关的链接，一定要是实实在在的，不要刻意地去增加无谓的链接，更不要重复链接。

（2）泛相关链接

如果所做的内容里面出现的关键词和网站中所有的文章不相关，但是和网站是相关的，这里可以考虑给主页一个回链，但切勿堆积链接。

（3）友情链接

适当的友情链接不仅能够增加内页的权重，更能侧面地增加网站的权重，最好是交换完全相关的链接。如果换到了这样的友情链接，尤其是对手的链接，更能说明网站的权威。

4. 文章发布规范

（1）文章的查找、复制、编辑、加工

- 一般依据关键词查找新闻；
- 从别的网站复制的文章，一定要先复制到 TextPro 除掉多余代码，并进行格式方面的转换后才能复制到系统之中；
- 如果网页不能抓取可先另存为 . txt 格式，再进行编辑；
- 在 TextPro 中，每段开头要空两个全角空格，段落之间要空两行，标点符号要转换成全角，数字字母要变成半角；
- 文章开头编辑时删除“ ××报讯”“ ××网”“昨日”“我市”等字眼要按照文章的内容加以更改；
- 文章中出现专业的化学式，例如 CO_2，要注意形式的正确；
- 文章中的破折号要使用正确，正确形式是：——，而不是……，或者———；
- 文章段落中不能有空格，英文单词或字母之间只能有一个半角空格。

（2）后台格式要求

- 文章最后不能留空行，光标需在最后一行。
- 后台的文章摘要开头全角空两格。

（3）标题

- 资讯类标题一般为 16～20 个字，有时为照顾页面的显示也可不在此范围内，计算字数时标点和数字算半个字符；
- 标题中不要有“,”遇到需要分割的标题时可用空格，还可以出现在标题中的符号有：冒号、破折号、感叹号。此规定不是绝对，应依据文章标题的具体情况而定；
- 文章标题要能比较明确地描述对象或者主题；

说明：

描述事件的文章，应该先将地域名放在前面，让读者一看就知道是什么地方发生了什么事情。例如：银川……发生了……事；湖北……发生了……事。其次题目中一定要体现出关键词，这个关键词一般是名词，且要贴切文章主题。在一定标题字数内多体现关键词。此外，标题不能空洞、夸大其实、缺乏真实感。

- 企业资讯类文章标题要将企业放在前面，写成 ××企业的 ××事；
- 专家类文章的标题要把专家的头衔和姓名加在标题中并放在前面；
- 多使用小标题，小标题应该包括文章或小标题下内容的主题；文章内的小标题要加粗；
- 要使用习惯用语，不要出现“5 ×××元”（5 000 元）、“本本”（笔记本，笔记本电脑）之类的词；
- 简略标题，也就是标题的缩写，让标题更精简，以适应页面的需求；
- 文章的来源要写清楚，如果不能找到文章的原始出处，文章来源可直接写文章页面所在的网站；
- 要区分作者和编辑，当一篇文章有多个作者的时候，作者的名字之间要用空格隔开，不要用逗号；
- 根据页面的需求决定是否添加缩略图，缩略图的大小也由文章对应的页面而定。

（4）图片

- 凡是原文章中带有水印的图片，必须去水印，可使用光影魔术手或截图等方法；
- 文章中的图片存储时要转为 Web 格式，小于 20 K，宽度不超过 500 像素；

● 图片经过处理后要给图片命名，尽量使用关键字；

● 文章中添加图片时要添加图片说明文字，说明文字用楷体；

● 原文中有表格的要用 photoshop 做成图片，插入在文章中，切忌出现在文章中提到了“如下表所示”字段，但随后的文章中没有表格的出现；

● 红头文件等有专门格式代码，可以用代码编写也可以把文件头做成图片直接插入到文章中。

红头文件格式代码如下：

```
<p align = "center" > <strong > <font color = "#ff0000" >国家环境保护总局办公厅 </
font > </strong >   <br />  <br /> <font size = "2" >环发〔2005〕
125 号 </font >  <br />  </p >
<hr color = "#ff0000" />
<p >  </p >
<p align = "center" > <span class = "title" > <strong > <font color = "#000000"
size = "3" > <span class = "title" > <strong > <font color = "#000000" size = "3" >
关于加快推进企业环境行为评价工作的意见 </font > </strong > </span > </font > </
strong > </span > </p >
<p > 为实施《行政许可法》,现将环境保护行政主管部门实施的行政许可项目公告如下：</
p >
```

(5) 段落页面

● 为使页面上段落之间能空行，后台每段与每段之间要空两行；

● 文章过长要分页，分页符为#p#，页面分页以三屏为标准，同时要照顾内容的完整性；

● 文章的段落不能太长，一般五六行为宜，当文章段落过长时，在不影响文章内容表达的前提下在适当的位置分段。

(6) 字体格式

● 文章的小标题以及文章中的重要内容要加粗；

● 文章的引言、序言、摘要、关键字以及文中插入图片的说明文字要用楷体。

(7) 文章摘要

一般摘取文章第一段能概括文章主要内容的相关文字，如果文章的第一段没有出现这样的文字，那么编辑要根据文章的内容自己概括，摘要的字数要控制在 150 字以内。

(8) 关键词

关键词一般出现在标题、第一段、最后一段、小标题、正文、分页标题、描述等位置。

(9) 相关文章

每篇文章要有五篇以上的相关文章链接。

(10) 链接

● 可以链接词语、短语或者句子；

● 文章的主题文字一定要加链接。重复出现的文字内容只给第一个加上链接；

● 文章内提及网站内的相关信息时要加上链接。重复出现的文字内容只给第一个加上链接。

(11) 其他

● 页面上重要位置的新闻，例如焦点图、焦点置顶要得到主编的允许后才能发布；

● 每天更新新闻至少 10 条，其中包括所负责的页面的焦点图的更新。

5. 关键词研究

关键词研究是搜索引擎优化的一个非常重要的方面。如果网站设置了错误的关键词，那搜索引擎和网站浏览者就无法找到该网站，也就得不到应有的网站排名。

关键词的研究可以分为5个阶段，具体如下：

① 创建列表，经常检查

第一步，要创建一个潜在关键词的列表。尽可能多地创建用户会为了找到本网站而在搜索框输入的词，包括宽泛的和具体的，单个的和多词的等，要涵盖所有网站能够提供给用户的内容和服务。但要避免太过于通用的词，像“鞋子”或者“衣服”。这些词很难得到排名也不能给网站带来高质量的流量，把精力集中在那些相关的，但又不是特别通用的词上。可以研究一下该网站竞争对手都在用什么关键词，参照他们的，让关键词列表变得更加有效。

② 使用关键词研究工具

在有了关键词列表后，下一步就是缩减关键词列表，把受人欢迎和能带来有效流量的词留下。这就需要借助关键词研究工具。

把关键词输入到关键词研究工具中，就能很快地得知每天有多少用户利用这个词来检索，以及其他一些重要的分析信息。

以下介绍几款关键词分析工具，可以分析关键词的活跃程度。

- Wordtracker：提供流行的关键词的相关的信息，其中Top1 000报告列出了最经常使用的搜索词，而从其竞争对手选项可以了解要在某个关键词上达到一定的排名需要面对怎样的对手，有助于调整竞争策略。
- WordStream：提供了关键词研究的工具包，可以用于PPC市场和SEO，此外也提供了强大的工具来帮助组织关键词和增加网站收益。
- Google AdWords Keyword Tool：应该是每个人必备的免费工具。
- Google Suggest：这个工具可以帮助扩展原始列表，发现同义词和相关词。只需要输入搜索词，就能看到下拉式的相关词。
- Thesaurus. com：另一种查找关键词的选择。

提示：我们不仅仅要了解是否有很多人用这个词搜索，还要了解关于这个词有多少网站在竞争排名。

了解竞争性可以知道为了使这个词达到较高的排名需要付出多大的努力。在做出决定是否用这个词的时候需要注意两件事：有多少网站在用这个词竞争排名和这些网站的排名情况（比如：有多少网站链接到他们，他们索引了多少页面），基本原则就是，这个词是否值得你付出时间。

③ 确定列表

在有了处理列表并且测试了他们的状态后，下一步就需要缩减他们来决定哪些将作为最终的关键词列表。

缩减列表的第一步是浏览整个列表把与网站主题最接近的词挑选出来，把与网站无关或者没有足够的内容来支持的去掉。

第二步，把宽泛的和具体的词混合起来使用。宽泛的词对网站是重要的，因为他们描述了网站是干什么的，但他们并不能给网站带来高质量的流量。例如，某公司是专门做牛仔长筒靴的，很显然网站关键词会集中在“长筒靴”和“牛仔长筒靴”上。这些词非常重要，因为他们告诉搜索引擎这个网站是做什么的，并且这也会增加其访问量，但是这些流量并没有太多的价值。有些访问者可能并不是很确定该网站到底卖哪种长靴，直到客户访问到该网站才能知道到底提供什么。而具体的词比较容易得到排名，并且能够带来高质量的流量。继续上面的例子，对于牛仔长靴来说具体的词可能是“男士牛仔长靴”“蓝色仿麂皮长靴”“大号女士长靴”等，具体的词能带来更高层面的流量，并且这些特定的词最终会带来购买者的单击。

④ 关键词展示

由阶段 3 得到了 10 到 20 个需要高度关注的词，下一步就是把他们展现出来。

如果关键词研究是正确的，那至少有一部分词已经在网站内容中了，但还有一些没有。现在就需要考虑要写多少页面来支持这些关键词，把这些关键词用在哪里，怎样用。

建议：

(1) 每个页面只专注于 3 到 4 个相关的关键词，更多的关键词页面将会被稀释，就不会有什么排名了。要确保很自然地把这些关键词融入到内容当中，不要过多地重复，过多地重复使用户认为这篇文章是被迫制造的垃圾，没有诚意。

(2) 页面的内容并不是可以插入关键词的唯一位置，也可以把关键词用到网站的其他地方，如标题 Tag、元数据描述、Alt 文本、链接文本等。

⑤ 循环往复

关键词研究初始阶段已经完成，但这还远远不够，客户和网站的需要是不断变化的，关键词也要随之变化。时刻关注网站的关键词，并适时做出修改可以让网站走在竞争者的前面。

6. 设计网站客户咨询功能

网站客户咨询设计的目的是为网站的访客提供及时沟通的工具，网站可以借助不同工具来实现这些功能。

(1) 设置 QQ 在线服务

将自己的 QQ 标识挂在网上，如果对方登录了 QQ，就可以直接单击你的 QQ 图标进行联系。设置 QQ 在线服务的步骤和方法如下：

① 访问网站 http://freeqqm.qq.com/，申请一个 QQ 号码。

② 访问网站 http://imis.qq.com/，单击“在线状态”，进入 QQ 在线状态，如图 2-16 所示。

③ 用申请好的 QQ 账号登录，在第一部分“选择代码类型”中，可以选择需要生成代码的类型，以及 QQ 在线图片的风格，如图 2-17 所示。

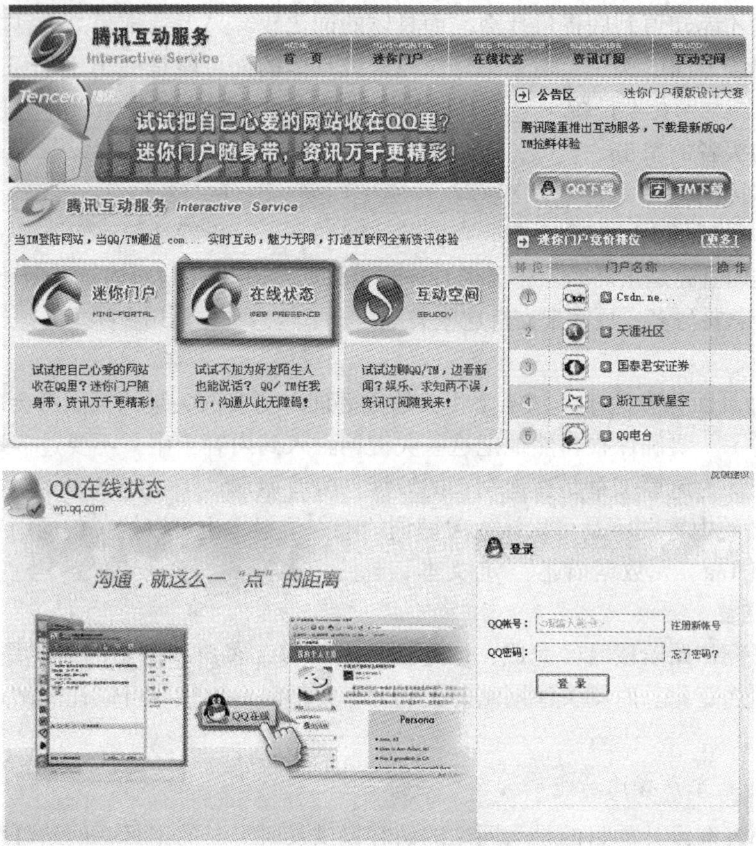

图 2-16 QQ 在线状态界面

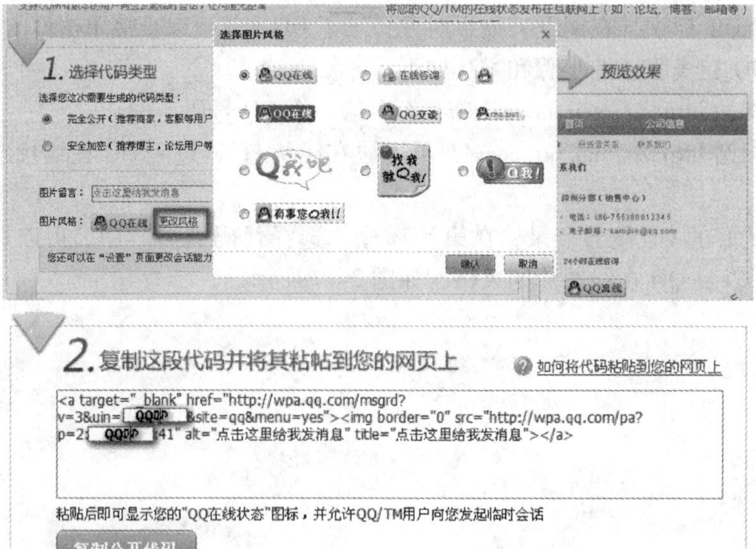

图 2-17 QQ 在线图片风格及“QQ 在线状态”网页代码

④ 选择要插入 QQ 咨询的网页，单击鼠标右键，在弹出的快捷菜单中选择用“打开方式”→“记事本”，将复制的网页代码插入网站中放置 QQ 咨询窗口的位置（例，插入到“</body>”标签的前面，则在网页的页尾可以看到 QQ 咨询窗口），就可以在网页上看到 QQ 资讯的标识，如图 2-17 中选择的 QQ 风格。当 QQ 处于在线状态时，访问网站的客户就可以单击它直接向网站值班人员咨询信息。

（2）设置阿里旺旺在线业务咨询服务

如果企业是阿里巴巴的会员，而且潜在客户中阿里巴巴会员比例也很大的话，可以使用阿里旺旺特色服务，即通过在企业网站中加入阿里旺旺的“旺遍天下”功能，设置阿里旺旺在线业务咨询服务。其设置步骤和方法如下：

① 访问网站 http://alitalk.alibaba.com.cn/tese/index.html#。

② 选择在线状态图片的风格，输入阿里旺旺用户名并生成网页代码，如图 2-18 所示。

③ 选择要插入阿里旺旺在线业务咨询服务的网页，单击鼠标右键，在弹出的快捷菜单中选择“打开方式”→“记事本”命令，复制网页代码并将其插入网页源代码中（例，插入到“</body>”标签的前面），即可实现利用阿里旺旺进行网站在线咨询服务。

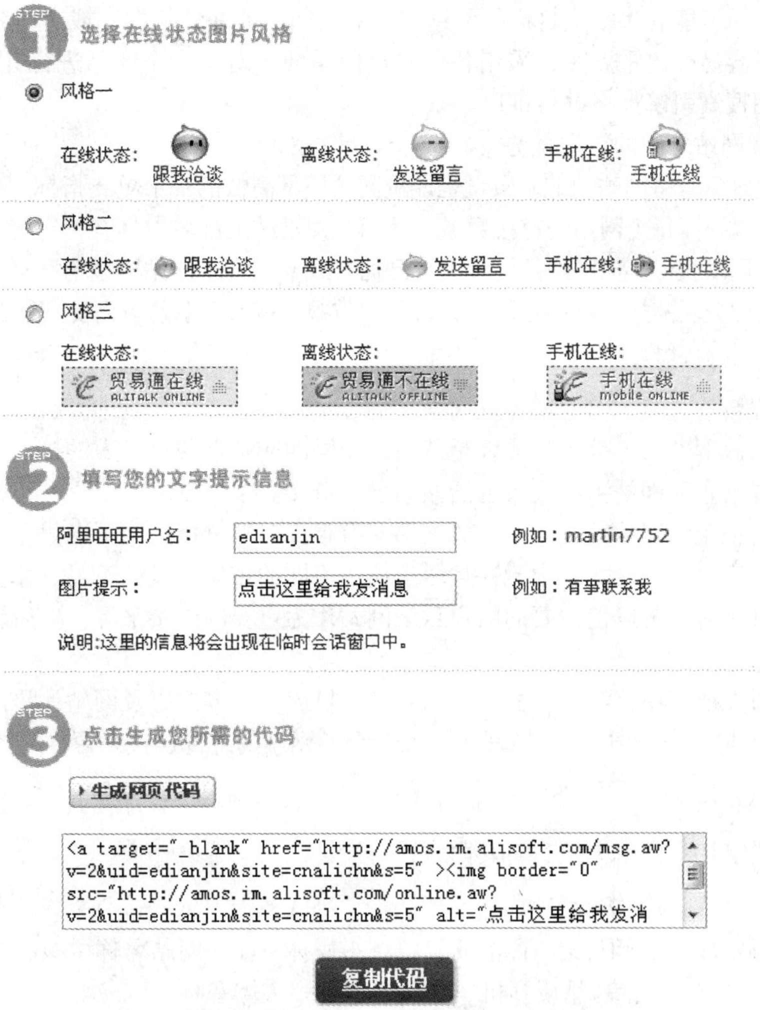

图 2-18　注册阿里旺旺在线业务咨询服务

二、关联网站策略

所谓关联网站，通常是指同一个机构所拥有或控制的各个独立的网站（包括二级域名的网站），但这些网站之间具有互相推广的关联关系。关联网站推广是很多互联网公司（或者以互联网为主要营销手段的企业）秘而不宣的成功“秘诀”。当然也有一些网站过分依赖关联网站推广，甚至采用搜索引擎定义为作弊手段的关联链接，结果可能受到搜索引擎的惩罚（网站被清理出搜索引擎索引库），有些网站则仅仅出于提高流量（而不是有效的用户访问量）的目的，让关联网站成为互相提高网站流量排名的工具。

1. 关联网站的作用

（1）增加在搜索引擎检索结果中被用户发现的机会

因为在同一个行业，一般来说一个网站在搜索结果中只占有一个或者少数几个检索结果位置，增加网站数量有利于占据更多搜索结果，这样在为自己推广的同时，也挤占了竞争对手的推广机会。

（2）便于单个产品的重点推广

同一个公司可能有多个主打产品，这些产品之间的关联性较弱，或者将各个产品放在同一网站上不容易突出重点时，采用各个独立网站便于对每一个产品进行针对性的推广，尤其适合利用搜索引擎策略进行推广。

（3）关联网站之间的链接优势

第二代搜索引擎将网站的链入数量是评价网站质量高低的一个重要指标。多个网站之间互相链接，可以提高每个网站的链接数量，从而在搜索结果排名中具有一定优势。但是并不是每个网站都可以获得其他网站的链接，自己拥有或控制多个网站可以为获得链接优势提供资源，而且这种关联链接要有一定的度，否则会被视为搜索引擎垃圾而受到惩罚。

2. 建立关联网站

（1）建立自然链接，匀速增加反向链接的数量。

（2）从权威网站获得链接，最好是从主题相同的网站上获得导入链接。

（3）选择与企业网站主题最接近的网站导入链接。

（4）尽量把企业网站的反向链接放在那些有很少对外链接的网页上。

（5）关键字放在链接文字中，并且尽量使用不同的短句，避免千篇一律。

（6）在开始时，可以把主要的门户目录网站作为重要的链接来源，然后转向通过比较专业的目录获取外部链接。

（7）通过在线贸易目录、黄页、新闻发布、供应商、客户以及网站评语等作为其他获取导入链接的补充。这样可以长期逐步地发展企业网站的外部链接来源。

三、网站内容设计示例

下面以“宁月”网站为例，对其内容进行设计。

1. 首页

（1）标题组成：宁月网站、高品质耳机、多媒体音响（网站名称 + 核心关键词）。

（2）设置 keywords：高品质耳机、个性耳麦、多媒体音响。

（3）设置 description：心临其境，尽在指尖，宁月网专业扬声器产品网站，为您提供高品质耳机、多媒体音响、家庭影院等产品的信息。我们的专业您放心！

(4) 在页面偏上方位置增加一行文字："宁月网为广大发烧友带来五一8.8折回馈活动!"并链接到广告页面。

(5) 在页面底部有友情链接，链接文字为核心词，如：松下电器、雅马哈电子等。可直接链接到首页，或者链接到广告页。根据实际情况而定，最好链接到广告页，要"链之有物"，保证链接真实性。

2. 所有页面

(1) 在"关于我们"和"版权信息"中间加入一段文字："宁月网为您提供高品质耳机、多媒体音响、家庭影院等产品的信息"，并链接到首页。

(2) 底部版权信息中网站名称，设置超链接，链接的是"宁月"网站网址。

(3) 标题组成：文章标题-网站名，例："免费送音箱 宁月之星活动火热进行中-宁月网"。

(4) keywords：标题+1～2个核心关键词，例：免费送音箱 宁月之星活动火热进行中-新FC361音箱。

(5) description：简单描述+标题，例：5月宁月之星活动拉开帷幕，不管您来自何方，您是孩童还是老人，只要您保有一颗对音乐热爱的心，欢迎前来报名，您将会得到一份意外的收获。

3. 栏目页

(1) 标题组成：栏目名称-网站名，例：产品文化-宁月网。

(2) keywords：栏目名称+1～2个核心关键词，例：产品文化-科技-质量。

(3) description：简单描述+标题+1～2个核心关键词，例：科技领先、以人为本，宁月集团将以优质的产品和服务创世界一流企业-产品文化-科技-质量。

技能训练2-4

1. 请为伊万绣创作中心进行网站内容的设计，完成表2-10的填写。

表2-10　伊万绣网站内容设计方案表

序　号	项　目		内　容
1	首页内容设计	导航内容	
		版块内容	
		关键词	
2	确定关联网站		

2. 请利用网络找一篇有关布艺的专题资料，并模仿该专题写一篇有关手工艺品的专题。

任务四　营销型网站的维护

【任务分析】

一个好的网站需要定期或不定期地更新内容，才能不断地吸引更多的浏览者，增加访问量。网站维护是为了让网站能够长期稳定地运行在Internet上。只有及时地调整和更新网站内容，才能在瞬息万变的信息社会中抓住更多的网络商机。

【任务实施】

一、网站维护的基本内容

1. 网站日常维护

网站日常维护包括帮助企业进行网站内容更新调整，网页垃圾信息清理，网络速度提升等网站维护操作；定期检查企业网络和计算机工作状态，降低系统故障率，为企业提供即时的现场与远程技术支持并提交系统维护报告。涉及的具体内容有：

（1）静态页面维护：包括图片和文字的排列和更换；

（2）更新 Js Banner：把相同大小的几张图片用 Javascript 进行切换，达到变换效果；

（3）Flash 的 Banner：用 Flash 来表现图片或文字的效果；

（4）制作漂浮窗口：在网站上面制作动态的漂浮图片，以吸引浏览者眼球；

（5）制作弹出窗口：打开网站的时候弹出一个重要的信息或网页图片；

（6）新闻维护：对公司新闻进行增加、修改、删除的操作；

（7）产品维护：对公司产品进行增加、修改、删除的操作；

（8）供求信息维护：对网站的供求信息进行增加、修改、删除的操作；

（9）人才招聘维护：对网站招聘信息进行增加、修改、删除的操作。

2. 网站安全维护

（1）数据库导入导出：对网站 SQL/MYSQL 数据库导出备份，导入更新服务；

（2）数据库备份：对网站数据库备份，以电子邮件或其他方式传送给管理员；

（3）数据库后台维护：维护数据库后台正常运行，以便于管理员可以正常浏览；

（4）网站紧急恢复：网站出现不可预测性错误时，及时把网站恢复到最近备份；

3. 网站故障恢复

帮助企业建立全面的资料备份以及灾难恢复计划，做到有备无患；在企业网站系统遭遇突发严重故障而导致网络系统崩溃后，在最短的时间内进行恢复；在重要的文件资料、数据被误删或遭病毒感染、黑客破坏后，通过技术手段尽力抢救，争取恢复。

4. 网站内容更新

网站的信息内容应该适时地更新，如果现在客户访问企业的网站看到的是企业去年的新闻或者说客户在秋天看到新春快乐的网站祝贺语，那么他们对企业的印象肯定大打折扣。因此注意适时更新内容是相当重要的。在网站栏目设置上，也最好将一些可以定期更新的栏目如企业新闻等放在首页上，使首页的更新频率更高些。

5. 网站优化维护

帮助企业网站进行 Meta 标记优化，W3C 标准优化，搜索引擎优化等合理优化操作，确保企业网站的页面布局、结构和内容对于访问者和搜索引擎都更加亲和，使得您的企业网站能够更多地被搜索引擎收录，以及赢得更多潜在消费者的注目和好感。

6. 网站基础维护

（1）网站域名维护：如果网站空间变换，应及时对域名进行重解析；

（2）网站空间维护：保证网站空间正常运行，掌握空间最新资料如：已有大小等；

（3）企业邮局维护：分配，删除企业邮局用户，帮助企业邮局 Outlook 的设置；

（4）网站流量报告：可统计出地域、关键词、搜索引擎等统计报告；

（5）域名续费：及时提醒客户域名到期日期，防止到期后被别人抢注。

7. 网站的服务与回馈工作

客户向企业网站提交的各种回馈表单、购买的商品、发到企业邮箱中的电子邮件、在企业留言板上的留言等，企业如果没有及时处理和跟进，不但丧失了机会，还造成很坏的影响，以致客户不会再相信你的网站。所以应给企业设置专门从事网站的服务和回馈处理的岗位，并对岗位人员进行培训，掌握基本的处理方式，以使网站服务与回馈工作及时跟进。

8. 网站系统的完善

企业初始建网站一般投入较小，功能也不是很强。随着业务的发展，网站的功能也应该不断完善以满足客户的需要，此时使用高度集成的电子商务应用系统可以更好地实现网上业务的管理和开展，从而将企业的电子商务带向更高的阶段。

二、网站流量监控

对于网站流量监控可以通过安装网站流量统计软件来实现，它是评估企业网络营销效果、反馈推广宣传效果和分析客户行为的重要工具，是企业网站管理必不可少的工具。

网站流量统计软件有免费的和付费的。当然，付费的功能较多，提供非常详细的分析，尤其对电子商务网站，大型新闻、娱乐等网站更加重要。它可以分析到访问者的细节，甚至跟踪访问者形成消费者的一路足迹，从而来判断访问者为什么对该产品感兴趣，为什么在最后下订单的一刹那又裹足不前，为什么访问者对若干产品感兴趣等。此外，还可以反映广告的效果，比如竞价排名是否带来足够的访问量和理想的转化率。对于中小企业网站，免费的统计工具就可以了。

安装流量统计软件的方法（以 CNZZ 网站提供的流量统计工具为例）。

（1）访问 http：//www. cnzz. com，注册为免费会员。如图 2-19 所示。

（2）注册成功后，用用户名和密码登录，可以查看统计报表。如图 2-20 所示。

（3）如果想在自己的网站上建立快速链接通道，先要获取代码；然后将所获取的代码插入自己网站的源代码中。单击“获取代码”按钮，企业可根据企业网站的风格选择其中的一种，并获取相应代码。

（4）在网站首页源代码中插入所获取的代码；放入代码后网站底部会出现相应的显示图标，即表示流量统计软件安装成功，如图 2-21 所示。

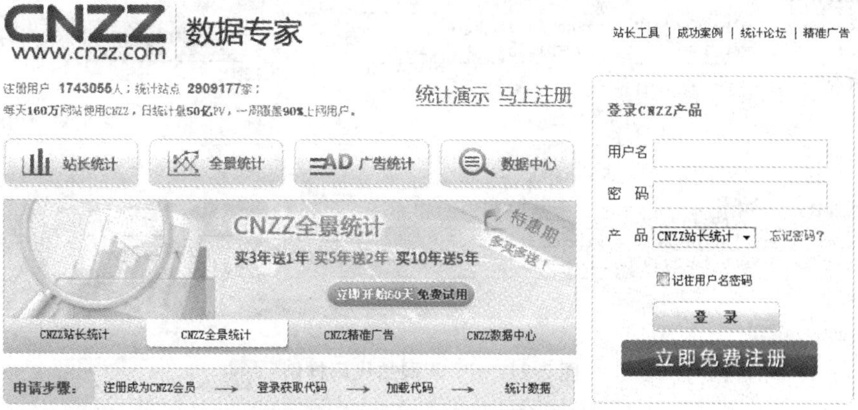

图 2-19　CNZZ 网站首页

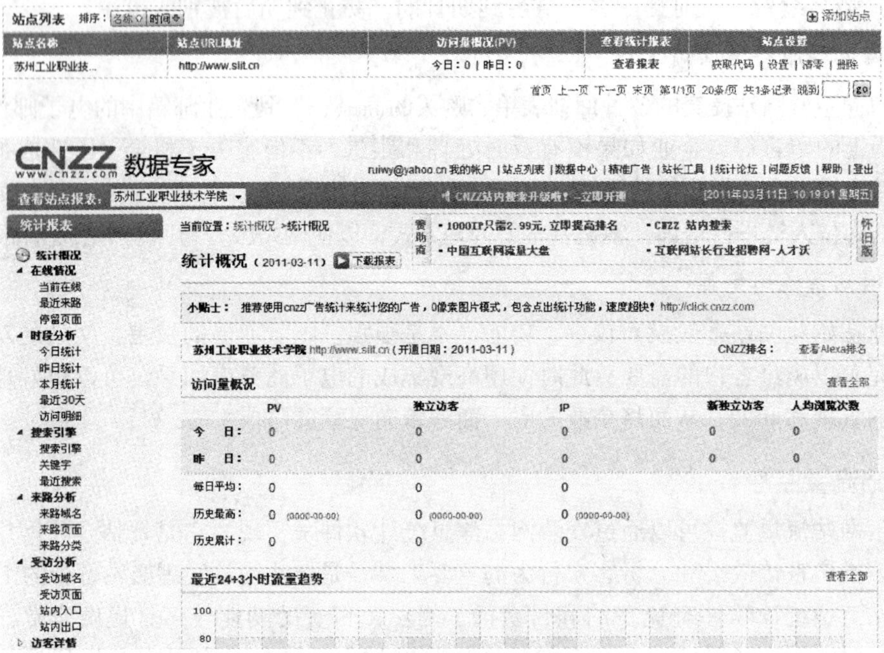

图 2-20 CNZZ 网站统计报表页面

图 2-21 CNZZ 网站代码样例

三、营销型网站维护的操作流程

对于一个拥有电子商务平台的企业来讲，网站的维护工作就是日常工作的一部分，有着具体的分工和操作流程，如表2-11所示即为营销型企业网站维护的操作流程。

表2-11　公司网站维护流程

序号	责任人	操作流程		阶段划分	权　重	进度计划
		维护内容	具体任务			
1	技术部经理	网站运行报告	技术部经理制定当月的网站运行报告	计划准备阶段15%	5%	月初
2	技术部经理	数据库运行报告	技术部经理制定当月的数据库运行报告		5%	月初
3	技术部经理	数据库备份记录	技术部经理制定当月的数据库备份记录文档		5%	月初
4	维护人员	数据日常处理	维护人员每天对相关渠道等原始数据进行整理维护，为页面展示准备基础数据，并把有效的数据下发到各事业部，为内容的编制提供有效而且强大的数据后台保障	数据处理维护阶段15%	10%	每日
5	维护人员	数据日常备份记录单	维护人员每天下班前，在网站编辑停止发布更新全部内容后，按照数据库备份细则进行数据库备份，并填写数据库日常备份记录		5%	每日
6	维护人员	网站日常监控记录	维护人员对网站进行即时监控，维护人员要对服务器、网页链接等进行定期地检查，填写网站日常维护记录	日常监控阶段20%	10%	每日
7	维护人员	网站日常监控记录	维护人员对数据库进行即时监控，对生产数据库运行状况进行定期的检查，填写网站日常维护记录		10%	每日
8	维护人员	网站运行报告	维护人员在日常维护中发现网站问题或者网络问题，并记录在网站运行报告中	发现问题阶段10%	5%	发现问题时
9	维护人员	数据运行报告	维护人员在日常监控过程中发现数据问题或者数据库连接问题，记录在数据库运行报告中		5%	发现问题时
10	技术经理、维护人员	解决问题	技术经理针对发现的问题，分析发生错误的原因，并对症下药，及时地安排维护人员解决问题	解决问题阶段10%	5%	发现问题当天
11	技术经理、维护人员	系统部署	维护人员把针对系统问题更新的程序及时地进行部署发布，在部署前要进行严格的测试和试运行		5%	发现问题当天

续表

序号	责任人	操作流程		阶段划分	权　重	进度计划
		维护内容	具体任务			
12	技术经理、维护人员	网站运行报告	技术经理和维护人员在网站运行报告中填写问题发生的原因和问题解决的方案	制定预防措施阶段15%	7%	发现问题第二天
13	技术经理、维护人员	网站预防措施	技术经理要针对发生故障的原因，制定一定的预防措施，以避免类似的问题再次发生，填写网站预防措施		8%	发现问题第二天
14	技术经理、维护人员	网站改进措施	技术经理和维护人员针对预防措施，对网站进行优化和改进，保证网站正常的运转和网络的通畅不断线，填写网站改进措施	进行改进阶段5%	5%	发现问题第三天
15	技术经理、维护人员	网站运行总结	技术经理和网站维护人员要定期对最近阶段出现的问题进行总结，从总结中吸取网站维护的经验教训，为网站的正常的运行积累宝贵经验	网站维护总结阶段10%	10%	月底

四、营销型网站维护案例

以对“宁月”网站的更新维护为例，需要做以下的工作：

（1）企业内部相关的动态内容更新、图片更新和处理

组织网站维护人员及网络编辑，及时发布新闻、文章、图片、视频等。如企业新闻、业绩展示、新产品的图片等。网站每天需要更新10条以上的相关内容，保持每天内容的新颖，确保浏览者来有所获。这些内容需定期提供，计划每星期对网站进行清理一次，特殊情况另行考虑。

（2）页面调整维护，增加或减少页面

根据企业的发展变动和要求，对网站的页面效果进行调整。对新增栏目、新增页面等进行再设计。对企业在网站发布的相关网络广告、横幅广告、弹出提示窗口、公告等进行设计添加，调整显示效果。每月进行一次全方位处理。

（3）网站的改版升级

更换风格，页面色彩更新等，一个季度或半年做一次。策划营销行为，吸引更多的浏览者，根据不同的节日等策划不同的营销活动。

（4）与企业外部相关的信息的收集、整理、发布等方面的维护

收集、整理行业信息并发布到网站上，主要是音响、耳机等扬声器产品的相关动态、国家政策。应每星期进行筛选，并及时清理发布已久的信息。

（5）信息处理

及时处理浏览者的留言信息，对于有购买意向的客户及时通知相关人员进行联系。

（6）安全性、稳定性维护

对网站进行安全性检测和程序运行的稳定性检测，程序功能的调整。对网站的突发事件，如黑客攻击、流量异常等做出及时反应。

（7）错误更正

仔细查找页面连接错误以及内容差错，发现后及时更正。及时检查连接的有效性是很必要的，错误连接会影响浏览者的情绪。要求发现错误立即更正，越快越好。

技能训练2-5

1. 请为伊万绣创作中心建设的网站制定一份网站维护方案，完成表2-12的填写。

表2-12　伊万绣网站维护方案表

序　号	项　目	内　容
1	网站日常维护	
2	网站优化维护	
3	网站安全维护	
4	网站运行总结	

2. 设置网站浏览监控。

项目小结

通过本项目的学习，所学者能从网站优化的角度出发，在网站建设过程中融入SEO的思想，通过对网站的定位、网站目标客户的确定，设计出友好的用户界面、便于搜索引擎搜索的网站内容，从而提高网站排名，以更好地进行网上营销。

【阅读材料】

SEO网站优化方案[①]

一、网站定位分析

SEO培训资料站，具体定位：打造一个SEO资料平台，为企业和个人提供SEO相关资料和技术文章。并开展个人网站优化和培训业务。

二、网站优化目标分析

SEO培训资料站是一个刚起步的SEO资料站，要发展成一个知名的SEO资料站，集成了SEO新闻、SEO技术、SEO工具、SEO教程、SEO案例、SEO日记、SEO服务、SEO培训8个主要版块。SEO作为一个高速发展的一个行业，网站将通过优秀的技术文章和实用的工具来吸引用户，加深用户对SEO资料培训站的印象。

网站需要打造成一个知名的SEO网站，就要靠搜索引擎来抓取更多的用户，让网站频繁地出现在搜索引擎的前面，将需要相关知识的用户“着陆”在自己的网站上，再通过网

① 资料来源：www. west263. com

站优秀的文章、工具和良好的服务满足用户的需求，从而让用户认可SEO培训资料站。这就需要对网站进行一个整体的优化，从内部和外部双向优化网站，使其网站的收录增加，权重增加，排名靠前。再结合SEO关键词策略，将不同的关键词合理地运用在网站内部，使搜索引擎更多更好地提升网站的排名，吸引更多的用户。

三、关键词分析

1. 通过Google和Baidu搜索引擎调查分析

不同的用户在访问SEO培训资料站时会有不同的关心点。初级用户会考虑到“SEO是什么”、“SEO教程”、“SEO入门书籍”、“SEO培训”等。因为这个阶段的用户迫切地想了解到SEO是什么，如何来进行SEO优化。根据SEO的发展来看，这样的用户会越来越多，也是网站重点发展的目标。

高级用户会搜索提高自己技术的文章，例如“SEO技术”、“SEO工具”、“SEO经验”等。这个阶段的用户缺少的是对SEO的经验。

2. 网站内容的关键词定位

SEO培训资料站包含了SEO新闻、SEO技术、SEO工具、SEO教程、SEO案例、SEO日记、SEO服务、SEO培训等内容，但是网站的内容不是特别完善，只能满足用户的基本要求。结合网站的业务开展，将目标定位到更具体的方位如“济南SEO”，从而抓住部分特定用户。

综上，可以得出关键词结论如下：

(1) 热门通用词：SEO、济南SEO、SEO教程、SEO培训（前期）。

(2) 需求关键词：SEO工具、SEO服务、SEO案例（中期）。

(3) 直接关键词：SEO。

四、网站诊断

SEO培训资料站是新站，目前已有雏形，诊断结果如下：

(1) 网站的“SEO”关键词密度。

(2) 网站关键词分布不合理。

(3) 网站中最有价值的内容分布不合理，导致不能使用户快速加深对网站的印象。

(4) 图片没有很好地处理。

(5) 网站模板分布，不能合理地列出网站的资源。

(6) 缺少交互式功能，不能与用户做出交流。

五、网站优化

1. 内部优化

(1) 增加文章，提高收录数量，靠文章来调节关键字的密度。

(2) 优化关键字出现的位置，采用从上到下、从左到右的原则。

(3) 更改首页模板，让用户更明了地看到网站的资源，合理布局网站内容。

(4) 对网站图片进行处理，包括图片的外观，大小以及Alt内容。

(5) 可以考虑加一个论坛，调查表明，用户更喜欢论坛而不是网站。

2. 外部优化

（1）外链：可以通过相关文章加上链接发布到各大相关网站（软文推广）。

（2）友情链接：SEO 类的友情链接还是比较好做的，通过寻找高质量的友情链接来提高网站的权重。

六、等待收录

收录后网站可以根据实际情况做出对应的调节。

项目三　营销型网站的推广

项目背景

21 世纪，人类迅速进入了数字化时代，电子商务改变着商业化社会传统的、物化的营销模式。截至 2011 年 6 月底，中国网民规模达到 4.85 亿人。2011 年上半年，网络购物、网上支付和网上银行的使用率分别为 35.6%、31.6% 和 31%。根据 CNNIC 调查。随着中小企业电子商务的应用趋向常态化，网络零售业务日常化，网络购物市场主体日益强大。2010 年，网络购物市场涌现出一些新的模式和机遇。其一，团购模式的兴起，显现出区域性电子商务服务发展的势头；其二，购物网站向手机平台平移，移动电子商务紧密布局；其三，B2C 模式主流化发展，网络购物更加注重用户体验和安全保障等；其四，购物网站加快自建物流或合作提供物流的步伐，积极主动夯实线下服务基础。另外，随着免运费价格战再次打响，通过媒体宣传和促销活动使网络购物加速向社会大众渗透。①

基于互联网的新经济对于传统的市场营销最具革命性的影响就在于缩短了生产与消费之间的距离，减少了商品流通环节，消费者可以直接操纵鼠标在网上完成购买行为。网络与经济的紧密结合，推动市场营销走入了崭新的阶段——网络营销阶段。

【案例导入】

京东商城单日销售额过亿的启示

电子商务的发展，使人们的生活方式发生了巨大的变化。越来越多的人通过网络购物。2010 年 6 月，京东商城 12 周年的店庆，搞的异常火爆，据京东商城发布的消息显示，6 月 18 日店庆当天，京东网上商城销售额突破 1 亿元，订单近 15 万个，平均每秒销售额超过 2000 元，与去年同期相比分别增长均超过 200%。一串串数字让人震撼，这些数字背后，也反映了电子商务的发展速度。网上销售额的巨大，也冲击着传统零售商的神经，苏宁、国美等零售巨头，也试图组建电子商务网站来阻击像京东这样的网上商城带来的影响。不过从现在的态势来看，苏宁、国美的追赶速度有点慢，京东的战绩，让苏宁、国美的网上商城的销售额显得有点尴尬。当然，如果这些传统巨头再不加快脚步，京东商城销售额超越他们，似乎只是时间的问题。

京东商城从 2004 年至今，用了 6 年的时间，打造出了单日销售额过亿的数字，发

---

① 引自中国互联网信息中心发布的第 26 次、第 28 次《中国互联网络发展状况统计报告》。

展速度让人震撼。据京东发布的数据显示，去年 6 月 18 日店庆当天，京东网站点击量就达到 1400 万次，销售额则突破了 3000 万元达到平日的 4 倍，平均每秒钟销售一件商品。而“老刘月黑风高专场”两小时内，同时在线数高达 57 万，点击量超过 217 万次。

随着电子商务的发展，网购占领越来越多的社会零售市场份额。尤其是 B2C 模式，近年来的发展可以用“爆发”一词来形容，京东商城、好乐买、乐淘网、兰缪网、试衣网等 B2C 网络零售商分别得到数百万美元以上的风险投资。从淘宝网目前重点扶持商城业务也可以看出，B2C 发展势头已盖过了之前盛行的 C2C。

B2C 的盛行一方面是其服务质量高于 C2C，另一方面是其网络促销的手段丰富，在网络的信息海洋中可以到处看到 B2C 网站的促销信息。

项目内容

本项目通过网站推广基本知识及搜索引擎推广这个典型工作任务的剖析，通过网站诊断和优化两个技能训练。引导所学者掌握营销型网站推广的基础知识，掌握营销型网站推广中搜索引擎推广的技能。营销型网站推广的主要内容如表 3-1 所示。

表 3-1　营销型网站推广的主要内容

<table>
<tr><th>类　别</th><th colspan="2">子类别</th><th>案例分析</th><th>技能训练</th></tr>
<tr><td rowspan="7">项目知识</td><td colspan="2">搜索引擎推广</td><td rowspan="7">京东商城
(http://www.360buy.com)
凡客诚品的广告投放</td><td rowspan="7">·实施一对一的 E-mail 营销
·网络公关媒介的选择和活动简介</td></tr>
<tr><td colspan="2">网络广告推广</td></tr>
<tr><td colspan="2">E-mail 营销推广</td></tr>
<tr><td colspan="2">网络公关推广</td></tr>
<tr><td colspan="2">病毒性营销</td></tr>
<tr><td colspan="2">资源合作推广</td></tr>
<tr><td colspan="2">Web 2.0 推广</td></tr>
<tr><td rowspan="3">项目任务</td><td rowspan="3">搜索引擎推广</td><td>网站诊断方案</td><td rowspan="3">某培训公司网站诊断和优化</td><td rowspan="3">某装饰装潢网站（www.szmyzs.com）诊断和优化</td></tr>
<tr><td>网站诊断结果分析</td></tr>
<tr><td>网站针对性优化</td></tr>
<tr><td colspan="3">项目小结</td><td colspan="2">阅读材料：伊利网站诊断</td></tr>
</table>

项目知识

营销型网站推广的基础知识

一、营销型网站推广的基本概念

网络推广，主要是指利用互联网这一媒介，把企业要宣传和展示的产品、服务及相关信息推广到目标受众面前。换句话说，凡是通过网络手段进行的推广活动，都属于网络推广。

网站推广不等同于网络推广，网站推广是网络推广极其重要的一部分。由于企业网站是企业的主要网络门户，所以，一般的网络推广方案都以企业网站推广为主。网站推广主要是围绕企业网站开展，网站推广活动贯穿于网站的各个生命周期，在网站策划、建设、推广、反馈等环节中都将涉及网站推广活动。

二、营销型网站推广的主要方法

随着网络科技的发展，网站推广方式层出不穷。根据网络营销实践经验，当前我国中小企业比较典型的网站推广方式主要有搜索引擎推广、网络广告推广、E-mail 营销推广、第三方电子商务平台推广等。

（一）搜索引擎推广

搜索引擎推广是通过搜索引擎优化、搜索引擎注册排名以及研究关键词的流行程度和相关性等要素，使企业相关信息在搜索引擎的结果页面取得较高排名的一种营销手段。搜索引擎优化对网站的排名至关重要，因为搜索引擎在通过 Crawler（或者 Spider）程序搜集网页资料后，会根据复杂的算法（各个搜索引擎的算法和排名方法不尽相同）决定网页针对某个搜索词的相关度以及排名。当客户在搜索引擎中查找相关产品或者服务时，经过专业的搜索引擎优化的页面通常可以取得较高的排名。

1. 搜索引擎的营销价值

目前，互联网已经成为信息的海洋，搜索引擎是网民在信息的海洋中搜寻宝藏的利器，是互联网应用不可或缺的重要工具。搜索引擎一直是网民在互联网中最重要、最基础的应用之一。2012 年 7 月 19 日，中国互联网络信息中心（CNNIC）在京发布《第 30 次中国互联网络发展状况统计报告》，截至 2012 年 6 月底，中国网民数量达到 5.38 亿人。搜索引擎用户规模达到 4.28 亿户，使用率 79.4%。从用户层面分析，自 2010 年搜索引擎超过网络音乐成为网民使用最多的互联网服务以来，继续保持稳步上升的态势。搜索引擎用户规模的增长，首先，由于互联网信息量庞大且保持高速增长，网民需要一种有效的工具获取信息；其次，音乐搜索、视频搜索、位置搜索等服务在搜索引擎的引入，极大提升了网民搜索引擎的使用率和使用黏性；最后，搜索引擎不仅是信息搜集工具，其对于新闻、博客、SNS 等服务引入以及平台的开放，已经使其成为一种与传统门户网站类似的互联网入口应用。这同样说明了搜索引擎营销的意义。

2. 搜索引擎的营销目标

在网站推广方式中，搜索引擎推广是较重要也是用得较多的推广方式。而这种方法的目标是分一定的层次的，可以概括为五个层次。

（1）第一层目标是搜索引擎营销的存在层，其目标是在主要的搜索引擎/分类目录中被收录，如果发现企业网站没有被收录，可以主动去登录搜索引擎。搜索引擎登录包括免费登录、付费登录和搜索引擎关键词广告等形式。

（2）第二层目标是在被搜索引擎收录的基础上尽可能获得好的排名，即在搜索结果中有良好的表现。因为用户关注的主要是搜索结果中比较靠前的少量内容，所以如果利用主要的关键词检索时网站在搜索结果中的排名比较靠后，那么可利用关键词广告、竞价广告等形式作为补充来获得比较靠前的排名。

（3）第三层目标是直接表现为访问量指标的提升，即通过搜索结果点击率的增加达到提高访问量的目的。从搜索引擎营销实际情况来看，仅仅做到被搜索引擎收录并且在搜索结果中排名靠前是不够的，这样并不一定能增加网站的点击率，更不能保证将访问者转化为顾客。要通过搜索引擎推广实现访问量增加的目标，需要从整体上进行网站优化设计，并充分利用关键词广告等有价值的搜索引擎营销专业服务。

（4）第四层目标是提高访客到顾客的转化率，最终实现企业收益的提高，这是前三个营销目标的进一步提升。从访问量转化为收益，是企业网站的功能、服务、产品等多种因素综合作用的结果。

（5）第五层目标是营销中的较高境界，属于企业营销中的战略层，即通过有效的营销策略维持好客户关系，使他们成为企业的忠诚客户，并能为企业带来更多的客户。

3. 搜索引擎优化

（1）搜索引擎优化的含义

艾瑞咨询分析认为，除搜索页面显示的推广链接外，自然搜索结果是消费者较为信任的信息获取来源，而搜索引擎优化则可以改变企业的自然搜索排名，增加企业信息的点击量。对于营销人员而言，较为靠前的关键词排名更有利于增加网站的访问量，从而实现消费行为的转化。因而进行搜索引擎优化，保持关键词排名靠前具有非常重要的意义。①

所谓搜索引擎优化（Search Engine Optimization，SEO），是针对各种搜索引擎的检索特点，让网站建设和网页设计的基本要素适合搜索引擎的检索原则（即搜索引擎优化），从而获得搜索引擎收录并在检索结果中排名靠前，进而增加客户发现并访问网站的可能性的一种方法，是搜索引擎营销的常见形式之一。例如，对于基于 META 标签检索的搜索引擎，可在 META 标签中设置有效的关键词和网站描述；对于以网页内容相关性为主的蜘蛛型搜索引擎，可通过在网页中增加关键词的密度，或者专门为搜索引擎设计一个便于检索的页面（如 sitemmap. htm 或 roberts. txt）。

（2）搜索引擎优化的工作原理简介

所谓搜索引擎优化，主要是通过了解各类搜索引擎如何抓取互联网页面、如何进行索引以及如何确定其对某一特定关键词的搜索结果排名等技术，来对网页进行相关的优化，

---

① 资料来源：http://www.iresearch.com.cn/View/146768.html

使其符合用户浏览习惯，从而在不损害用户体验的情况下，提高搜索引擎排名，达到提高网站访问量，最终提升网站的销售能力或宣传能力的目的。

所谓“针对搜索引擎优化处理”，是为了让网站更容易被搜索引擎接受。搜索引擎会将网站彼此间的内容做一些相关性的资料对比，然后再由浏览器将这些内容以最快的速度且接近最完整的方式，呈现给搜索者。不少研究结果表明，搜索引擎用户往往只留意搜索结果最开始的几项条目（也称谷歌金三角，即信息浏览者的注意力大多集中于左列前三条搜索结果），所以不少商业网站都希望通过各种形式来干扰搜索引擎的排序。国外的 SEO 开展较早，那些专门从事 SEO 的技术人员被谷歌称为“search engine optimizers”，简称 SEOs。由于谷歌是目前全球最大的搜索引擎提供商，所以谷歌也成为全世界 SEOs 的主要研究对象。为此，谷歌官方网站专门有一页介绍 SEO，并表明谷歌对 SEO 的态度。

对于任何一家网站来说，要想在网站推广中取得成功，搜索引擎优化都是至关重要的一项任务。同时，随着搜索引擎不断变换它们的排名算法规则，每次算法上的改变都会让一些排名很好的网站在一夜之间名落孙山，而失去好排名的直接后果就是失去了网站固有的可观访问量。所以，每次搜索引擎算法的改变都会在网站之中引起不小的骚动和焦虑，搜索引擎优化也成了一项愈来愈复杂的任务。

（二）网络广告推广

网络广告又称为在线广告或者互联网广告，是以计算机为核心，以计算机网络为媒介，主要通过图文或多媒体方式发布的营利性商业广告。网络广告与传统广告有很多类似之处，只不过载体不同。网络广告可分为旗帜（Banner）广告、分类广告、赞助式广告等很多不同形式，拥有多种计费方式。目前，国内通常采用以时间和效果等方式计费购买网络广告。

1. 网络广告的特点

（1）传播范围广泛

网络广告的传播范围广泛，不受时空限制，可以通过互联网把广告信息全天候、24 小时不间断地传播到世界各地。我国网民数量巨大，而且还在快速发展。这些网民具有一定的消费能力，是网络广告的受众，他们可以在世界上任何地方的互联网上随时随意浏览广告信息，这种宣传效果是传统广告难以达到的。

（2）非强迫性传送资讯

众所周知，报纸广告、杂志广告、电视广告、广播广告、户外广告等都具有强迫性，都是要千方百计吸引受众的视觉和听觉，强行灌输到你的头脑中。而网络广告则属于按需广告，具有报纸分类广告的性质，却不需要受众彻底浏览，可以自由查询，并根据潜在客户的需要主动呈现和展示，这样就节省了整个社会的注意力资源，提高了广告的针对性和有效性。

（3）受众数量可准确统计

利用传统媒体做广告，很难准确地知道有多少人接触到了广告信息。以报纸为例，虽然报纸的读者是可以统计的，但是刊登在报纸上的广告有多少人阅读过却只能估计推测而不能精确统计。至于电视、广播和路牌等广告的受众人数就更难估计。而在互联网上，可通过权威、公正的访客流量统计系统，精确地统计每个广告的浏览人数以及这些用户查阅的时间和地域分布，从而有助于正确评估广告效果，进一步优化广告的投放策略。

（4）灵活的实时性

在传统媒体上做广告时，一旦发版就很难更改，即使可更改也往往需要付出很大的经济代价。而在互联网上做广告能按照需要及时变更广告内容，当然也包括修正错误，这样，经营决策的变化可及时得到实施和推广。

（5）强烈的交互性与感官性

网络广告的载体基本上是多媒体、超文本格式文件，只要受众对产品感兴趣，仅需轻按鼠标就能进一步了解更多、更详细、更生动的信息，甚至还能让消费者亲自“体验”产品、服务与品牌，如使用虚拟现实等新技术，可让顾客身临其境般感受商品或服务，并能在网上预订、交易与结算，大大增强了网络广告的实效性。

2. 网络广告的主要形式

（1）弹出式广告也称为“间隙广告”、“插入式广告”或“弹跳广告”，即在用户通过鼠标点击进入某些网页时会跳出一个窗口，而这个窗口往往会吸引人们去点击它。但是由于这类广告挡住网页浏览者的视线，不太受欢迎，点击率较低，现在大部分网站使用这类广告形式主要用来投放重要的通知或者信息，或者以“后弹出”的方式展示在浏览者面前（关闭网页的时候弹出）。

（2）旗帜广告

旗帜广告又名“横幅广告”，是互联网上最常见、最有效的广告形式；最常用的旗帜广告尺寸是486像素×60（或80）像素或400像素×40像素，是以gif、jpg等格式建立的图像文件，定位在网页中；多用于表现广告内容，同时还可使用Java等语言使其产生交互性，使用Flash等工具增强其表现力。随着网络技术的发展，旗帜广告经历了从静态、动态到富媒体的演变过程，如图3-1所示。

图3-1　凡客诚品在网易中投放的旗帜广告

（3）按钮广告

按钮广告有时也被称为“图标广告”，它显示的是公司或产品/品牌的标志；最常用的按钮广告尺寸有5种：125像素×125像素（方形按钮）、120像素×90像素、120像素×60像素、100像素×30像素和88像素×31像素；定位在网页中，由于尺寸偏小，表现手法较简单，如图3-2所示。

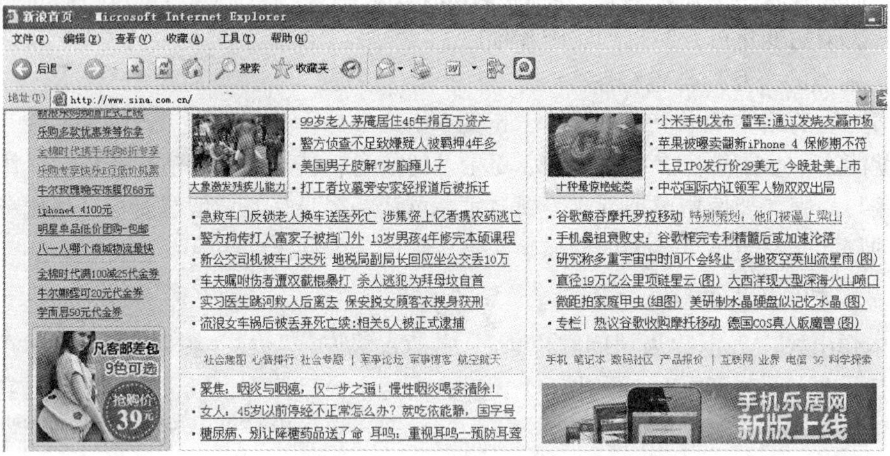

图3-2 凡客诚品在新浪网首页投放的按钮广告

（4）浮动广告

浮动广告是网上较为流行的一种广告形式。当拖动浏览器的滚动条时，这种在页面上浮动的广告，可以跟随屏幕一起移动或者自行移动。这种移动形式的广告会影响浏览者的阅读兴趣，因此，不能滥用浮动广告。

（5）文字链接广告

文字链接广告通过一般性的简短文字链接，可直接链接客户的广告内容页面。广告简单明了，直接涵盖主题，对访问者而言具有较强的针对性和引导性，如图3-2中左侧凡客诚品广告的上方都是新浪网文字链接广告的投放位置。

（6）全屏广告

全屏广告可将全屏覆盖，具有强烈的视觉冲击力，引起浏览者注意，达到宣传效果。

（7）画中画广告

画中画广告位于新闻、娱乐、数据、研究等频道的文本窗口中，它的篇幅较大，信息含量丰富，视觉冲击范围较大；在页面上有较大的吸引力，加之Flash的动态与声音效果，点击率比旗帜广告高，如图3-3所示。

（8）对联广告

对联广告是在页面两侧空白位置上呈现的对联形式广告。此种形式的广告因版面所限，仅表现在1024像素×768像素及以上分辨率的屏幕上，在800像素×600像素分辨率的屏幕上无法观看；其特点是不干涉访问者浏览，注目焦点集中，可提高广告吸引率，并有效传播广告相关信息，如图3-4所示。

（9）视频网络广告

目前，融视频、音频、文字及互动于一体的新型视频网络广告正逐渐成为网络广告商们的新宠，它赋予多媒体广告互动性的功能，可以在网络广告播放过程中控制播放内容、角色和环境，如图3-5所示。

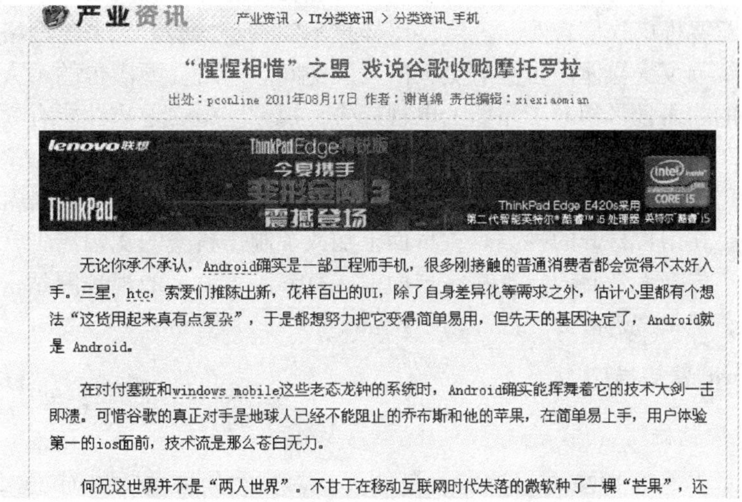
产业资讯　产业资讯 > IT分类资讯 > 分类资讯_手机

“惺惺相惜”之盟 戏说谷歌收购摩托罗拉

出处：pconline 2011年08月17日 作者：谢肖绵 责任编辑：xiexiaomian

无论你承不承认，Android确实是一部工程师手机，很多刚接触的普通消费者都会觉得不太好入手。三星，htc，索爱们推陈出新，花样百出的UI，除了自身差异化等需求之外，估计心里都有个想法“这货用起来真有点复杂”，于是都想努力把它变得简单易用，但先天的基因决定了，Android就是 Android。

在对付塞班和windows mobile这些老态龙钟的系统时，Android确实能挥舞着它的技术大剑一击即溃。可惜谷歌的真正对手是地球人已经不能阻止的乔布斯和他的苹果，在简单易上手，用户体验第一的ios面前，技术流是那么苍白无力。

何况这世界并不是“两人世界”。不甘于在移动互联网时代失落的微软种了一棵“芒果”，还

图 3-3　联想投放在太平洋电脑网中咨询频道的画中画广告

图 3-4　苏宁易购在搜狐投放的对联广告

图 3-5　新浪网视窗广告

除上述广告形式外，网络广告还有电子邮件广告、邮件列表广告、墙纸式广告、互动游戏式广告和竞赛推广式广告等。随着多媒体技术的不断发展，未来的网络广告形式更加趋于丰富化，视频及富媒体广告会有更大的发展空间。网络视频广告的千人成本相对于电视广告是很低的，而且，相对于粗糙的电视广告，视频广告的趣味性能有效强化人们对于产品的记忆。2006 年，谷歌斥资 16.5 亿元买下视频网站的领袖 YouTube，就是看中了视频广告在网络广告中的潜力。又如土豆网（http://www.tudou.com）是国内最具影响力的视频网站之一，在用户打开的视频观赏页面上加入了制作精美的宽幅广告，在等待视频的缓冲期可以让广告毫无障碍地出现在客户面前。有着巨大流量的视频网站，加上与网友良好的互动沟通，视频广告潜力无限。

（三）E-mail 营销推广

1. E-mail 营销概述

E-mail 最早出现于 1972 年，当时，没有人预料到它的未来。然而 30 多年后的今天，这一发明已成为人们生活中不可缺少的一部分，并由此带来人类通信史上革命性的变革。E-mail 最初的目的是作为一种电子沟通工具，而现在已成为一种非常重要的营销工具，给网民的工作和生活带来了许多便利。

（1）E-mail 营销的价值

E-mail 营销通过将文本、HTML 或多媒体信息发送到用户的电子邮箱，以达到营销目的。E-mail 营销的价值主要表现在以下方面：

第一，使用户认识某一品牌，使用户形成对某一产品或服务的兴趣或偏好；

第二，使用户能与广告方取得联系，获取信息或购买产品、服务；

第三，管理客户关系或实现其他相关的营销目标。

（2）E-mail 营销的许可原理

根据发送邮件是否事先得到用户许可，可将 E-mail 营销分为许可 E-mail 营销和未经许可的垃圾邮件营销。真正意义上的 E-mail 营销是指许可 E-mail 营销（本书中所指的 E-mail 营销，若不加说明均指许可 E-mail 营销）。垃圾邮件营销不仅不符合网上商业伦理，对用户造成极大的伤害，同时也违反了有关的法律法规。

许可 E-mail 营销的原理很简单，企业推广产品或服务时，在事先征得顾客“许可”后，通过 E-mail 方式向顾客发送产品或服务信息，即为许可 E-mail 营销。例如，一些公司在要求你注册为会员或者填写在线表单时，会询问你“是否希望收到本公司不定期发送的最新产品信息”，或者给出一个列表让你选择自己希望收到的信息。许可 E-mail 营销的主要方法是通过邮件列表、新闻邮件、电子刊物等形式，在向用户提供有价值信息的同时附带一定数量的商业广告。

2. E-mail 营销的基本步骤

E-mail 营销可用于任何营销组合，将 E-mail 营销融入企业的营销策略有利于建立更强有力的顾客关系。

（1）制定 E-mail 营销目标

E-mail 营销的目标必须与企业整体的营销、品牌策略相一致，因此必须评估 E-mail 营销在完成企业营销目标中担任的角色。通常，E-mail 营销的主要目标应是开拓消费市场、维系客户关系、展示企业品牌形象。

（2）决定目标受众

为了达到 E-mail 营销目标，首先要决定 E-mail 营销的目标客户。在使用已有理想受众的同时，使用兴趣统计、人口统计、地理统计等指标定向开发潜在 E-mail 列表。为了达到维持顾客群稳定的目的，必须对客户数据库进行细分，使其与营销沟通目标相一致。

（3）设计较好的创意

通过评估目标受众和营销活动的目的，决定应建立的 E-mail 形式。例如，茶叶富含较深的文化内涵，在设计 E-mail 形式时建议不用文本形式，而用 HTML 及富媒体（richmedia）形式，这样能更好地体现品牌的内涵，从而达到吸引消费者的目的。若缺乏这方面的人才，则可请专业公司进行设计和制作。

（4）选择邮件列表服务商

选择了高质量的邮件列表服务商就等于 E-mail 营销活动取得了初步成功。对于邮件列表服务商的选择，邮件列表的质量、服务水平、强大的定向能力、追踪和报告反馈能力、市场信誉等都是需要考虑的因素。

3. E-mail 营销的评价和测试

（1）E-mail 营销的效果评价指标

E-mail 营销的作用体现在多个方面，如可加强与顾客的联系、促进销售、提升品牌形象等。当将 E-mail 营销看做一种网络广告形式时，就可以采用一些具体的指标来评价其广告效果。在投放 E-mail 广告时，主要考虑的因素是目标用户的数量和目标市场的定位程度。如果接收邮件的用户数量较少，信息的覆盖面很小，自然不会有很好的营销效果。同时，如果没有良好的目标用户定位，即使发送大量的邮件，也不能产生预期的效果。在目标用户确定后，可使用以下三个指标来进行具体分析。

第一，开信率

开信率是指在一批大量发出的邮件中，究竟有多少封邮件被收件人打开看过，而有多少封邮件收件人根本没看就直接删除了。假设一共发出 10 万封邮件，其中 5 万封曾被打开看过，则开信率为 50%。如果邮件订户为正确的目标客户，那么应该能得到不错的开信率；反之，若开信率过低，则应检查邮件是否送错对象或者是否应改善邮件主题行的写法等问题。

第二，点击率

点击率是指收件人在打开邮件后，有多少人实际点击了邮件里所列出的链接，从而进入了广告主所要宣传的网页进行阅读。点击率同时也是网络广告公司经常使用的效果统计法，因为“点击”是读者受广告刺激产生兴趣后进而采取的行动，这显示该广告的目的至少达成一半。

第三，转化率

转化率是指收件人在读完邮件广告后，同意接受或购买广告主所推销的服务或产品。这项指标可比点击率更具体地显示广告是否成功地刺激了观众并改变了其行为。

（2）E-mail 营销效果评价时应注意的问题

不能以某一项指标评估 E-mail 营销的效果。如果盲目地依据某一项指标评估 E-mail 营销的效果，就可能出现瞎子摸象的情形。例如，有 50 人收到了邮件，其中 25 人看了邮件之后点击了你的广告，那么点击率便是 50%，虽然点击率很高，但是所吸引到的观众只有 25 人。相反，如果有 10000 人收到邮件，即使点击率只有 10%，也有 1000 人因为看了广告而造访你的网站。

同样，只注意邮件的开信率也不足以论定广告的成败，因为在10 000封寄出的邮件中，即使开信率只有30%，若有25%的点击率或25%的转化率，最后成功吸引的客户仍不少。反之，即使开信率为70%，但其他两项统计数字都极低，那么对于增加销售也无多大作用。

根据不同的E-mail营销目标选择相应的评价指标。如果是以建立品牌知名度或凝聚顾客向心力为主要目的，那么不宜使用点击率作为评价指标，因为顾客没有点击E-mail并不意味着不会增加将来购买的可能性或者增加品牌忠诚度。为了分析E-mail营销的功效，可将那些收到E-mail的顾客的态度与没有收到E-mail的顾客进行对比，这是评价E-mail营销对顾客产生影响的典型的经验判断法。利用这种方法，也可以比较不同类型的E-mail对顾客所产生的效果。如果是以增加网站浏览人数或销售量为主要目的，采用点击率和转化率则更能直接反应广告的效果。因为点击率和转化率强调的是如何改变观众的“行为”，即吸引顾客登录广告主的网站或者产生购买行为。

技能训练3-1　一对一E-mail营销推广

1. E-mail的收发与邮件列表的创建（以Outlook Express为例）

（1）了解Outlook Express（OE）的工作环境

① 启动OE：在视窗桌面或者“开始”菜单“程序”项中找到OE。

② 了解OE的窗口布局（见图3-6）。

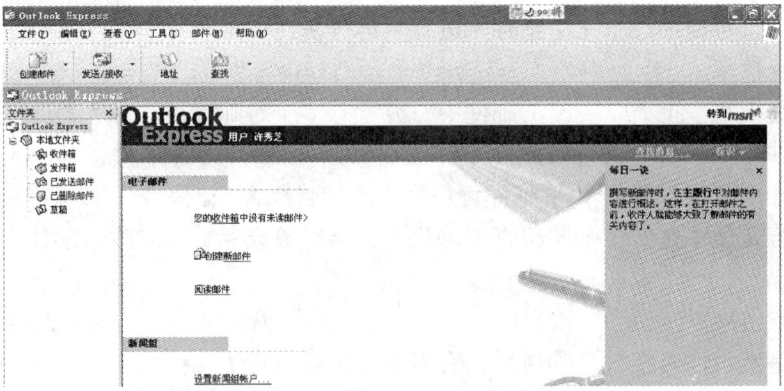

图3-6　Outlook Express（OE）窗口布局

（2）OE的基本设置

初次使用会要求设置邮箱，单击菜单中“工具”/“账户”，在“Internet账户”窗口里选“邮件”，再单击“添加”选择“邮件”。在出现的对话框中按照要求输入要添加的邮箱账号、密码和服务器。

部分邮箱的服务器地址如下：

	POP3服务器	SMTP服务器
网易——	pop3. 163. com	smtp. 163. com
搜狐——	pop3. sohu. com	smtp. sohu. com

（3）OE 的使用

由图 3-6 发现 OE 和一般邮箱的格局非常相似，其使用方法也差不多。

2. Office 中操作（这里以 Office2007 为例）

（1）准备好接收邮件的客户列表，比较常用的方法就是通过 Excel 建成客户档案。

（2）在 Word 中写好营销邮件内容，做好排版。

（3）单击“工具”/“信函与邮件”/“邮件合并”命令（见图 3-7），进入邮件合并向导，选择“电子邮件”选项，单击下一步：正式启动文档（见图 3-8）。

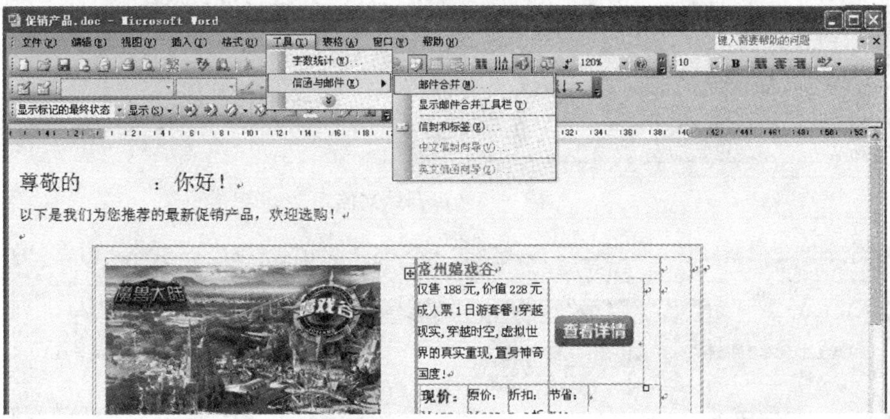

图 3-7　进入邮件合并

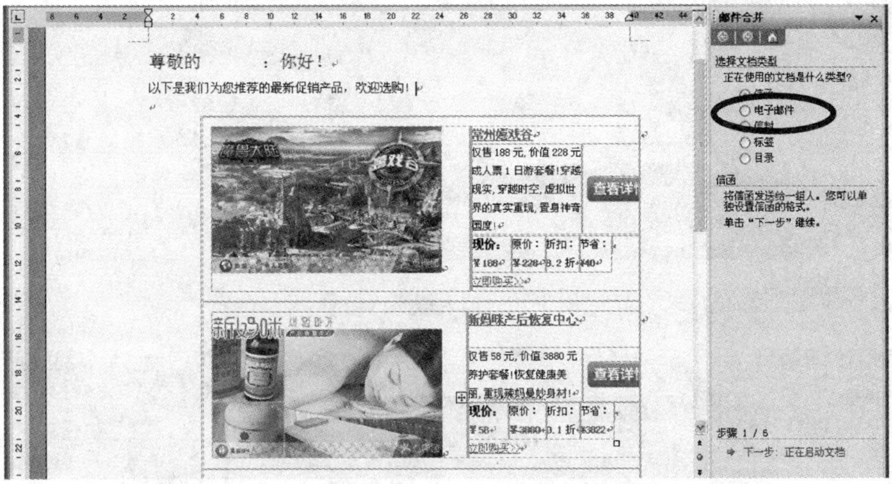

图 3-8　选择文档类型

（4）选择“使用当前文档”，进入下一步：选取收件人（见图 3-9）。

（5）选择“使用现有列表”，单击“浏览”，在第一部中的客户列表（如图 3-10）中的“地址”文档中选择需要发送的客户（见图 3-11），单击“下一步”。

（6）按照需要插入相应的信息，在一对一的电子邮件营销中，这是一个关键步骤，需要将每一个客户的信息在自己的邮件中展示出来，最关键的就是客户的姓名。这里做详细说明，首先在文档中将鼠标放在需要展示客户姓名的位置，单击“其他项目”，在对话框中选择客户姓名，单击“插入”（见图 3-12）。

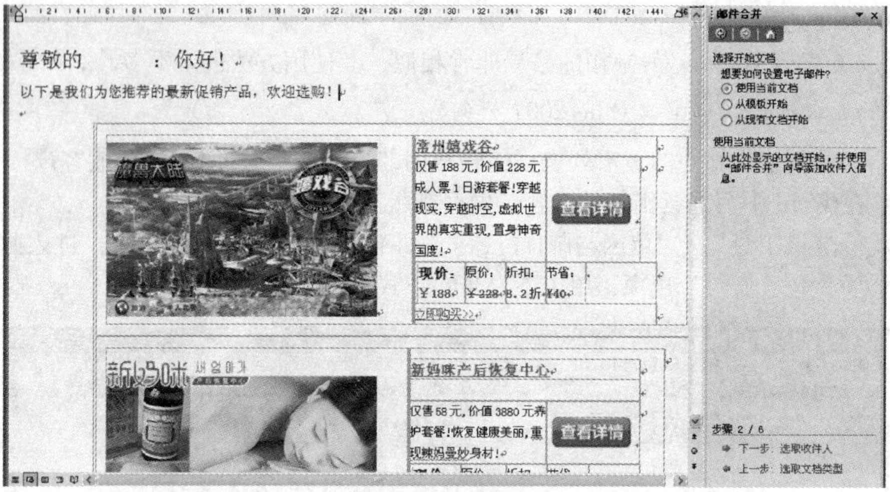

图 3-9 选择开始文档

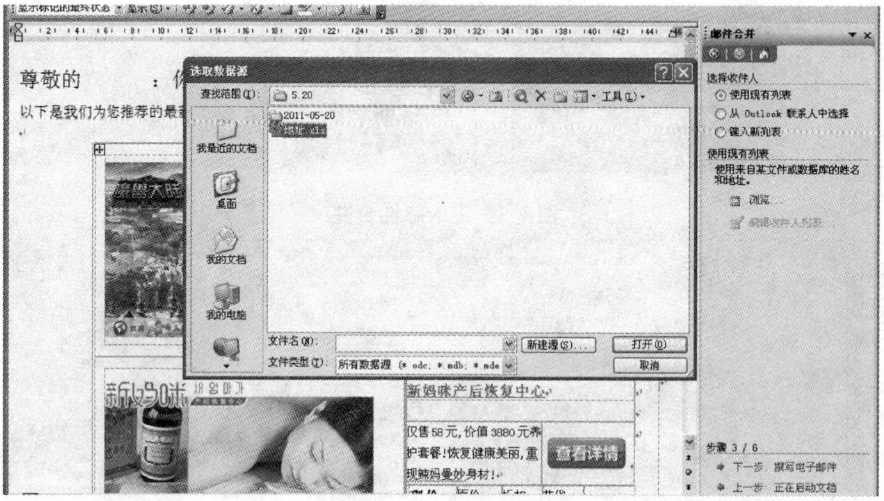

图 3-10 插入联系人信息

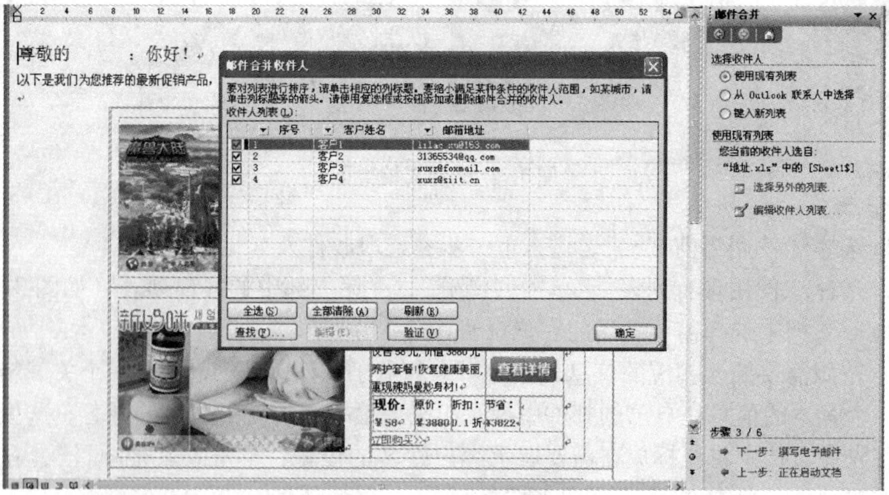

图 3-11 选择发送对象

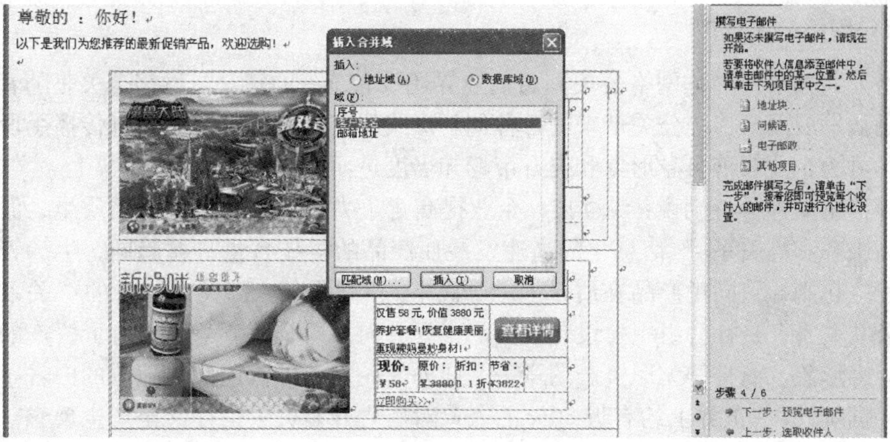

图 3-12　撰写电子邮件内容

（7）单击“下一步：预览电子邮件”，单击“下一步：邮件合并”，至此一对一邮件的设置已经完成，最后要做的就是发送电子邮件，单击电子邮件，在弹出的对话框中选择邮箱地址（见图 3-13），写好主题，单击“确定”按钮，这样只要 OE 处于启动状态，就可以将邮件按照一对一的方式发送至每一客户的邮箱。效果如图 3-14 所示。

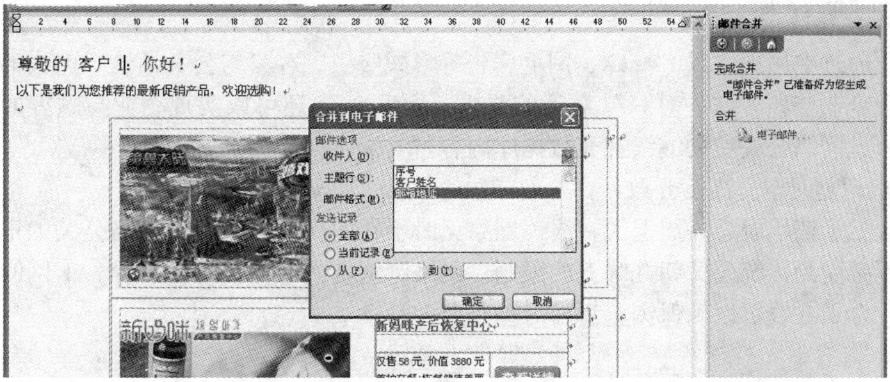

图 3-13　发送电子邮件

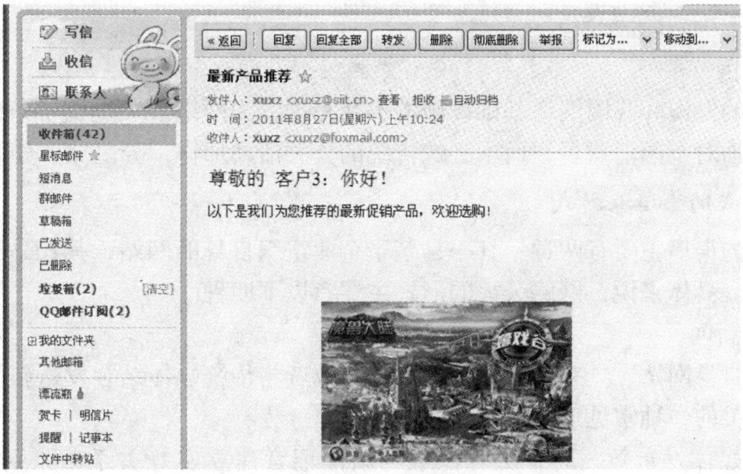

图 3-14　收件人阅读邮件界面

（四）网络公关推广

网络公共关系（简称网络公关）目前业界还没有统一的定义。网络公关是随着计算机网络的迅猛发展而给传统公关带来的一种创新形式，它以因特网作为信息传播手段开展公关活动，可为企业改善自身形象和提升市场知名度进而创造更多商机。

世界营销大师科特勒说：“过去，企业提高竞争力靠的是高科技、高质量，而现在则要强调高服务和高关系。”信息化的高速发展使产品的科技含量日益趋同，生产管理的规范化和程序化则导致同类产品在质量上难分高下。“高服务、高关系”中的“关系”主要指的是公共关系，是社会组织建设和公关的主要方向，即企业竞争已由有形资产的竞争转变为品牌、形象、商誉等无形资产的竞争。此外，一直处于营销优势地位的广告影响力正在下滑。据统计，“世界上约有近80%的人口对广告开始失去信任甚至产生反感，只有大约不到20%的人口还对广告存在着不同程度的信任。”与此同时，公关业却受到更多的垂青。各企业、机构甚至政府都开始开展公关，因此，公关业的快速发展势在必行。据悉，在“财富100强”之中，13%的公司都有自己的网上新闻发布中心，而93%的公司已将非IT类记者的新闻稿件投入网站发表，可见网络公关已经走到时代前台。

1. 网络公关的特点

网络公关除了具有传统媒体所具有的公关作用，还具有以下优势。

（1）交互性

企业通过在网站，以E-mail、网上广告等形式吸引顾客参与公关活动。庞大的数据库可以实现企业与顾客“一对一”对话的要求，而E-mail还可以实现企业与顾客的双向沟通，并通过网络公关活动继续补充数据库内容。

（2）超越时空，高度开放

一天二十四小时、一周七天在线，网络无时不在的优势可以保证网络公关的不间断运作，而不必受到传统公关朝九晚五的限制。网络浏览者的职业、习惯各异，上网时间也不尽相同，全天在线可以确保浏览者随时参与公关活动。

（3）高效率

在传统公关活动中，公关人员需要面对顾客提出的诸多类似问题，而网络公关则可以把常见问题汇总解答，专门为之设立一个FAQ网页，并将其导航按钮放在显眼位置，使顾客可以自主解决问题。

（4）大范围

网络技术的发展和我国网络基础设施的不断完善，为网络公关提供了条件，使得网上公关可以直接面对全国消费者，而不必像传统的公关活动那样，分区域、分城市进行。

2. 网络公关的渠道及形式

网络公关的渠道主要有两种：其一是基于企业组织自身的网站，其二是利用其他新闻服务商和媒体。具体来说，网络公关的形式主要有以下四种。

（1）发送新闻

通过组织自身网站、具有影响力的门户网站或者与传统媒体结合发送新闻实施网络公关，是网络公关的一种常见形式。

通过传统媒体发布新闻时，更应注意与新闻记者建立友好关系，原则是开诚布公，成为其可依赖的有效信息来源，因为记者利用网络很容易查清组织公布的信息是否真实。

(2）论坛公关

论坛（BBS）是网络上一种广泛应用的信息交流工具，不论是公开浏览方式还是管理严格的远程登录方式，对公共关系而言，都具有特殊的传播沟通功能。首先是信息发布功能，组织和受众都可以通过 BBS 发布信息；其次是非实时讨论功能，组织可以将要发表的信息写成文章，以比较条理和完整的形式发表在 BBS 相应的讨论区；最后是实时讨论功能，组织可与公众在“聊天区”进行实时交流，以拉近组织与公众的距离。一则新闻在论坛的新闻库里可保留很长时间，选择在与组织相关的论坛上贴新闻，可能会带来长达数年的效益。

(3）博客公关

目前，博客公关已经被很多大公司自觉或不自觉地运用为一种公关手段。博客主角可以渗透到公司的每一个员工。博主可以在一些人气较旺的博客上发布文章，释放自己的声音，作为一种互动交流手段可大大拉近消费者与公司品牌的距离，产生对公司的好感。大众所看到的是品牌后面的灵魂和真实人物，会无形中让他们对品牌产生一种信任。

另外，公司还可以拥有自己的公关公司和专业的写手团队，他们也在博客上发表文章，传播品牌，推广新产品。作为个人消费者，试用产品、体验服务、推荐自己觉得好的产品，与赤裸裸的广告相比更加人性化，其作为普通消费者的身份，也增加了宣传的可信度。

(4）大型活动公关

网站发布活动日程安排信息和其他人们感兴趣的、与赞助活动有关的细节和新闻报道，均能支持赞助活动，并带来制造新闻的机会。店内促销或媒体促销也可以在网上得到支持，因为网站可综合游戏、场景和各种活动。借助网络对促销活动进行介绍，并适时发布促销信息，可扩大活动的到达范围和影响力。

网站在策划和组织大型活动时可以和传统媒体联手。例如，张家界穿越天门洞世界特级飞行赛、汽车高空走钢丝跨越黄河，这些牵动全国观众的活动过去都是由电视媒体参与策划并独家进行现场直播的，今后公司也可以考虑和电视媒体联手出击，同步实行网站直播。实力强大的网站甚至可以单独承揽大型活动的网上直播，这样不仅可以获得可观的经济效益，同时也扩大了网站的社会影响，打造了品牌。

技能训练3-2 *网络公关媒介的选择和活动简介*

根据宁月公司的概况及产品特点，为公司选择进行网络公关推广的网络媒介，并根据目标制定简要的活动内容，将结果填入表 3-2。

表 3-2　网络公关媒介的选择和活动简介

网络公关媒介名称	网络媒介特点及受众分析	活动简介
结论与建议		

（五）病毒性营销

1996年，SabeerBhatia 和 JackSmith 率先创建了一个基于 Web 的免费邮件服务，即现在为微软公司所拥有的著名的 Hotmail. com。Hotmail 是世界上最大的电子邮件服务提供商，在创建后的一年半的时间里，就有了1 200万注册用户。

令人不可思议的是，在网站创建12个月内，Hotmail 花在营销上的费用还不到50万美元，而 Hotmail 的直接竞争者 Juno 的广告和品牌推广费用却是2 000万美元。申请 Hotmail 邮箱时，每个用户被要求填写详细的人口统计信息，包括职业和收入等，这些用户信息具有不可估量的价值。在提供用户注册资料时，有些用户担心个人信息泄密，因此比较谨慎，这对邮件的推广也存在一定的障碍。那么，Hotmail 是如何克服这些障碍的呢？答案是“病毒性营销”。Hotmail 之所以获得爆炸式的发展，正是由于被称为“病毒性营销”的催化作用。

Hotmail 通过在邮件结尾处附上一句关于 Hotmail 的广告词邮件给自己的免费邮件做推广，使每位用户都成了 Hotmail 的推广者，于是信息迅速在网络用户中自然扩散。

病毒性营销并非真的传播病毒，而是通过用户的口碑宣传网络，从而使信息像病毒一样传播和扩散；利用快速复制的方式向数以千万计的受众传播；利用较少的投入获得较大的宣传效果。传统营销将其称为“口碑”、“媒体杠杆”等。希望不花费任何代价，达到推广的目的是不现实的。如果离开病毒性营销的重要特点——免费为用户提供某种价值从而得到传播这一核心思想，一味追求“病毒性”效果，则很可能真正成为病毒传播者。

在互联网上，每个人都可以是信息的发布者，每个人信息传播的范围都比传统方式下要大许多倍。病毒性营销并不神秘，只要具有创造性的点子，抓住上网者的注意力，依靠公众力量在网络上传播我们需要发布的信息，营销就能成功。

（六）资源合作

网站之间的资源合作也是网站互相推广的一种重要方法，其中最简单的合作方式为交换链接。网站资源合作的方式还有许多，如内容共享、资源互换、互为推荐等，尽管形式和操作方法各不相同，但是基本思路是一样的，即在自己拥有一定营销资源的情况下通过合作达到共同发展的目的。

以谷歌为代表的第二代搜索引擎将其他网站的链接数量也作为决定一个网站排名的一项指标，其实，交换链接本身也是一项常用的网站推广手段，被其他网站链接的机会越多，越有利于推广自己的网站。对于大多数中小网站来说，这种免费的推广手段是一种常用而且有一定效果的方法。

交换链接或称为互惠链接、互换链接、友情链接等，是具有一定互补优势的网站之间的简单合作形式，即分别在自己的网站上放置对方网站的 logo 或网站名称，并设置对方网站的超级链接，使得用户可以从合作网站中发现自己的网站，达到互相推广的目的。

（七）Web2.0 的推广

1. Web2.0 的含义

Web2.0 是2003年之后的互联网热门概念之一，不过目前对什么是 Web2.0 并没有很严格的定义。一般来说Web 2.0（也有人称之为互联网2.0）是相对Web 1.0新的一类互联网应用的统称。Web 1.0主要特点是用户通过浏览器获取信息，Web 2.0则更注重用户的交互作用，用户既是网站内容的消费者（浏览者），也是网站内容的制造者。

Web 2.0模式下的互联网应用具有下列显著特点。

（1）用户分享。在Web 2.0模式下，可以不受时间和地域的限制分享各种观点。用户可以得到自己需要的信息也可以发布自己的观点。

（2）信息聚合。信息在网络上不断积累，不会丢失。

企业和个人可以在网络上便捷地得到各种信息，而且信息量大，可信度高；

节约信息搜集成本，效率提高。

（3）以兴趣为聚合点的社群。在Web 2.0模式下，聚集的是对某个或者某些问题感兴趣的群体，可以说，在无形中已经产生了细分市场。

（4）开放的平台，活跃的用户。平台对于用户来说是开放的，用户因为兴趣而保持较高的忠诚度，他们会积极地参与其中。Web 2.0并不是一个具体的事物，而是互联网发展的一个阶段，是促成这个阶段的各种技术和相关产品与服务的一个总和。

到目前为止，对于Web 2.0概念的说明，通常采用Web 2.0典型应用案例介绍，再加上对部分Web 2.0相关技术的解释。Web 2.0技术主要包括博客（Blog）、RSS、百科全书（Wiki）、网摘、社会网络（SNS）、P2P、即时信息（IM）等。由于这些技术具有不同的网络营销价值，因此Web 2.0在网络营销中的应用已经成为网络营销的崭新领域。国内典型的Web 2.0网站主要包括一些以博客和社会网络应用为主的网站，尤其以博客网站发展最为迅速，影响力也更大，如博客网（www. bokee. com）、DoNews IT社区（www. donews. com）、百度贴吧和新浪博客（blog. sina. com. cn）等。

2. 博客营销

博客（Blog），是Web log的缩写，意为网络日记。博客的内容通常是公开的，人们可以发表自己的网络日记，也可以阅读别人的网络日记，这是一种个人思想在互联网上的共享，是网络媒体进入Web 2.0时代最风光的先行军。

对等交流与广泛传播这些特质是Web 2.0时代的基本精神，也是精明的商人所需要开拓的商机。随着索尼、亚马逊、耐克、通用电气、奥迪等大公司利用博客做广告的风潮渐劲，博客营销的概念随之被广大企业所接受，并有愈演愈烈之势。经研究显示，多达64%的广告主对在博客上做广告有兴趣。索尼cyber—shotDSC—F828数码相机在面对习惯使用传统相机的高端用户就大力运用博客营销手段进行渗透。这些高端用户专业、权威、自信，而且极富判断力，在摄影领域扮演着意见领袖的角色，很难用传统传媒对其进行撼动。如何促使这些高端的意见领袖改变长期形成的习惯就成为实力传播面对的一大挑战。面对这些“慢热”型的喜欢尝试新鲜事物的人，博客就成为了最佳选择。他们明显拥有共同的兴趣，这正是与其进行有效沟通的良好基础。

博客营销具有明确的企业营销目的，博客文章中或多或少带有企业营销的色彩。现在关于博客营销成功的案例并不多，目前国内的博客应用也仅仅停留在网民自身的情感以及意见表达，很少涉及商业应用领域。在众多国内商家还不知“博客”为何物的同时，对于博客这种新兴传播渠道的多种商业应用探索已经在国外如火如荼地展开。根据艾瑞咨询的数据，截至2011年10月，中国社交网站用户规模已达到2.5亿户，而微博用户规模已达到2.6亿户。从用户增长规模等数据来看，中国社交网站及微博的用户培养已进入成熟阶段，而商业模式仍处于探索阶段。2012 年博客正式迎来中国商业化、体系化的一年，并且也会是社会化媒体竞争空前激烈的一年。

博客具有知识性、自主性、共享性等基本特征，正是博客这种性质决定了博客营销是一种基于个人知识资源（包括思想、体验等表现形式）的网络信息传递形式。作为一种新型的、快速发展的互联网媒介应用，密切关注博客的发展并进行必要的博客营销探索，将给企业经营带来巨大的价值。

【阅读】

博客营销 4 大实战技巧

技巧 1

有很多写企业博客的朋友有这样的困惑“不知道写什么”，这是个很正常的现象，特别是在开始写博客的时候。其实很多时候博文话题都是在生活和工作中无意中想到的，但可惜的是我们没有刻意去记录，随后就忘记了，到真正想写企业博客的时候就无从下笔。

总结经验，在平时养成随时记录的习惯，有好的内容或者话题进行博客营销的时候，掏出便签本写下标题和大纲，然后汇总到电脑的记事本上，积少成多。这些有主题和构架的文章，在有空的时候再拿出来写，就容易写出好的企业博客博文。灵感不是随时都有的，平时积累很重要。

技巧 2

根据行为心理学研究，重复一种行为，只要坚持 21 天以上就会形成习惯，写企业博客也是一样，所以在写博客初期就给自己做了一个硬性规定“无论多么忙，一周必须写三篇以上的博文”，开始的时候觉得挺难，坚持一段时间下来就会习惯了，反倒变成了不写企业博客博文好像生活中缺少了快乐。这就是习惯的力量，不只是博客营销，做什么都需要坚持。

技巧 3

在写博文的时候，可以分主题写，就是一个时间段重点写一个主题的博文，形成系列。举个例子，如果在研究企博网的金牌企业博客时，一边学习，一边记录实践的过程和成果形成博文，一段时间下来就可以积累多篇关于金牌企业博客的博文，把这些企业博客博文整理后，就可以形成一本电子书。每一段时间给自己定一个主题，在规定时间内完成，写出来的博文不仅有广度，更有深度，对开展博客营销的人员来说就更有价值。

技巧 4

写博文不仅要自己写，并且要善于发现和开发公司企业员工的潜力，让他们参与博客营销，这样可以多视角地向客户展示公司的整体情况。

写博客，在决定企业博客营销定位的时候，考虑资源的整合也是很重要的一部分。

（资料来源：亿邦动力）

项目任务

搜索引擎推广

一、网站诊断方案

企业建立网站的最终目标就是通过网站帮助企业得到销售机会。销售机会表现在通过企业网站促进企业产品的销售、提升企业的品牌、扩大企业的营销渠道、提升企业的整体形象，而一切无法给企业带来赢利的网站都可以认为是不成功的网站。

判断一个已建成的企业网站是否成功主要有两个方面：一是此网站是否能代表企业的整体形象；二是此网站能不能达到预期的整合营销和推广的效果。网站界面美观是一方面，但要想发挥网站的真正价值，关键还是要看这个网站是否能被搜索引擎承认，使用的推广手段能否让外界承认，承认后能不能通过这个网站转换成有效的用户。那么如何判断网络是否成功呢，这就需要对网站进行诊断。

1. 网站诊断方案的三个层面

网站诊断可分为三个层面，从网站可信度到网站技术运营每个层面都要进行缜密诊断。

（1）网站可信度

一个经营产品的网站如果一进入就给人一种不正规的感觉，那么该网站的浏览者（即潜在客户）就不会再进行更深入的咨询了。所以对于可信度优化就需要考虑到排版的问题，通过控制好字与字、行与行之间的距离，控制好字体的颜色、大小等体现网站在这个行业内是专业的。比如说，一个医院网站如果其主体色彩是黑色和红色，则肯定与医院这个单位不协调。

对于一个商务网站来说，最重要的就是在最短的时间内获得浏览者的信任。所以对于可信度来说，第一要考虑的就是这个网站是否诚信，在做网站诊断时主要看该网站是否有认证：如红盾认证，ICP 注册认证。

诚信优化的思路是靠 90% 的免费信息吸引众多的客流，然后对 10% 的信息进行优化，主要需要考虑到以下几方面细节：

- 联系方式：如果一个企业连自己公司的联系方式都找不到，这还谈什么诚信？所以在网站一定要体现出这一点，让客户明确地知道，企业的办公地点，工厂地址等，特别是企业电话一定要在页面上有所体现。
- 网站认证：红盾认证具备权威性。如没有红盾也可以，但是要进行 ICP 备案。
- 企业资力：把企业的一些资力甚至营业执照放到网站上，这样可以拉近网站与浏览者的距离。
- 企业简介：企业简介是不可或缺的部分。一定要把企业的成立时间以及一些大的事件甚至企业领导层的简介在网站上体现出来，这也能给客户诚信的感觉。
- 网站整体：网站整体感觉也比较重要，包括网站页面中的字体颜色、字号等。一定要符合企业经营项目的特点和特殊性，不要夸大，实实在在、简简单单才是真。

(2) 网站内容及栏目

在对网站内容和栏目进行诊断时，需要考虑到网站的导航条、超链接、关键词以及网站地图这几个方面。

- 网站的导航条如果做成 Flash 的形式虽然比较美观，但是很难被搜索引擎抓取。因为 Flash 导航条无法按照站内链接进行页面抓取，这样网站在搜索引擎的收录量也会受到影响。
- 网站内容页面之间没有任何的链接，这对搜索引擎抓取也是有很大影响的。
- 页面中的关键词部署，页面中的重点关键词部署最少要控制在一定比例。比如网站最重要的关键词应出现在网页代码的 <Title> 标签中。
- 网站地图，是一个串联网站页面的最好手段，可以方便搜索引擎抓取到网站的每一个页面。

(3) 网站技术运营

网站技术层面诊断，也就是网站的 SEO，这是项非常细节化的工作。对于个人力量来说是难以做到非常全面的诊断的，包括以下几方面的内容。

- 服务器的质量诊断：查看这台服务器的访问速度，如果这台服务器访问速度慢，也会影响搜索引擎的抓取。
- 网站域名的质量诊断：一个域名的好坏是一个网站的开端，所以在网站建设前期一定要对域名进行详细诊断。如果这个域名当初被搜索引擎惩罚过，也会对网站的收录产生影响。我们可以通过下面的三个手段查询这个域名是否被搜索引擎惩罚过。一是通过网站博物馆（www.infomall.cn），中国 Web 信息博物馆于 2002 年开始运行，也就是说关于网站的 2002 年以后镜像内容全部可以查到。二是通过 Alexa 查询，直接查询这个域名数据就可以了。三是使用 SEO 诊断工具高效及时地检测分析网站优化和运营的情况，从而指导运营维护工作的深入开展，如表 3-3 所示。

表 3-3 SEO 诊断工具汇总表

分类	名称	功能	地址
内容与结构工具	搜索引擎抓取内容模拟器	可以模拟蜘蛛抓取指定网页 Text、Link、Keywords 及 Description 信息	http://www.webconfs.com/search-engine-spider-simulator.php
	相似页面检测工具	用于检验两个页面的相似度。如果相似度达 80% 以上，将可能受到惩罚	http://www.webconfs.com/similar-page-checker.php
	Google Sitemaps 在线创建	在线创建 Google Sitemaps 网站地图文件	中文地址： http://www.xinqj.com/sitemap/sitemap.asp 英文地址： http://www.xml-sitemaps.com/
综合查询工具	Webmaster Toolbox	可查询某个站点的 Google Pagerank、Alexa 世界排名、中国网站排名，以及在几大主要搜索引擎中的收录反向链接的情况	http://www.flashplayer.cn/webmaster-toolbox/

续表

分　类	名　称	功　能	地　址
关键词工具	Google Adwords 关键词工具	查询指定关键词的扩展匹配，搜索量，趋势和受欢迎度	https://adwords. google. com/select/Key-wordToolExternal
	关键词密度分析工具	分析指定关键词在指定页面中出现的次数，及相应的百分比密度	中文地址： http://tool. cndw. com/Seo/KeyDensity. asp 英文地址： http://www. keyworddensity. com
关键词热门排行及指数	百度排行榜 百度指数	查看百度搜索关键词的热度排行，把握您所关心的“关键词”趋势，让您在第一时间获得互联网上最有价值的信息和资讯	http://top. baidu. com http://index. baidu. com/
	Yahoo 排行榜	查看 Yahoo 搜索关键词的热度排行	http://misc. yahoo. com. cn/top_index. html
	搜狗指数	了解搜狗关键词动态	http://www. sogou. com/top/?IPLOC = CN1102
	搜搜龙虎榜	了解搜搜龙虎关键词动态	http://www. soso. com/lhb/s_i_sosolhb. shtml
Google 工具	Google Sitemaps	Google 推出的一项免费服务，一个杰出的 SEO 工具	http://www. google. com/webmasters/sit-emaps/docs/zh_CN/about. html
	Google Analytics	Google 推出的免费分析服务。在市场营销和内容优化上提供很多专业报表。对搜索引擎营销有很大帮助	http://www. google. com/analytics/zh-CN/
	Google Dance 查询工具	不仅可以查询 Dance 情况，还可以通过 E-mail 及时获得每月 google dance 通知	http://www. seochat. com/googledance/
	查看 Google 服务器 PR 值	可以判断 PR 是否更新，预测更新后的 PR 值	http://www. seochat. com/seo-tools/fu-ture-pagerank
	Google PR 历史更新时间表	看看 Google 2000 年至今更新 PR 的具体时间和周期时长	http://www. seocompany. ca/pagerank/page-rank-update-list. html
链接工具	链接广泛度检测工具	反向链接查询工具，同时支持 Google、百度、Yahoo 等 8 个搜索引擎	http://tool. cndw. com/LinkIn/Index. asp
	查询 Google 中链接的工具	可以抓取文本标题和链接，中文标题显示的是乱码	http://www. webconfs. com/google-back-link-checker. php
	链接检查工具(Yahoo)	可以查询网站中所有被检索的页面以及反向链接情况	http://siteexplorer. search. yahoo. com/
无效链接检查工具	检查指定页面内的链接	包括链接有效性检查，链接文字，链接类型	http://www. seores. com/search/checkurl. asp
	W3C GLink Che-cker	检测 W3C 的链接	http://validator. w3. org/checklink

- 主流搜索引擎收录诊断：对于主流搜索引擎收录诊断主要参考百度、谷歌、雅虎、搜狗、网易这几大搜索引擎对网站的收录情况以及外部链接情况。
- 网站代码诊断：也就是网页主体信息诊断，主要是对网站主体程序、标签部署、图片优化、JS 代码、CSS 代码、框架等方面进行诊断。
- 网站程序的质量诊断：很多网站使用了网络上的开源程序，这些程序多少都存在问题。比如程序漏洞、程序死循环、代码沉积，对于搜索引擎也是不太友好的。所以需要把这些东西统统清理出去，让网站成为一个绿色网站。
- 网站搜索引擎权重诊断：主要是查看站点在搜索引擎上的收录数量，以及站点近期在搜索引擎中的收录变化。如果出现网站收录量减少，甚至某些主要页面被搜索引擎删除，这都是有问题的。

2. 网站诊断方案的两大块

总的来说一个好的网站诊断方案主要分为两大块，一是网站主体感观和用户体验；二是网站技术层面。

（1）网站主题感观诊断包括：

- 网站体现行业专业性；
- 突出企业真实性存在；
- 突出团队介绍、内容及服务的专业性；
- 显示出企业成长历程；
- 能让用户非常方便找到企业的联系方式；
- 网站设计的专业性；
- 网站易于使用；
- 经常更新网站内容；
- 增加网站诚信辅助认证。

（2）网站技术层面诊断包括：

- 服务器的质量诊断；
- 网站域名的质量诊断；
- 主流搜索引擎收录诊断；
- 网站代码诊断；
- 网站程序的质量诊断；
- 网站搜索引擎权重诊断。

二、SEO 诊断项目

某英语培训中心为 IT 业、制造业、酒店、银行、保险、证券、法律、医疗卫生、办公室事务、房地产等行业的员工提供职业英语培训，并可根据个人的情况进行授课形式的量身定做，为扩展其在本区域的影响性以及生源，建立了一个网站，试运行了一个阶段后发现效果并不理想，现需要对其进行 SEO 诊断，找出其中存在的问题，并对其进行优化，该网站首页如图 3-15 所示。

网站地址：http://www.wbourne.com.cn

图 3-15　某英语培训中心网站首页

三、网站诊断结果分析

1. 网站 Alexa 基本数据

网站基本信息如图 3-16 所示。

站点名称：generalgene.com	网站站长：不详	电子信箱：不详
综合排名：10,901,646	下期排名：10,901,646	收录日期：没有记录
所属国家：不详	编码方式：不详	访问速度：没有记录 Ms / 没有记录分
成人内容：NO	反向链接：0 个	联系电话：不详
详细地址：不详		
网站简介：该站点还没有向ALEXA提交任何介绍信息。>>>现在提交信息<<<		

图 3-16　Alexa 基本数据

查询 Alexa 基本数据方法如下。

① Alexa 网站排名地址：http://alexa.cn，如图 3-17 所示。

图 3-17 Alexa 网站

结果分析：公司网站在 Alexa 中的排名为 10901646，在 1 000 万名以外，可以说是非常低的，需要采取进一步的措施提升网站的 Alexa 排名。

② 在如图 3-17 所示位置输入要查询的网站的网址，单击“Alexa 查询”按钮。

图 3-18 近 6 个月排名平均曲线图

结果分析：根据图 3-18 所示可以看出近 6 个月 Alexa 排名没有给网站进行数据分析，说明数据仍然不充分，不能提供网站准确的分析数据，建议及时优化。

2. 网站主要关键词百度排名查询

查找网站中关键词的方法如下。

① 通过网址 www. wbourne. com. cn，访问该英语培训网站。

② 在网页空白处单击鼠标右键，弹出快捷菜单，选择“查看源文件”。

③ 在源文件的前几行中找到单词“keywords”，其中“content”中的内容即为网站的关键词。

本英语培训网站的关键词相关代码为：`<meta name = "keywords" content = " " />`关键词信息如图 3-19 所示。

图 3-19 网站关键词信息

结果分析：通过查询源代码，发现该英语培训网站的主要关键词字符为零，一般在搜索引擎中，对源代码中的主要关键词是有要求的，建议及时的优化。

3. 网站在搜索引擎中的收录以及反向链接①

www. wbourne. com. cn 在各大搜索引擎中的收录和反向链接情况查询方法：

① 打开网址：http://indexed. webmasterhome. cn/indexed. asp。

② 在文本框中输入要查询的网址：www. wbourne. com. cn，该英语培训网站查询结果如图 3-20 所示。

网址 www.wbourne.com.cn在各大搜索引擎的收录查询结果 查看历史记录

搜索引擎	百度	谷歌	搜搜	雅虎	必应	有道	搜狗
收录数量	740	2270	1150	421	115	293	236
反向链接	1520	5		95		58	

图 3-20　收录以及反向链接情况

结果分析：从搜索引擎的收录以及反向链接的情况我们可以知道该英语培训网站在搜索引擎优化这一方面做的不到位。在百度中的收录与反向链接是 740 和 1520，在谷歌的反向链接的数量为 5，在其他的搜索引擎中同样是没达到理想的效果。在推广企业网站的方法中，搜索引擎是最直接也是效果最好的方式。该英语培训网站应尽快改进本网站，以达到理想的效果。

4. 网站 PR②

查询该英语培训网站 PR 值的方法：

① 打开网址：http://pr. alexa. cn/。

② 在文本框中输入要查询的网址：www. wbourne. com. cn，单击“PR 查询”按钮，该英语培训网站 PR 值情况如图 3-21 所示。

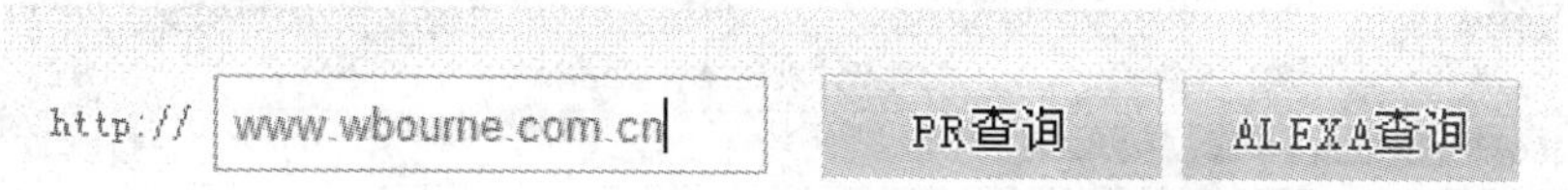

Google服务器IP	PR值
74.125.153.161	2
72.14.209.35	2
64.233.179.32	2

图 3-21　PR 值情况

① 反向链接其实就是在目标文档内部进行声明。换言之，常规链接在文档 A 中标明“指向文档 B”，而反向链接则在文档 B 中要求“使文档 A 指向我”。

② PR 值全称为 PageRank（网页级别），用来表示网页等级的一个标准，级别分别是 0 到 10，是 Google 用于评测一个网页“重要性”的一种方法。

结果分析：PR 值为 2，反向链接的数量在谷歌中很低，所以 PR 值会低。在百度和谷歌这两个主要的搜索引擎中反向链接很低，这样不利于网站本身的 PR 值也不利于网站被搜索引擎抓取，所以导致了 PR 值低。

5. 网站 Title、Meta 标签

（1）Title

查找网站中 Title 的方法：

① 通过网址 www. wbourne. com. cn，访问该英语培训网站。

② 在网页空白处单击鼠标右键，弹出快捷菜单，选择"查看源文件"。

③ 在源文件的前几行中找到"Title"标签，代码为：`<title>苏州培训 | 英语学习 | XXXXXX 语言培训中心欢迎您！</title>`，培训网站标题内容如图 3-22 所示。

标题（Title）	28 个字符	英语培训｜英语学习｜苏州[illegible]培训中心欢迎您!	一般不超过80个字符

图 3-22　培训网站标题内容

结果分析：该英语培训网站 Title 部分做的基本上符合要求，希望继续保持，已达到更好的效果。

（2）Meta 标签

查找网站中 Meta 的方法：

① 通过网址 www. wbourne. com. cn，访问该英语培训网站。

② 在网页空白处单击鼠标右键，弹出快捷菜单，选择"查看源文件"。

③ 在源文件的前几行中找到"Meta"标签，代码为：`<meta name="description" content="" />`　`<meta name="keywords" content="" />`，该英语培训网站 Meta 标签内容如图 3-23 所示。

标签	内容长度	内容	优化建议
标题（Title）	28 个字符	英语培训｜英语学习｜苏州维思特博语言培训中心欢迎您!	一般不超过80个字符
关键词（KeyWords）	0 个字符		一般不超过100个字符
描述（Description）	0 个字符		一般不超过200个字符

图 3-23　培训网站 Meta 标签内容

结果分析：主要关键词（keywords）和描述（description）的字符为零，在百度和谷歌等搜索引擎中在这两块的要求是比较高，对比下竞争对手的网站，为了达到理想的效果，建议尽快地进行优化。

四、网站针对性优化

1. 网站页面

（1）网站结构

分析：在网站的首页中网幅广告（Banner）是用 Flash 实现的，Flash 太大会有两种不良的结果：第一就是影响首页的打开速度，从而影响客户体验度；第二就是不利于搜索引擎的抓取，因此建议优化网站的 Flash。

（2）网页的外观

网站的整体颜色为白底蓝色调，基本上符合了该英语培训机构的宗旨。建议不要设置太多的 Flash 动画在上面。

（3）网页内容

如图 3-24 所示为网站百度相关信息汇总。

百度相关				
有www.wbourne.com.cn的网页	百度快照	今日收录	最近一周	最近一月
1590	2011-2-17	0	0	340

图 3-24　培训网站百度相关

结果分析：第一，网站的内容虽然一直有更新，但最近一周都没有更新；第二，相对竞争对手的网站，该网站在百度的总收录还是没有达到理想的效果。建议及时更新优化。

（4）网站标题

图 3-25 至图 3-27 为网站不同页面标题栏内容。

图 3-25　网站首页标题

图 3-26　栏目页标题

图 3-27　内容页标题

结果分析：图 3-25 至图 3-27 中，网站不同页面的标题栏内容都是相同的，不利于搜索引擎搜索到网页中的核心关键词，建议添加与本网页内容相关的关键词。

（5）网站在不同浏览器的兼容性

在电脑中安装 IE、火狐、遨游等多种浏览器，并分别在这些浏览器中打开该英语培训网站，通过测试，该网站在不同的浏览器的兼容性都蛮好的，希望继续保持。

（6）网页中图片的优化

图片检测的方法如下。

① 通过网址 www. wbourne. com. cn,访问该英语培训网站。

② 观察网站中的图片是否在显示上有图像变形等情况。

③ 在网页空白处单击鼠标右键,弹出快捷菜单,选择“查看源文件”。

④ 如图 3-28 所示在打开的源文件中,选择“编辑”/“查找”,在查找内容中输入“img”,然后单击查找下一个,在查找到的内容中查看代码:

```
<img src = "images/bj.gif" width = "8" height = "5" align = "absmiddle">
```

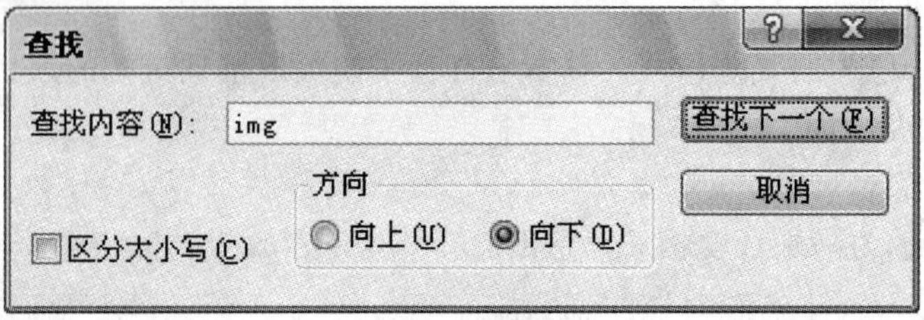

图 3-28 查找功能

结果分析：通过检测网站上的图片，发现网站里的图片没有加上 Alt 标签，不加 Alt 标签，不利于搜索引擎的抓取，建议在栏目页和内容页的图片上嵌入 Alt 标签。

(7) 页面静态化

http://www.wbourne.com.cn/web/xqtp.asp

结果分析：通过对网站的浏览，发现网站上大部分页面都是动态页面，没有做到页面静态化，子页面最好不是 asp 后缀而是 html 后缀，这样更便于网站优化。

2. 关键词分析

(1) 关键词在搜索引擎中的排名

因为在源代码中的主要关键词为零，所以在网站标题上我们选取了一两个关键词："英语培训"和"英语学习"。

① 打开网址：http://tool.chinaz.com/KeyWords/。

② 在关键词对应的文本框中输入选取的第一个关键词，单击"查询关键词排名"按钮，如图 3-29 所示。

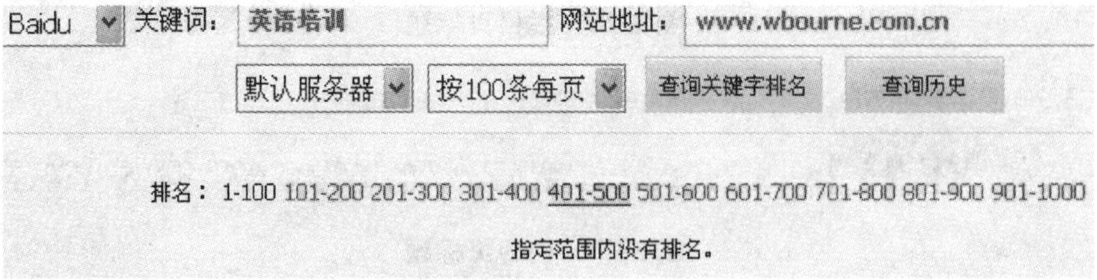

图 3-29 查询关键词"英语培训"排名

③ 在关键词对应的文本框中输入选取的第二个关键词，单击"查询关键词排名"按钮，如图 3-30 所示。

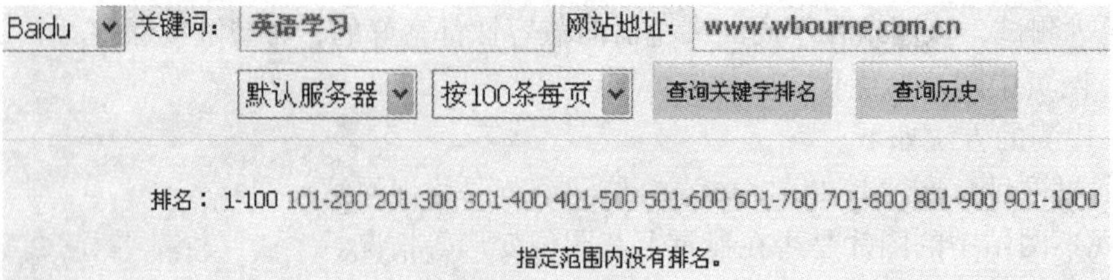

图 3-30 查询关键词"英语学习"排名

结果分析：如图 3-29 和图 3-30 所示网站的关键词排名在百度上都在一百名之外，建议及时地进行优化，以达到理想的效果。

（2）关键词的扩展

关键词较少，不利于蜘蛛搜索引擎扩散开来抓取，建议在主要关键词中继续添加主要关键词。

（3）关键词布局

关键词较少，布局不是很明显。

3. 网站链接

（1）网站内部链接

网站的站内导航如图 3-31 所示，从客户体验度上看比较混乱，建议及时优化。

图 3-31 完整的站内导航

如图 3-32 所示站内有明确的导航系统，这样会增加客户及搜索引擎的好感。

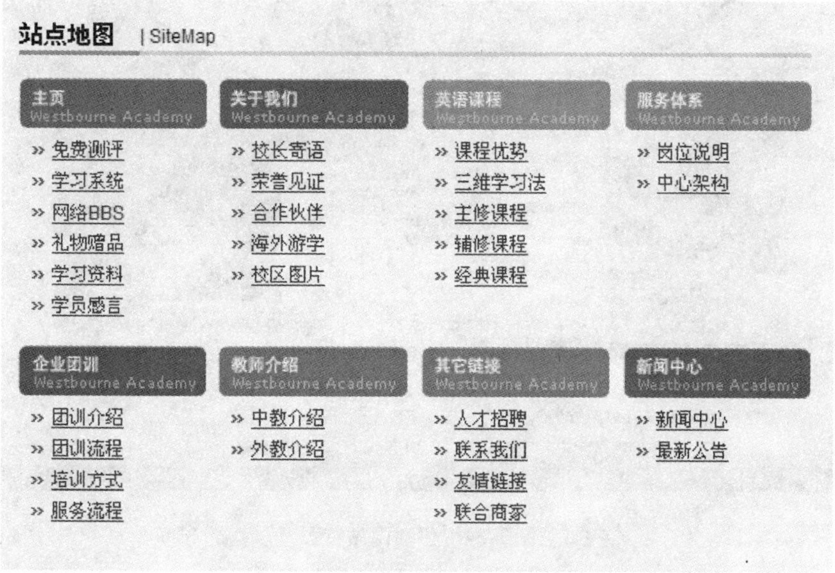

图 3-32 地图导航

（2）网站链接

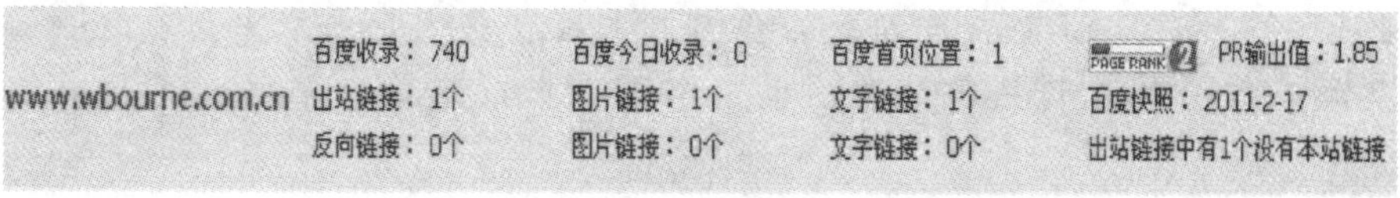

图 3-33 网站外链情况

网站外部链接情况如图 3-33 所示，其中外部链接为 1，但是反向链接为 0，也就是死链接为 1，这样很不利于网站本身的 PR 值，建议及时优化。

建议：可以到鼻牛网（http://backlink.biniu.com/）对网站进行测试，其中包括综合信息查询、Alexa排名查询、Whois查询、同IP网站查询、IP地址查询、关键词排名、反向链接分析、友情链接分析、PR查询、网站收录查询、子栏目收录。

【阅读】

伊利网站诊断

一、所选择企业网站名称：伊利集团有限公司（www.yili.com），如图3-34所示。

图3-34 伊利网站首页

二、网站介绍

内蒙古伊利实业集团股份有限公司是全国乳品行业龙头企业之一，是国家520家重点工业企业和国家八部委首批确定的全国151家农业产业化龙头企业之一，是北京2008年奥运会唯一的乳制品赞助商，也是中国有史以来第一个赞助奥运会的中国食品品牌。

伊利集团的网址为http://www.yili.com/，伊利集团网站首页整体比较简洁，色彩分明，以蓝色为主，给人一种清新自然、明亮整洁的感觉。在页面最主要位置鲜明地标出了公司的图标和网页导航系统，在导航系统左下方是幻灯片广告，右下方是关于伊利的动画广告。

三、网站专业性诊断与评价

1. 网站规划与栏目结构诊断

（1）首页一级目录共六个，分别是：健康伊利、社会责任、优越品质、投资者关系、客服中心、人力资源，如图3-35所示。栏目层次比较清楚，基本上两到三次可以到达任一网页界面，符合“三次单击”原则，并且基本上从任一界面立刻可以到达其他网页界面。在每个主栏目下面都有二级目录，但是二级目录设置过多，而且有一些重复。此外，进入个别二级目录网页时无法返回，必须借助浏览器本身的后退功能才能返回上一级目录。

图3-35　首页一级目录

（2）网站的目标明确，主要是为了通过发布企业的信息，达到提高社会知名度和美誉度的目的。在这一点上，伊利集团网站是做得不错的，向用户提供了详尽的关于伊利集团的各种信息，能够让用户全面地了解伊利集团。而另一方面，通过在网站发布产品信息和市场信息也同样可以达到宣传和促销的作用。通过发布伊利资讯，可以让用户了解到伊利集团的动态信息，有利于树立良好的企业形象，尤其是一些企业公益活动信息，从而也促进产品的销售，而图3-36则展示了伊利作为具有社会责任感的企业的品牌形象。

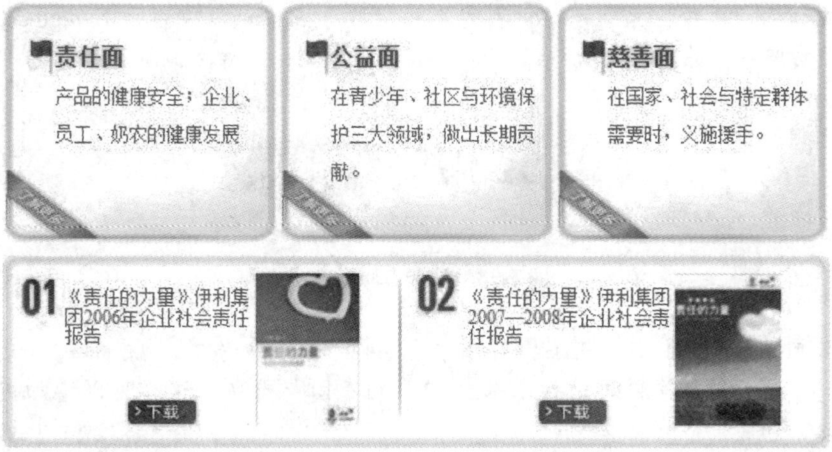

图3-36　伊利品牌形象

（3）网站的URL层次比较多，但比较清晰。此外，网站的链接基本上都正确，通过一两次导航就可进入相关内容，也可通过URL链接查看相关内容，网站导航中包括了整个内容部分，用户可根据自己的习惯，单击查看。

（4）首页中存在视频广告，如图3-37所示。有时候可能会由于网速原因在一定程度上影响视频的播放。首页中的视频播放占用空间过大，会使网页打开速度较慢，从而产生不好的影响，建议在首页上改成静态广告方式，可以在二级页面上出现动态广告。

图3-37 视频广告

(5) 网站没有简单清晰的网站地图，使用户无法直观快速了解网站内部信息资源，所以应当设立一个简单的网站地图，让用户能够快速找到自己想要的信息。

2. 网站内容与可信度诊断

(1) 网站内容比较丰富，提供了大量的关于伊利的产品和市场信息。在产品信息中将伊利的产品按照产品类别和新老产品分类进行介绍，同时提供伊利集团的资讯和市场活动信息，并且在醒目的位置展示最新的产品和活动信息。此外还提供了一些伊利集团的招聘信息，这些信息都是最新的，对用户来说具有很强的参考价值。但是“社会公益”这一板块的信息，最近一条信息是在2010年11月10日发布的，在这部分没能及时更新。

(2) 在伊利首页中，只留下了伊利的消费者服务方式，没有留下E-mail地址，为E-mail营销带来困难，如图3-38所示。

图3-38 消费者服务方式

(3) 公司简介非常详细，并且具备网站备案许可。

(4) 整个网站的各个网页的标题都为“伊利集团”开头，这样可以增加被搜索引擎收录的次数。

(5) 网站的特色是拥有一些公益性的内容，为用户提供一些便民信息，也为企业树立良好形象奠定了基础，如图3-39所示。

3. 网站功能与服务诊断

(1) 网站提供的功能有信息、资讯发布（企业动态、媒体报道、招聘管理以及产品介绍等），产品管理，会员管理，在线调查，站内检索以及网页静态化、网页在线视频播放等。

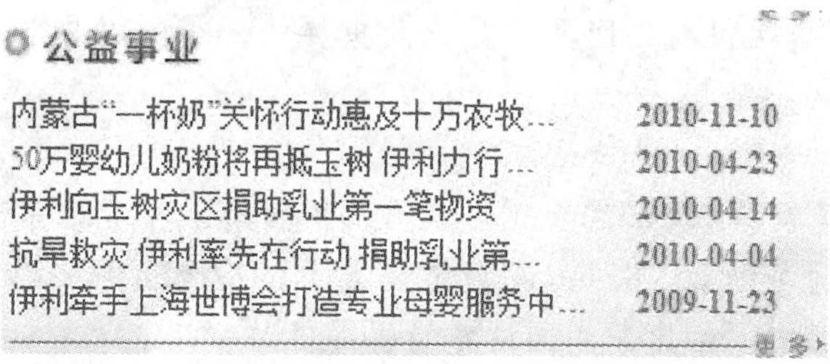

图 3-39　公益性新闻

(2) 网站提供的服务有：产品说明书、信息反馈、质量检验报告、企业公民报告、乳品百科等。

(3) 网站提供的功能与服务是比较详尽的，也体现了产品展示、产品促销等一些基本的网络营销功能，并且对于用户关心的产品与市场活动信息基本上能在首页中找到。但是网站缺乏一个在线帮助的栏目，帮助用户解决一些常见的问题，并且建议设置一个在线人工服务窗口，及时为用户解答一些问题。

(4) 相比竞争对手蒙牛集团来说，伊利集团网站缺乏一个在线购买的功能，虽然在其他购物网站上可实现网上购买，但是在企业官方网站上购物明显让人更放心，与此同时也可以起到宣传和促销产品的作用。

4. 网站优化及运营诊断

(1) 几大搜索引擎收录情况

表 3-4　伊利在几大搜索引擎的收录情况

搜索引擎	百　度	谷　歌	雅　虎	搜　狗	SOSO
收录情况	4 910	2 750	2 927	2 363	1 600
反向链接	4 050	472	15 420	1	1

表 3-5　蒙牛在几大搜索引擎的收录情况

搜索引擎	百　度	谷　歌	雅　虎	搜　狗	SOSO
收录情况	350	3 960	1 504	352	1 190
反向链接	3 960	299	13 266	1	1

（以上数据均来源于中国站长之家）

从表 3-4 和表 3-5 所示的这几大搜索引擎收录情况来看，相对于主要竞争对手蒙牛，在多数搜索引擎上，伊利集团网站还是做得不错的，但在谷歌上与蒙牛存在差距，说明伊利在谷歌搜索引擎的可见性做得不是很到位，伊利应当加强其在谷歌上的搜索引擎可见度，比如购买关键词方式。

从反向链接的数据对比分析中可以看出，伊利与蒙牛在百度、谷歌、雅虎上是不分上下的，但是在搜狗和 SOSO 上，都是做得比较失败的，反向链接数据都为 1。所以，伊利集团网站应该要进一步优化。

(2) 网站 PR 值

伊利集团网站 PR 值页面评定结果：7，其竞争对手蒙牛网站的 PR 值也为 7，网站的

PR值都处于高水平，说明伊利集团网站是比较重要的，是受用户欢迎的，从这个方面来看，伊利集团网站做得不错。

（3）网站Alexa排名

从表3-6和表3-7网站Alexa综合排名来看，伊利集团网站的综合排名是141 572，而蒙牛集团网站的综合排名为253 854，说明伊利集团网站比蒙牛集团网站更具吸引力，有更多的人关注，说明伊利网站比蒙牛网站建设得更好。

进一步根据Alexa排名来看，伊利网站在访问流量、访问人数和访问网页数上的增长都比蒙牛网站快，但在人均页面访问量和日均访问时间来看，下降得比较快，因此，伊利应当更加注重网站优化，进一步丰富网站内容。

表3-6 伊利网站Alexa排名

	一周平均	一周变化量	一月平均	一月变化量	三月平均	三月变化量
网站流量排名	50 398	↑33 954	72 158	↑262 364	141 572	↑200 760
每百万人中访问人数	46	↑70%	31	↑710%	12.6	↑280%
每百万被访问网页该站的网页数	0.53	↑80%	0.37	↑270%	0.2	↑110%
每日人均页面访问量	1.2	↑5%	1.15	↓50%	1.35	↓50%
只访问一个页面的人次的百分比	79.6	↑9%	73.4	↓3%	70.2	↑23%
日均访问时间	52.3	↓48%	73.5	↓42%	82	↓40%
来自搜索引擎百分比	14.3	↓14%	11.7	↑14%	15.1	↓56%

表3-7 蒙牛集团网站Alexa排名

	一周平均	一周变化量	一月平均	一月变化量	三月平均	三月变化量
网站流量排名	162 738	↑85 952	216 403	↑137 726	253 854	↑93 191
每百万人中访问人数	8	↑10%	6.8	↑80%	5.4	↑80%
每百万被访问网页该站的网页数	0.52	↑310%	0.23	↑170%	0.16	↑48%
每日人均页面访问量	6	↑300%	3.3	↑50%	2.5	↓20%
只访问一个页面的人次的百分比	16.7	↓61%	32.3	↓48%	63.4	↑60%
日均访问时间	608.7	↓1 232%	248.6	↑81%	146.9	↓3%
来自搜索引擎百分比	25	↓75%	29	↑32%	19.1	↓48%

（以上数据均来源于中国站长之家）

四、总结

企业网站建设的完成并不意味着网络营销的终结，应当更加注重企业网站的优化和完善。在当今网络营销这一手段广泛被各企业运用的时代，能否运用好网络营销这一手段会对企业在市场竞争中产生重要影响。

通过本次实验对伊利网站进行各方面的诊断可以得出：整体来看，伊利公司在网络结构、内容、功能方面是做得很不错的，页面清晰，颜色搭配合理，布局紧凑，个性突出，广告宣传很独特。出现的问题也都是一般传统企业所共性的问题，尤其在各大搜索引擎收录情况和Alexa排名上来看，伊利网站在同类产品生产企业中处于领先地位。通过一系列的分析发现，伊利网站主要存在以下问题：

（1）在电子商务环节薄弱，只着重于介绍产品和市场信息，不能产生最直接的经济效益，应当建立一个在线交易的系统，实现在线买卖。

（2）产品信息不够全面，相关信息较少，介绍简单，用户无法获得有价值的信息，新产品推荐不突出，用户很难找到相关信息，所以，应当将产品信息介绍更加深化。

（3）缺少与用户沟通环节，仅仅设置了顾客反馈平台，没有设置在线问题解答平台，无法清楚、及时了解到顾客个性化需求。

（4）网站应该更加注重meta和description的建设，让更多的搜索引擎收录，才能更好的实现网络营销的目的。

总之，在互联网高速发达的时代，我国拥有世界上最多的网民，并且仍在不断增长，网络将成为我国公民以后的一个重要的接触信息的媒体，而作为一个不断成长的奶制品企业来说，应当跟上时代的步伐，充分利用好网络营销这一手段，以在未来的市场竞争中争取到一个有利的位置。

（资料来源：http://wenku.baidu.com/view/737f0ceb172ded630b1cb6bc.html 百度文库）

技能训练3-3 *网站诊断和优化*

某装饰装潢网站（www.szmyzs.com），在网上运营了一段时间后发现网站的访问量很少，现需要对其进行诊断，找出症结进行优化，完成表3-8装潢网站诊断表。

表3-8　装潢网站诊断表

项目	诊断内容		诊断分析	建议
网站诊断	Alexa基本数据			
	网站主要关键词百度排名查询			
	网站在搜索引擎中的收录			
	网站反向链接			
	网站PR值			
	网站title、meta标签			
网站针对优化	网站页面	网站结构		
		网页美观		
		网页内容		
		网站首页标题		

续表

项　目	诊断内容		诊断分析	建　议
	网站页面	网站在不同浏览器的兼容性		
		网页中的图片优化		
		页面静态化		
	关键词分析	关键词在搜索引擎中排名		
		关键词的扩展		
		关键词布局		
	网站链接	网站内部链接		
		网站链接		

项目四　营销型网站的管理

项目背景

网站管理是网络营销既基础又重要的一个环节，现在大多数中小企业开始重视网络营销，并且参与一些培训课程，改建企业网站，实施 SEO、邮件营销、病毒营销、软文营销、博客营销、微博营销、论坛营销等网络推广，却很少注意自身的网站管理问题：人员的配备、要求、制度、实施、监管、反馈。要做好网络营销就必须解决网络营销的基础问题。基础没处理好后面的一切都是空话更不用说能实现一个怎么样的效果，正因如此网站管理也成为企业在网络营销进程中的一个重要课题。营销型网站的管理任务之一就是要做好平台的信息管理（如产品信息）与平台访客（及客户）的管理。

项目内容

本项目通过对网站管理知识模块的介绍、2 个典型工作任务的剖析和 6 个技能的训练，引导所学者掌握营销型网站管理的基础知识、基本技能。本项目的主要内容如表 4-1 所示。

表 4-1　营销型网站管理主要内容

<table>
<tr><th>类　别</th><th colspan="2">子类别</th><th>案　例</th><th>技能训练</th></tr>
<tr><td rowspan="3">项目知识</td><td colspan="2">营销型网站管理基本概念</td><td rowspan="3">浪莎 B2C 商城</td><td rowspan="3">寻找产品：去当地市场考察要经营的商品，或者从网上寻找 10 种要经销的商品，记录款式、价格及照片等具体商品信息。</td></tr>
<tr><td colspan="2">营销型网站管理核心</td></tr>
<tr><td colspan="2">营销型网站管理主要内容</td></tr>
<tr><td rowspan="5">项目任务</td><td rowspan="3">产品网络策略</td><td>编写产品标题</td><td rowspan="3">苏州双金实业有限公司</td><td>为计划经营的商品编写标题</td></tr>
<tr><td>编写产品文案</td><td>为计划经营的商品编写产品文案，并上传。</td></tr>
<tr><td>产品图片编辑</td><td>运用一个图片编辑工具编辑产品图片</td></tr>
<tr><td rowspan="2">客户管理策略</td><td>进行客户关怀</td><td>苏州满庭芳精品婚纱摄影
推一把数据库营销</td><td>网站用户体验分析
建立潜在客户数据库</td></tr>
<tr><td>客户沟通</td><td>阿里巴巴国内贸易
在线沟通方法</td><td>在线沟通工具
QQ 在线沟通</td></tr>
<tr><td colspan="3">项目小结</td><td colspan="2">阅读：个人网店客户关系要如何管理</td></tr>
</table>

项目知识

网络营销基础知识

一、营销型网站管理的基本概念

电子商务网站的基本建设完成后，就要开始投入运营，网站运营非常重要却常常被忽视。网站的运营管理水平直接反映该企业的管理水平，体现了整个企业文化。企业的网站运营包括很多内容，如网站宣传推广、网络营销管理、网站的完善变化、网站后期更新维护、网站的企业化操作等，其中最重要的就是网站的维护和推广。

【案例导入】

浪莎 B2C 商城：“会员制运营”辟新径

提及国内 B2C 领域的行业翘楚，人们会自然联想到京东商城、当当、凡客诚品等割据一方的行业大腕们，它们身后的大背景、大资金、大营销、大业绩往往是业内关注的重点话题。然而，在 B2C 行业巨头们大手笔运作的背后，却也有不少在投入产出与经营规模上难以望其项背的 B2C 小门小户，依然通过自身的创新经营开拓出了属于自己的市场空间。其中，专注于袜子专卖的浪莎 B2C 商城，便是一支在细分市场强势崛起的新力量。

在成立仅一年的时间里，浪莎商城已从成立之初的默默无闻一举成为当前针织品 B2C 的领先者。目前，浪莎商城已拥有数万名的金领会员及 500 名加盟客户，数千家联盟客户，为自身发展奠定了坚实的基础。相比于 B2C 行业巨头们的巨资营销运作，浪莎商城投入的广告成本却近乎为零，这在整个电子商务行业里是十分罕见的，浪莎商城将自己一年内取得的成绩主要归功于会员制运营模式。在以会员制为核心的基础上，浪莎商城走出了一条“轻广告、重口碑，轻投入、重效果”的特色营销路线。用浪莎商城自己的话说：“依托这样‘短、平、快’的发展思路，可以在有限的资源内将成本控制与对外扩张结合得更好，而这会帮助浪莎商城在 B2C 的道路上越走越宽。”

浪莎商城网站如图 4-1 所示。

1. 广告费用近乎为零

与凡客诚品不同，浪莎商城刚建立之初就没有广告预算。推广人员面对的最大问题是在不投放任何广告的情况下，将浪莎商城和其业务推广出去。不做竞价排名，不在门户网站打广告，于是在商城刚刚建立的半年内，软文营销模式是常用工具。一周几篇软文，每天每人 20 个链接，这种最为人看轻的软文营销模式，却打响了浪莎商城会员营销模式成功的第一步。让人称奇的是，这种看似“老土”的营销模式，在浪莎商城的经营下却玩出了不一样的效果。每一个在外站的帖子，必然会收获几个 IP，而其中常有会员注册。就是靠着这一篇篇的软文，浪莎商城的关键字排到了搜索网站的第一页，会员增长率惊人。之后，浪莎商城又开始操作其他模式：邮件营销、知识营销、博客营销、病毒式营销、友情链接营销等。为了准确地判断营销模式的效果，推广人员做到每天一小结、每周一大总结的监督方式，一旦发现行之有效的会员增加手段，浪莎商城的推广人员就将其比重加大，而效果不甚明显的手段，推广人员就减少其推广比重。就这样，在不花一分钱的情况下，浪莎商城开创了一个独特的会员营销模式。

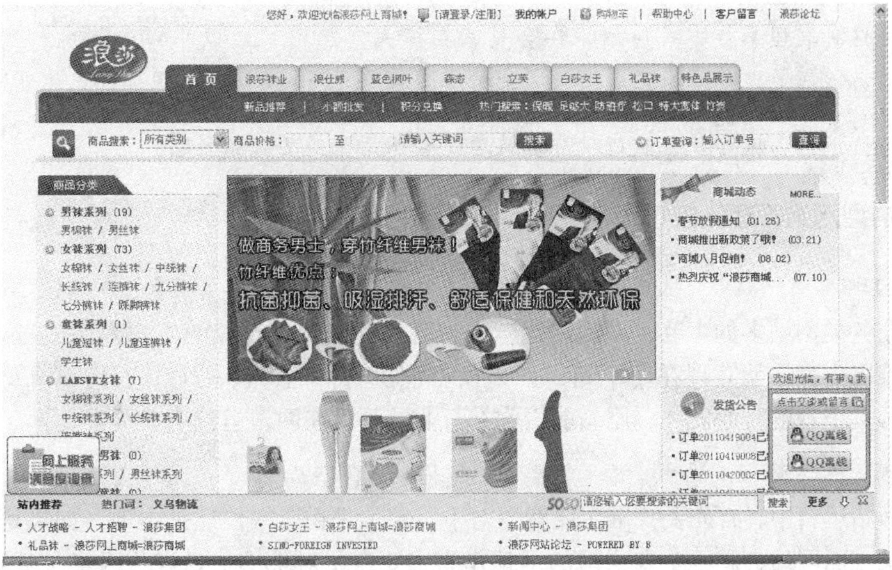

图 4-1　浪莎商城网站

2. 建立会员档案，深挖现有会员潜力

在会员营销中，有一条著名的马特莱法则，即在顶部的 20% 的客户创造了公司 80% 的利润。美国人威廉·谢登又在此法则的基础上提出了 80/20/30 法则，即“在顶部的 20% 的顾客创造了公司 80% 的利润，但其中的一半被在底部的 30% 的非盈利顾客丧失掉了”。浪莎商城深知这个法则，从一开始就同步推行会员制的服务，很好地维持了顶部的 20% 的顾客的忠诚度，有门槛的准入制度似乎又更多地避免了底部的 30% 的非盈利顾客。

浪莎商城的会员档案里面记录了每天每个来访顾客的基本情况：他们的意向商品、购买时间、购买金额等。不仅如此，浪莎商城还会定期回访会员，细心询问他们的穿着感受以及购物时的感受等。零售客户、批发客户，甚至连从来都没有购买过的客户。浪莎商城也分别建立了他们的档案，时时跟进，充分深入了解每个会员的购买意向。当然，建立会员数据的好处还不仅仅是了解会员这么简单，在平时，浪莎商城一旦有新货上架、促销活动等，就会及时主动地通知会员。接下来，浪莎商城将重点着力于现有会员：推荐有奖、购物返利，重点深挖他们的潜力。

3. 为联盟会员网站创造将流量转化为收益的机会

对于和浪莎商城合作的联盟会员网站来说，通过加入网络联盟平台获得网络广告收入或者销售佣金，可以将网站访问量转化为直接收益。这一项会员营销模式并不出奇，但浪莎商城特别重视联盟会员的作用，做到一对一的跟进，对联盟会员所关心的“效果、收益、结算”等问题重点突破，甚至为此全新改版，增加了更多会员可供选择的链接形式，并改进了账号查询等技术功能。而在选择联盟会员上，浪莎商城做到有的放矢，非零门槛申请。所有的联盟会员都必须有一个相对不错的网站，而在这些人中间，再挑出更好的联盟会员，重点培养。而这部分被挑中的联盟会员网站，往往流量较大，且客户群正和浪莎商城的目标客户相吻合，在增加了浪莎商城会员的同时，也给联盟会员带来很好的收益。

正是这种联盟平台方式应用，在会员营销模式上起到了“以小搏大”的作用，可以说，目前这依然是浪莎商城拓展销售渠道的有效策略之一。(案例来源：腾讯企业新闻)

讨论：浪莎商城为什么能成功？你认为平台运用中的关键是什么？

二、营销型网站管理的核心

1. 行业是基础

如今各类网站多如牛毛，在网站运营中，若脱离或背离行业的门户网站或行业网站，越来越难以生存，就算现在还不错，如果没有危机感，也将被一个新生代网站及网民淘汰。是否真正理解行业发展，网站能否弥补行业的不足在网站运营中很重要。

2. 竞争是关键

在网站运营中，首先要找准主要竞争对手，定位是在全国，还是本地，如果是做本地最好的某方面网站，就不要拿全国的网站作为主要竞争对手。主要竞争因素包括：第一，竞争对手是怎样做的，有哪方面优势。比如，竞争对手有行业协会支持，还是其他……第二，自己有哪些优势，如何在细节上比竞争对手做得更好。第三，自己在哪些方面能给客户创造更多价值，更好地为客户服务。只有不断取得竞争优势地位，才能在竞争中立于不败之地，不是用金钱去拼，而应智取、巧取。

3. 需求是根本

网站建设建立在满足网民对信息不断更新的基础上，如果网站运营管理者不愿建立自己的开发队伍，走程序性开发，那么如何跟竞争对手比拼？因为竞争对手的网站是有基础的，而自己还是新生代，自己是否比竞争对手更能满足客户需求？更了解网民和广告主的需求？这些需求是网站运营的根本。

4. 资源是财富

资源分为客户资源、信息资源、数据资源、技术资源、协会资源、人脉资源、财力资源等，这些资源都直接或间接为网民服务及创造价值。资源越多，竞争力越强。例如，在网站内容上，如何为网民提供更多免费和付费的信息内容，有哪些现成的或可以得到的资源供网民利用。

5. 流量是生命

网站的流量是决定广告主在网站上投广告的先决条件。如果没有足够的广告主以付费形式做广告，那么网站生存就是未知数。如果做的是行业门户网站，那么，就得尽量锁住本行业网民点击率，只有这些客户才是网站的忠实客户群，那些非本行业人士多半只能是匆匆过客。如果是做本地的网站，就应该结合当地行业实情去设计并推广网站。如果没有诸多资源优势，千万别贸然去做全国性的网站，这样耗费的投入及推广成本很高。

6. 整合是核心

如何整合利用更多的资源，是网站运营管理者的一门学问，也是网站运营的基石。整合包括很多方面，例如，人脉资源整合、客户资源整合、营销整合、信息数据整合、技术推广的整合、媒体资源的整合、产业链的整合、供应链的整合、资本运营整合等。各网站的发展和定位不同，因此整合应根据企业自身情况而定。

三、营销型网站管理的主要内容

（一）网站维护简介

1. 网站维护工作概述

网站维护涉及资源和成本问题，但只要用对地方，大部分中小企业网站维护需要的资源和成本并不太高。企业网站维护主要是发布网站，发布新产品及更新说明文字、图片等。

2. 网站维护工作指南

网站维护工作主要包括网站发布、网站测试和网站信息维护备份等内容。

（1）网站发布

发布网站的方法很多，有些网页制作工具本身就具有发布网站的功能，如 Frontpage、Dreamweare 等能在本地发布；还有一些专门的工具软件可以用来远程发布网站，如 Cute-FTP、Leap-FTP 等。在进行网站发布时，使用者只要按照发布软件提供的发布向导，进行相应的设置，就能完成网站发布工作。

（2）网站测试

网站发布之后，还必须对网站进行性能测试，检查网站是否能够达到设计的性能，测试内容包括前台页面测试、访问速度测试和访问压力测试。

（二）营销型网站信息维护

1. 网页信息维护

（1）及时发布和更新信息

网络消费者的一大特点就是喜欢新鲜事物，所以网站管理者要做的就是对网页中的信息进行及时的更新和发布，信息更新后，信息的发布时间就会变成更新时的时间，越新的信息，更容易吸引人。甚至在一些搜索结果中也相应往前排。

（2）删除过期的网页

网站管理者要对过期的网页以档案形式编排保存，以便日后查询。在进行网页内容更新的同时，还要保证信息内容的准确性，除了专门的文字内容校对外，还要对网页上的链接、图片、网页标题等进行检查。

2. 营销型网站后台管理

营销型网站后台管理主要包括新闻管理、产品管理、订单管理、客户管理、支付与物流管理等。（下面以苏州某电子设备企业的网站管理为例）

网站后台管理路径，一般结构是 HTTP://域名/admin，进入登录页面，输入管理员用户名与密码，进入企业网站的后台管理，如图 4-2 所示。

（1）网站综合设置：包括企业介绍、网站显示设置、联系方式等，如图 4-3 所示。

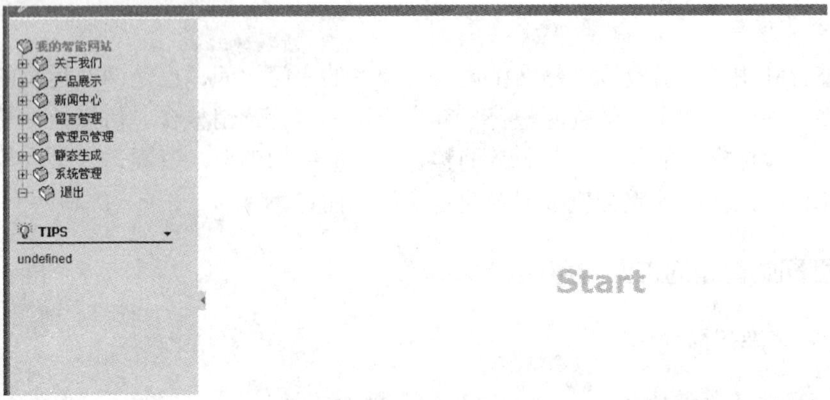

图 4-2 后台管理首页

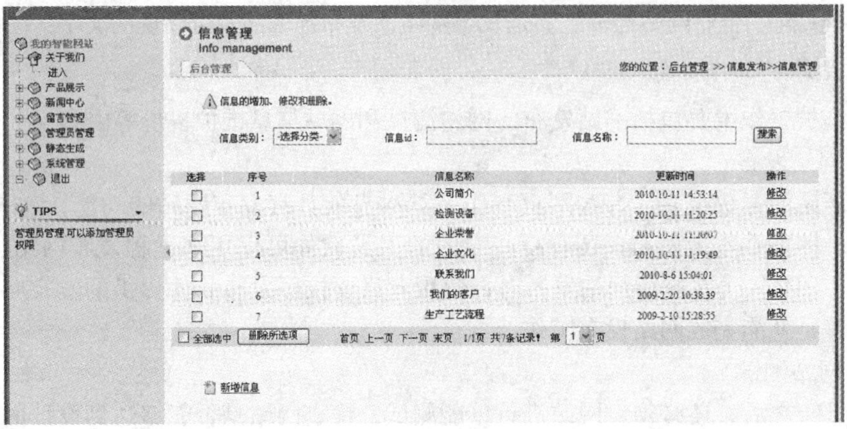

图 4-3 网站综合设置

（2）产品管理：包括类别管理、发布信息（添加商品）、管理信息等，如图 4-4 所示。

图 4-4 产品管理

（3）新闻管理：新闻管理的主要内容包括新闻分类、新闻删除与更新等。工作人员只要在模板中输入相应的内容并提交，网站的新闻管理功能就会将这些信息自动发布在 Web 页上，从而达到信息动态更新的目的，一般包括新闻类别、发布新闻、已发布新闻管理等，如图 4-5 所示。

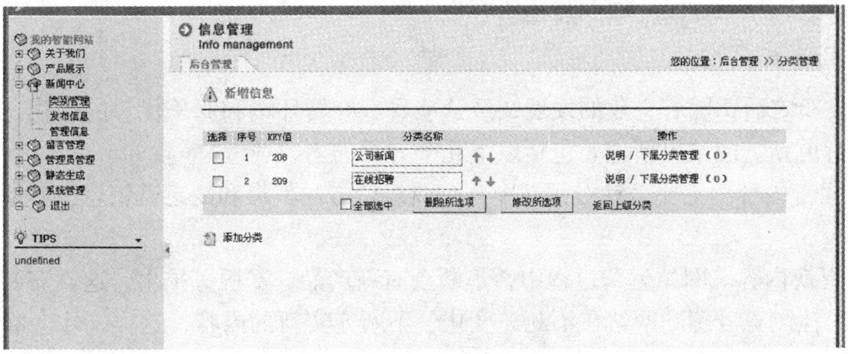

图 4-5　新闻管理

（4）留言管理：包括查看客户留言、留言回复等，如图 4-6 所示。

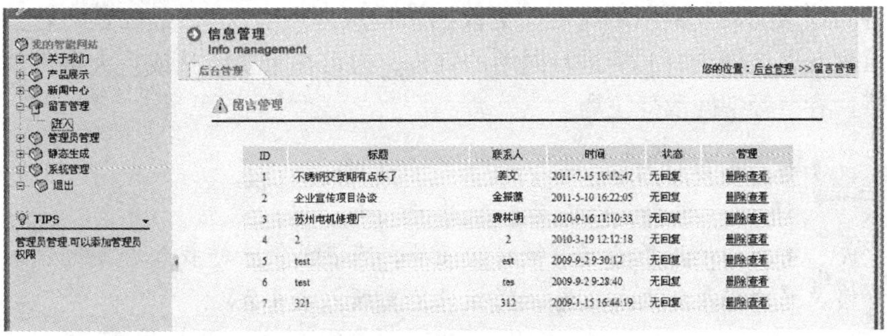

图 4-6　留言管理

（5）系统管理：包括群发邮件、图片管理、网站管理（网站关键字管理）等，如图 4-7 所示。

图 4-7　系统管理

3. 交互性组件维护

网站中交互性组件包括留言簿、BBS、客户邮件等。要定期对这些组件上面的信息进行维护。对时间较长且没有什么价值的信息，以及一些恶意的、带有攻击性的信息及时进行删除；对访问者发布的信息要进行有效的监控；对访问者提出的问题，要及时进行解答和回复，这样会给网站的访问者留下负责任的好印象；对客户反映的问题，要及时进行总结，从中提取有用的信息，用于支持网站的不断改进；对客户意见等信息，要及时进行处理，并且将处理结果在第一时间传递给客户。

4. *网站更新*

网站发布之后，随着企业的发展，经营项目、经营环境和竞争优势的变化，网站内容也应该进行更新。网站更新主要包括以下几个方面的内容：

（1）完善内容。主要是针对网站中与企业经营方向偏离和缺乏营销思想的地方，进行修改。

（2）更换内容。网站运营过程中，不断会有新产品、新服务推出，这就需要经常更换网站内容，让浏览者感到网站在不断地变化，不断充实新的内容，这样，才会吸引客户再次光顾网站。

（3）更换风格。一般来说，网站风格最好不要频繁变动，但这并不意味着网站风格永远不变，对浏览者而言，面对风格永远不变的站点是会产生厌烦感的。网站管理者可以考虑在合适时间或周期性变换网站风格（更改网站模版即可实现），最好是随着公司经营项目的变化而改变，这样更有利于进行网站的宣传，也可在重要节日或重大事件期间，如元旦、圣诞节、春节等期间改变主题。

技能训练4-1 *营销型网站维护*

寻找产品：请到当地市场考察要经营的商品，或者从网上寻找5种要经销的商品，记录款式、价格及照片等具体商品信息，将相关信息填入表4-2。

表4-2 产品信息

产品名称	产品详细属性	调研价格	产品关键字

项目任务

任务一 产品网络策略

【任务导入】

苏州双金实业有限公司（原苏州不锈钢材料厂）隶属于苏州双金集团，始建于1992年，占地50 000平方米，建筑22 000平方米，总投资8 000万人民币，位于苏州高新区嵩山西路。公司专业从事不锈钢、合金钢、模具钢、工具钢、齿轮钢及其他特殊钢材料及铸锻件的生产与研发。一直致力于石油化工、航空航天、电站锅炉、汽车船舶、环保海洋、冶金机械制造、阀门、无缝管、焊接、模具领域的原料用钢生产需求。

2009 年公司开始尝试电子商务，并建立网络门户。公司拥有 EAF、LF、VD、VOD、AOD、真空电渣炉等先进炼钢设备，拥有电液锤、碾环机、0.75～0.5 吨真空两用锤各一台，剥皮机、滚光矫直机、冷拔机、无芯磨床等加工设备；拥有德国斯巴克直读光谱仪，硬度拉伸低温冲压试验机，涡流超声探机，水压测试，金相显微镜等先进完善的检测设备。

【任务分析】

企业建立网络门户，有其自身的价值和利益需求，而这些需求的实现，则有赖于这一门户对目标客户是否具有足够的吸引力。丰富的产品展示是吸引浏览者的常用方式，所以企业需要做好产品策划，完成门户中产品的整体展示，通常要包括以下三方面内容：

- 产品标题
- 产品文案
- 产品图片

【任务实施】

（一）产品标题

具有吸引力的标题一般包含多重的信息元素，能清晰地传达这条信息的具体内容，让买家有进一步去看详细信息的欲望，不仅是解决产品曝光量的有效手段同时更是吸引潜在客户的最有效方法，如图 4-8 所示。

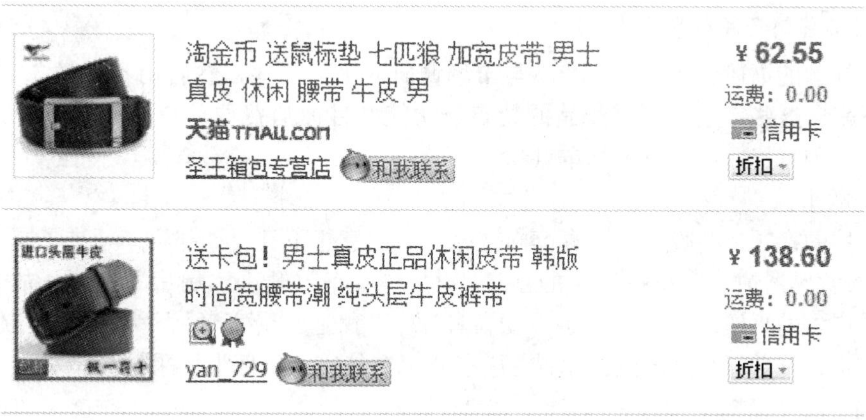

图 4-8　关于产品的标题

1. 标题中含有产品描述

从专业角度分析一个产品名称最好对应一个产品，但现实中有很多网络产品经营者希望产品可以经常被搜索到，所以在标题中出现多种产品名称，这对于网络营销没有一点好处。可以通过对产品标题添加不同的描述来增加对产品的修饰。对于产品描述可从以下几个方面入手。

（1）产品描述的必要性

专业的产品描述是买家进行产品比对的重要参考，如果产品描述不够具体专业，或者直接没有描述，买家很可能在信息排名的首页便离开。同样要是产品的描述不到位，有买家询盘的情况下企业客服人员必须认真地去介绍，这会大大的影响工作效率。好的产品描述就是一张有效的产品简介单。

（2）产品特性描述

一般包括产品名称，型号，产品的技术参数，重量，体积，包装方式和尺码以及可以提供的颜色，尺寸，款式，等等。比如润滑脂，可以将标题描述为“2#，无滴点，2 公斤小铁桶包装，高温 380 度润滑脂”。

（3）产品价值描述

产品能为客户解决什么问题，产品的功能以及达到的质量标准和获得的证书。例如：工业轴承用，抗挤压，低噪音，高温润滑脂。

（4）产品的卖点

产品的卖点就是相对于同类产品本企业的产品优势是什么，吸引人的卖点是什么。比如产品主要是高温、高档。这种限制让一些需要普通的黄油的客户可以不过多打搅，同时说明了自己的产品特性和卖点。

（5）不同的类目选择

产品的匹配非常重要，但是不是说一种产品只有最佳的一种匹配方式。不同的类目选择，只要和产品有关联就可以发布，这样会让产品有更多的发布机会，尤其适用于产品较少的网友。比如我们的润滑脂（黄油）既可以放在车用润滑油的润滑脂类目下，也可以发布在工业润滑油的轴承润滑油等的小类目下。

2. 网络营销产品标题

产品标题的描述者要先消化产品与市场调研的全部资料，然后用不超过 30 个字将产品描述下来，这些字主要包括产品的特点、功能、目标消费群、精神享受四个方面的内容。标题的创意把握以下三个基本点：

（1）故事性

故事性的标题，会吸引人认真读内文，例如“意想不到，一部赛车开进了厨房”这是火王 97 新款燃器炉“赛车一族”的创意广告，“赛车”开进“厨房”产生了故事性，吸引了人看广告的兴趣。又如“谁是‘受害者’”、“我是‘受害者’”为绿卡鳖精创意的逆向诉求广告，创造了很高的阅读率；“这家公司突然宣布倒闭”（采纳为奥林蒸馏水所创意的“渴望成功篇”）。

（2）新奇性

一个可以引发人们好奇心的广告会吸引很多人来阅读。产品标题一定要有新奇性，如益生堂三蛇胆创意的标题“益生堂三蛇胆为何专作‘表面文章’?”、“上火啦”、“战‘痘’的青春”；佳百娜红葡萄酒创意的标题“今晚，你准备‘亲吻’佳百娜吗?”、“佳百娜五岁了，尚未开封”、“咦，怎么少了一个人？噢，他被佳百娜‘迷’住了”等广告都比较符合新奇性的特点。

（3）新闻性

大家都爱看新闻，标题写得像新闻会很受人瞩目。如海南啤酒创意的“海南将要‘桶’获膨胀”、“海南今年夏天可能要降‘温’”，古方三蛇胆创意的“可以全面停‘火’

了”，益生堂三蛇胆创意的“从深圳开来的战‘痘’特快已抵达本市”，吾老七口服液创意的“这三个寻常女人引起全城女性关注”、“曝光面子‘丑闻’”。

技能训练4-2 编写产品标题

为自己的产品编写产品标题，将相关信息填入表4-3。

表4-3　产品标题

产品名称	产品标题	关键词

（二）产品文案

好的标题吸引消费者注意，但单靠十几个字的标题描述产品是不够的，构思精彩的网络营销产品文案是从事网络营销的企业梦寐以求的事，但好的产品文案需要将创意神秘化。没有做好充分的准备是构思不出来的。

1. 明确产品的卖点

同质化是营销的大敌，产品没有个性，服务缺乏特色，是网络贸易的大忌。“质优价廉”等口号化、模式化的广告宣传语已不能传递任何信息。天底下没有两片相同的树叶，也没有两个相同的产品。这就需要提炼出产品卖点，这个卖点就是向企业的潜在客户下承诺。若一个产品没有这样的承诺，就不会有消费者买这样的产品。所以产品的卖点（承诺）越具体越好。如“让你美丽”的卖点不如“消除你脸上的色斑”及“让皮肤变得洁白、有光泽”来的有力；“为你省钱”不如“让你省下10元钱”更有吸引力。不要写下连企业自身都不能相信的承诺，产品的承诺靠什么有保证在文案中要考虑清楚。

2. 确定产品的创意

熟悉自己的商品以及找到产品的卖点，企业就可以确定一个核心创意（大点子、大创意）。这个核心创意一要很单纯；二要有延伸力，可以延伸成系列策划方法；三要有原创性，可以挖掘很多消费者。例如，奥林蒸馏水确定的核心创意是“有渴望，就喝奥林”，围绕着人的种种“渴望”以及“口渴”的种种情景展开系列广告。“红常青羊胎素”这一美容保健品所确定的大创意是“红常青，为女人除不平”，“不平”指脸上的“皱纹、斑斑痘痘”，又指心中的不平、怨言。可以通过拟人化和逆向思维的方法设计创意。

（1）拟人化

当把产品拟人化之后，一般都会有好的创意。如三点摩丝创意的广告“你的头发在生气?”，“千仟玉手足柔嫩剂创意的广告”，“北京人，谁的手足在哭泣?”，视力11眼睛营养液创意的广告“别让我一辈子”“嫁给它”（我是眼睛，它是眼镜）。天人防盗锁创意的“结婚”、“离婚”等，都运用了拟人的手法，文案都相当生动。

（2）逆向思维

很多企业在宣传时都称自己是老大，如果企业愿意承认自己老二，就不同凡响，别人说“红”，你说“黑”就往往出人意料。威廉巴克公司为艾维斯出租车创意的“在出租车行业里，艾维斯是第二位的”就令人震动。在许多策划中运用逆向思维，房地产都喜欢说自己在“黄金地段”，某房地产做得宣传时说它在“白银地段”诉求它“升值有潜力”，蓝旗衬衣做的“一件不合格的衬衣”，金汤创意的“请别相信100有效”，“封杀王老吉”等。逆向思维方法的运用反而迎合了现在网络消费者好奇的心态，更容易赢得认可。

技能训练4-3 *编写产品标题*

分析产品独特优势的描述情况，进一步提炼该产品的独特卖点将相关信息填入表4-4。

表4-4 产品卖点

产品名称	产品标题

（三）产品图片

在互联网上经营产品，买家看不到、摸不着，那么凭借什么来吸引住买家的眼光呢?毫无疑问，就是产品图片。俗话说：“眼睛是心灵的窗户。”而网上做生意想打开一扇窗，一个好的图片往往能起到事半功倍的效果，帮商家足不出户，迅速抓住买家眼球。

产品图片处理要点。

1. 背景颜色要突出产品

如图4-9所示，我们发现左图中，背景和产品的颜色过于接近；而右图采用与被摄主体颜色不同的背景，从而很好地突出显出产品，给人以美感。所以，在采用单一背景时，两者颜色要有所差别。

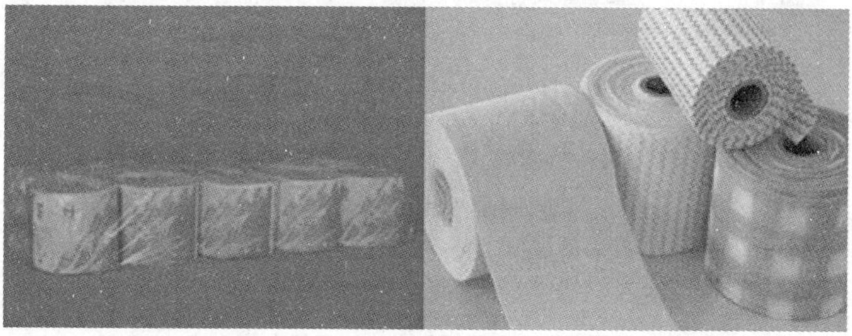

图 4-9　不同背景颜色的产品比较 1

如图 4-10 所示，对灯具来说，采用深色的背景，并将灯点亮的状态，更能表现出其晶莹璀璨的效果。左图虽然真实地表现了车间的状态，但是，给人的感觉有些凌乱，反倒降低了产品在客户心目中的价值。

图 4-10　不同背景颜色的产品比较 2

如图 4-11 所示，在拍摄桌椅时，不要放在灰暗的地板上拍摄，可以放在草地上拍摄，透出一种休闲、干净的感觉。

图 4-11　不同背景颜色的产品比较 3

2. 物体摆放技巧

如图 4-12 所示，左图中，不同颜色不同款式的鞋子围在一起，不美观，没有主次之分。右图仅仅表现两只鞋子，一正一反，便于客户了解。

图 4-12　不同摆放方法的产品比较

如图 4-13 所示，拍摄玻璃器皿，因为是透明的比较难以表现，可以在玻璃器皿内盛装有色液体，从而表现出玻璃器皿的材质和轮廓。

如图 4-14 所示，对于颗粒无固定形状的产品，特别是化工类产品，可以采用干净的容器盛装起来，拍出来会显得比较干净漂亮。

图 4-13　玻璃器皿类的产品

图 4-14　颗粒无固定形状的产品

3. 巧用道具

如图 4-15 所示，当我们只看左图有可能会分辨不出这是什么产品，再看右图，通过香烟的提示，客户就知道是烟灰缸。

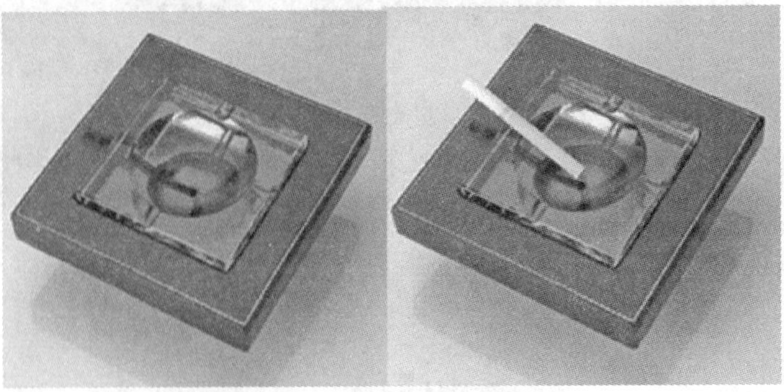

图 4-15　运用道具的产品比较 1

如图 4-16 所示，左图虽然拍得也不错，但只有黑白两色，显得有点单调；右图在此基础上添加了一些颜色丰富的小花，让画面顿时多添了几分美丽，更容易让批发商或者消费者心动。要注意的是，这个小花摆放也有技巧，不能抢了鞋子的风头，避免主次不分。

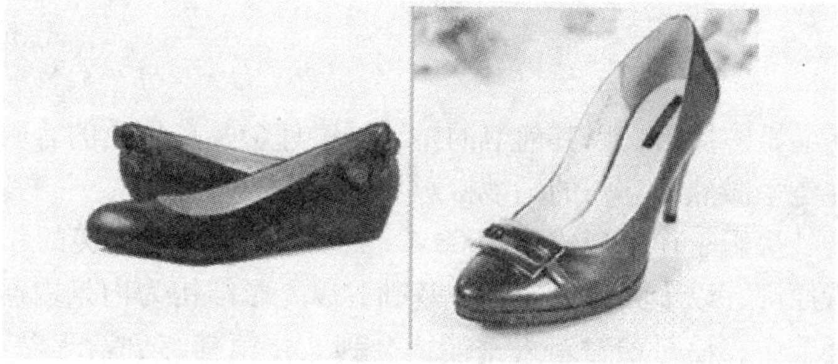

图 4-16　运用道具的产品比较 2

4. 多角度展示

经常看到有的供应商只拍了一张产品的外观图片，甚至没有图片，然后留下一句话，详细情况面谈。打个比方，你到商场去买个包包，远远的看一下产品的外观就买了吗？你肯定会走近并打开，了解包包的内胆、缝合情况、面料等，再考虑要不要沟通。那么，会说话的图片就是把客户所关心的细节点展示出来，帮助客户完成这个体验，就好像有个售货员在一旁指点，如图 4-17，从多个角度展示了产品。

图 4-17　多角度展示产品

技能训练 4-4　*编辑产品图片*

运用一个产品编辑工具，为计划经营的 5 种产品编辑产品图片，提交报告。

任务二　客户管理策略

【任务导入】

苏州满庭芳精品婚纱摄影，以其前卫的婚纱摄影理念及高品质的客服体系受到了业内外各界的关注，在竞争激烈的苏州的婚纱摄影界有优良的口碑。

苏州满庭芳婚纱摄影工作室成立于2003年，工作室以拍摄精美的作品为宗旨，以每天只拍一对为经营原则，以十大外景为创作基础，以光影结构为内景内涵，把个性化设计渗透到所有工艺环节中，使每一对新人都能体会到文化精神与创新理念。公司从2009年建立网站以后就一直看重客户的网络体验和沟通。网站首页如图4-18所示。

图4-18　苏州满庭芳精品婚纱摄影网站首页

【任务分析】

企业网络营销平台能否吸引并留住客户、培育客户忠诚度、获得较高的客户转换率，从而取得预期的营销，在很大程度上取决于平台的设计者、管理者是否真正地站在客户的角度想问题，平台的内容和构架是否关注并服务于客户的需求，这就要求企业在做电子商务的第一个环节就要以客户为中心，注重客户体验，了解客户查询、阅读和使用的习惯，尽可能地回复客户关注的焦点问题、及时帮客户解决疑难问题，切切实实地贯彻以人为本、以客户为尊的现代经营理念。成功的网络营销客户管理可以从客户关怀和客户沟通两方面着手。

【任务实施】

（一）客户关怀

克拉特巴克提出："顾客关怀（customer care）是服务质量标准化的一种基本方式，它涵盖了公司经营的各个方面，从产品设计到它如何包装、交付和服务。"他强调对于从设计和生产一直到交付和服务支持的交换过程每一元素关注的重要性。事实上，在讨论后勤和营销过程时，克里斯托弗论述道：顾客服务是连接后勤和营销过程的主线，原因在于最终后勤系统的输出是顾客服务。技巧在于以某种方式管理营销和后勤这双臂膀，以图在追求成本优势的同时通过顾客服务来最大化增值。正如彼得斯和奥斯汀所说，顾客关怀本质上“归结起来是为顾客所感知到、体会到和以一致方式交付的服务和质量”。在网络营销中可以通过很多细节来实现客户关怀，主要有以下几方面：

1. 用户网站体验①

用户网站体验是电子商务网站运营中至关重要的一环，只有做好了用户体验，才会有口碑相传；只有做好了用户体验，才会有用户的重复访问和购买。

（1）信任体验

“电子商务网站的信任度”是决定用户是否产生购买的关键因素，如图 4-19 所示。网站信任度一般会通过如下几种方式树立：

- 品牌知名度：网站品牌是否具备一定知名度。
- 权威认证：网站是否具有如，ICP 号（经营性网站的备案信息）、可信网站认证、网上交易保障中心认证、中国电子商务网站诚信单位等第三方权威机构的认证。
- 详尽的联系方式：网站是否刊登有 400/800 电话、详细的联系地址等联系信息。

图 4-19 网站的认证

（2）网站浏览体验

网站浏览体验一般包括：

- 添加醒目的图片：好比一本没有图片的杂志，你很难想象它靠什么抓住读者的眼球。网站需要像杂志一样吸引读者，所以，需要使用醒目的图片。
- 不要使用太多文字：除非是小说或者文章，一般情况用户不喜欢看到大段的文字。因此，尽量将文本分割成一小块一小块，便于用户阅读。
- 不要留出过多空白：适当的空白有助于眼睛休息，但过多的空白就有两个缺点了：使网页显得过于空洞，页面的颜色也过于明亮。
- 添加鲜艳的文本颜色：虽说使用太多醒目的颜色很糟糕，但完全不使用的话也一样。单调的文本颜色十分无趣。偶尔在文本中添加些鲜艳色彩，会更吸引读者。
- 设计有助于用户体验的功能：为什么人们喜欢 iphone？因为它功能强大，还有着出色的界面。为网站设计个导航栏、网站地图、站内搜索，这不仅方便用户搜寻想要的信息留住用户，还有利于蜘蛛的爬行与抓取。
- 网站性能体验：页面打开速度是否快，是否存在死链接（错误页面），是否兼容各种浏览器（这点极其重要，请加倍重视）。

---

① 引自 http://blog.sina.com.cn/s/blog6290edba0100vvng.html。

• 网站购物体验：提交订单过程是否顺利，要求用户填写相关信息的时机和内容是否合理，付款方式是否多样（是否支持支付宝、网银、快钱、货到付款等多种支付方式），订单提交后是否有页面提醒，产品发货后是否有邮件（短信）通知。

（3）售前服务体验

用户在线（电话）咨询时，客服人员的解答是否及时，是否专业，是否贴切，是否让用户满意，这都会决定用户的最终购买行为。

（4）物流配送体验

订单生成，商品发出时，是否有贴心的短信（电话）通知，商品送达时间是否能保证，是否能以最快速度送达商品（现在的社会节奏很快，你比别人快，用户下决定购买的速度就会快）。例如：快书包就打出“一小时到货服务”的口号，如图 4-20 所示。

图 4-20　快书包一小时到货服务

商品送达后，配送人员的服务态度是否亲切，验货付款流程是否合理（应是先验货，后付款），是否提供多种付款方式（比如现金，刷卡），这些都是绝对不可忽视的关键点。

（5）售后服务体验

这里主要指退换货流程的体验，商品不合适，不满意，是否支持无条件退换货，这对用户的重复购买起到关键影响。

2. 数据库营销

企业的网站都会有大量的访问者，其中包括随意的访问者、潜在客户、现有客户和竞争对手等，通过相关的方法和技术可以将他们的各种信息收集起来，存储在企业的客户数据库中，并不断地更新，以便将来能为他们提供更精准的个性化产品和服务，同时，这个数据库还应能通过网络让企业的各个部门共享，为各个部门的决策提供依据。

数据库营销是一个主动营销的过程，它通过对客户信息的管理实行批量化沟通。数据库营销能帮助企业保留客户、提高客户的忠诚度。企业应该建立属于企业自己的数据库，这是一个长期累积的过程，即使再小的企业也需要。

（1）建立用户数据库

建立用户数据库比较简单，比如说开网上商店的用户，只要建立一个 Excel 表就可以了，然后再设置好要记录的项目，比如性别、年龄、职业、地址、工作、喜好、消费习惯、消费情况等。当然，对于大型公司，就需要有专门的系统。

（2）采集数据

数据库建立起来后，即可开始采集、完善数据库。采集数据的方法主要有以下几种：

• 自有用户：比如说对于淘宝店而言，在这儿购买过产品的用户，就是第一批原始数据。再比如对于网络论坛、社区等，本身的注册用户，就是第一批数据。

• 网络调查：这也是一种非常好的采集用户数据的方法，而且比较省钱，见图 4-21。

● 活动：通过各种活动获取用户数据也是一个非常不错的选择，线上活动方面，像有奖问答、有奖征文、有奖投票、评选等也都是不错的活动形式。当然，活动门槛越低，参与人数就越多。

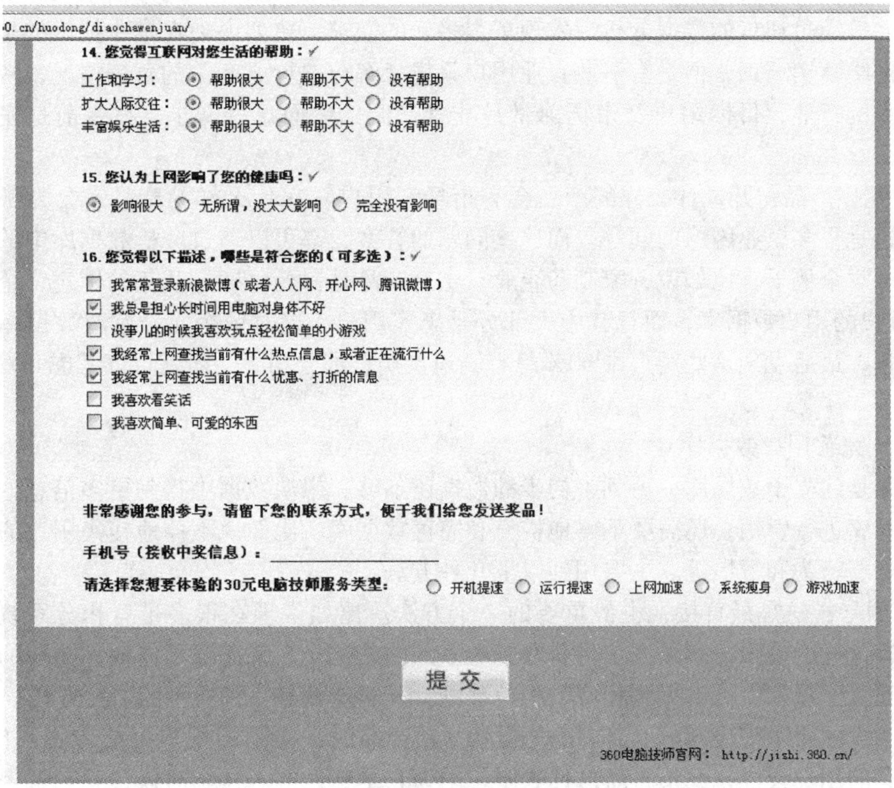

图 4-21 通过调查收集信息

● 网络搜集：除了以上这些方式外，还可以直接通过各种网络平台获取。比如说网络上很多论坛、QQ 群、网络团体等，都会提供会员通讯录下载。

（3）数据管理与数据挖掘

数据管理主要是指运用先进的统计技术，利用计算机的强大计算能力，把不同的数据综合成为有条理的数据库。特别是大型公司，需要用专门的软件统一管理用户的数据库，要做到所有部门的数据都是统一和同步的。网店与电子商务公司可以通过管理进行数据挖掘。数据挖掘主要是三个方面的内容：

● 挖掘用户：简单地说就是用不同的属性，对用户进行不停的深入细分。根据使用最多类消费者的共同特点，用电脑勾画出某产品的消费者模型。拿推一把网站（www.tui18.com）为例。推一把的用户粗略分三种：个人站长、中小企业人员以及行业从业人员。而中小企业人员这块，如果按行业，又可以细分出医疗行业、美容行业、教育行业、农产品等。如果按公司规模分，又可以分为 10 人以下、50 人以下等。如果按资金规模来分，又可以分成 10 万元、50 万元、100 万元等。如果再按地区分，又可以分为北京、上海、广州等。

把用户充分细分的好处就是，当需要推广某个产品时，可以马上从数据库中提取最精准、最适合的那部分用户。

• 挖掘需求：指根据用户的年龄、职业、收入、文化层次、喜好、消费习惯等数据，运用先进的数据分析技术，找出他们的潜在需求。以推一把网络营销培训为例，在我们以往的培训中，对学员也都进行了数据采集，同时也都通过调查等手段详细地调查了用户的情况。然后通过初步的数据分析后发现了很多新的需求，比如说现在推一把做的是系统性的综合网络营销培训，但是有一些行业用户只想了解与本行业有关的营销情况，特别是一些比较大的行业，目标用户及市场前景是非常广阔的。而这些需求，在之前是完全不知道的。

• 挖掘产品：开发什么样的产品会有市场？用户喜欢什么样的产品？会为哪些产品买单？这是很多企业困惑的问题。而这些问题的答案，都可以通过分析数据库中的数据得出答案。举个例子，比如说一家制药企业，主打产品是胃药，通过几年的销售，企业拥有了30万户的用户数据库，而且其中大部分是忠实用户。这时候企业开始对数据库进行分析与挖掘，最后发现这些用户中60%患有肠道疾病，那公司下一步就可以考虑开发这方面的产品。

（4）完善用户数据库

仅仅是建立了数据库，得到了初步的数据还不够。想从数据中得到更多信息，更好地利用信息库进行营销，还需要不停地扩充和完善数据库。比如说不停地搜集用户的详细信息、喜好、行为和习惯等。主要用到以下几种方法：

• 引导：这是最直接，也最重要的一个方法。比如说现在很多带有积分系统的SNS站，都有这样的设置，如果用户想获取到更多的网站积分，就需要不停地完善你的会员资料，每完善一项，就可以得到相应的积分奖励。其实这就是一种典型的引导方式。

• 反馈：以网店为例，当向用户推荐一款产品时，不同的用户可能有不同的反应。比如说有的用户会说，我不喜欢这件衣服，因为它是红色的。这个时候，我们就得到了一条重要的数据，这个用户不喜欢红色的衣服。

• 调查：调查最重要的技巧之一就是尽量设置成有奖调查，另外调查的选项尽量不要太多和太复杂，这样容易影响用户的积极性。

• 记录：观察和记录用户的行为，也是一种非常好的获取数据的方式。还是以网店为例，假如说某个用户买过三回衣服，每次的牌子都一样，价位区间与颜色也都非常一致。那我们就可以得到这样一条结论，这个用户对某品牌很偏爱，消费能力在100元左右，喜欢蓝色的衣服。

• 活动：尽可能多地组织用户进行一些互动性比较强的活动，然后通过活动去搜集用户的数据、行为等信息。

• 沟通：如果用户群比较窄，比如说像网店这种的，那就可以直接通过与用户交流的方式，获取用户数据。而且通过这种方式获取的数据，是最详细的，特别是很多非常隐私的信息，通过调查等方式，是很难获取到的，只有在与用户聊天的时候，才能获取到。

技能训练4-5 网站用户体验分析

寻找两个经营产品类似的公司，作为网站的潜在客户分别体验两家企业网站，将体验结果做对比，建立如表4-5所示的表格，并提交网站用户体验总结。

表 4-5　网站客户体验结果

体验内容	网站 1	网站 2
信用体验		
网站浏览体验		
售前服务体验		
物流配送体验		
售后服务体验		

技能训练 4-6　*建立潜在客户数据库*

利用第三方平台搜索、行业网站链接等方式，收集某类产品（如家纺类、饰品类）的潜在客户（商场联营、自营专卖店、加盟专卖店、批发商等），每种类别搜集几家，并将这些潜在客户的详细信息建成潜在客户数据库，如表 4-6 所示，并提交数据库。

表 4-6　潜在客户数据库

序　号	公司/网名/网址	电子邮箱	联系电话	经营范围	规模/特色	主要需求品种	价格信息
1							
2							
3							
4							

（二）客户沟通

沟通是人与人之间进行信息交流的活动。如果从组织管理角度出发，可以把沟通定义为：沟通是信息凭借一定符号载体，在个人或群体间从发送者传递到接受者，并获取理解的过程。

电子商务已经成为企业普遍认可的新营销方式，它使买卖双方在降低交易成本、加快信息沟通方面获得了传统经营模式不可比拟的效果。客户沟通是电子商务实现过程中的重要环节。通过网上商机的撮合，推动企业与客户之前的沟通，促成企业网上的直接交易。

网络沟通是买卖双方实现交易的一条纽带，可以帮助双方促进产品销售及为行业内买家找到更为满意的合作伙伴，同时实现买卖双方的双收双赢，其成功与否直接影响网上交易的成败。

阿里巴巴中国网站是全球最大的中文网上贸易市场，拥有 4 000 多万名的全球商人。依托阿里巴巴提供的网络沟通方式，买卖双方可以采用在线的方式方便地进行文字交流或者语音、视频交流，可以在找到需要的任何商业机会后，马上和买方或者卖方建立联系，事半功倍，既节省时间降低成本，又能捕捉到网上的商机，提高网上生意成交率。

1. 留言

留言是网络沟通的交易方式之一，是买卖双方找到需要的商业机会后，马上和对方进行在线交流的方式，正确使用并管理留言功能可以有效地帮助企业提高网上生意的成交率。

阿里巴巴网站具有强大的留言功能，用户不仅可以使用留言功能，还能对所有留言进行统一管理和操作。

(1) 给求购商留言

作为阿里巴巴网站的供应商，可以通过留言功能给采购商留言，以拓宽网上交易的范围，提高网上交易的可能性。

供应商给采购商留言的具体操作步骤如下：

① 登录阿里巴巴网站，在搜索栏输入相应的求购信息，如“MP3”、“MP4”等。

② 当用户输入关键字并单击“搜索”按钮后，系统将显示所有相应的求购信息，单击用户需要的信息，进入具体求购信息页面，如图4-22所示。

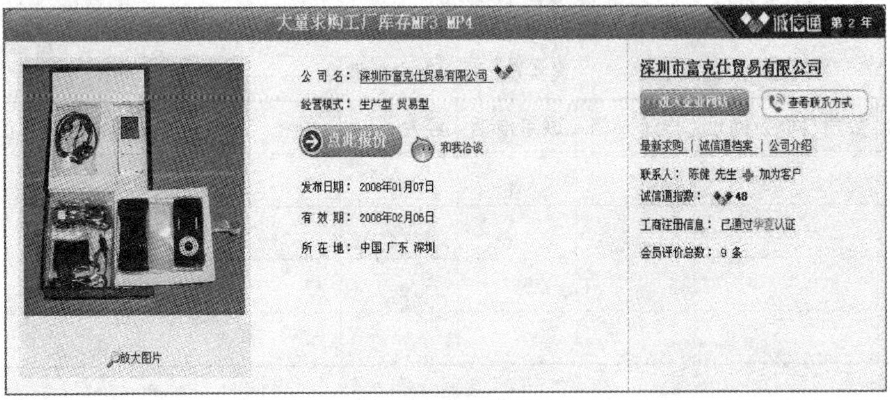

图4-22 求购信息详细页面

③ 在了解了求购信息的基本要求后，输入验证码就可以在信息页面上单击“点此报价”按钮，出现一个留言单，如图4-23所示。

④ 在留言单页面上按要求填写好相关的信息，包括验证码、主题、主要内容和想要发送的附件等。

⑤ 最后单击“发送”按钮，即可将留言发送给求购商。

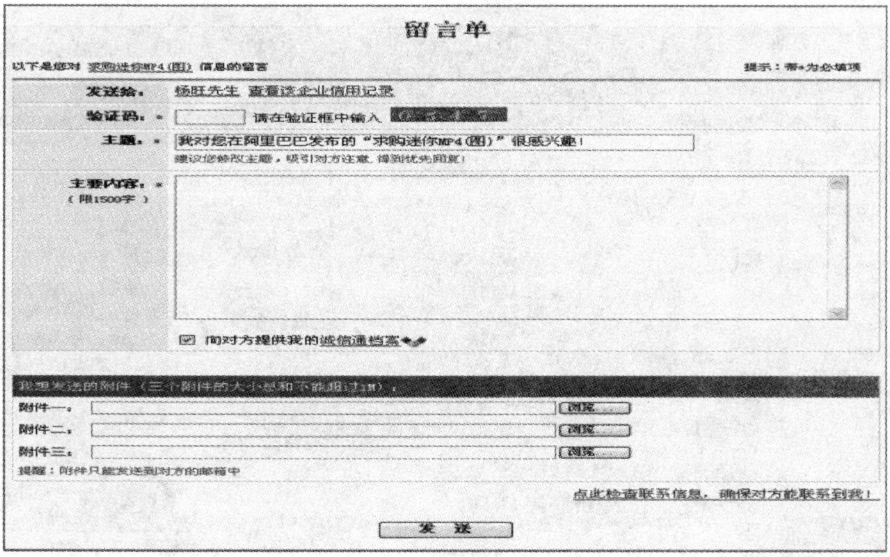

图4-23 留言单页面

在给求购商留言过程中，在保证所提供的信息真实可靠的同时，还要注意以下几点：

① 为了及时收到对方的回复，用户注册时填写的邮箱必须经过验证，同时还应尽可能提供详细的联系方式以吸引采购商的目光。

② 在留言单页面上，“主要内容”部分的填写应该突出自己的产品优势、公司网站地址等，同时还可在附件中发送公司的相关产品资料、公司介绍等。

③ 对于求购信息，阿里巴巴免费会员有三次机会使用留言报价的功能，诚信通会员则没有限制。但对于供应信息，没有任何权限限制。

（2）留言管理

留言详细内容只有在用户的阿里助手留言箱中会保存，其中包括收到的留言、发出的留言和垃圾留言三类，阿里助手将帮助用户有效管理所有留言。具体操作步骤如下：

① 登录阿里巴巴网站，进入“我的阿里助手首页”。如图4-24所示。

② 在“消息中心”栏目，出现“收到留言”、“发出留言”和“垃圾留言”三个选项，用户便可以对其采取相应的操作。

③ 单击“收到留言”按钮，出现对所有收到留言的管理页面，可以看到客户的留言列表，用户可以对所有收到的留言进行相应的管理，如是否公开、是否删除、是否转为垃圾留言、是否回复等，如图4-25所示。

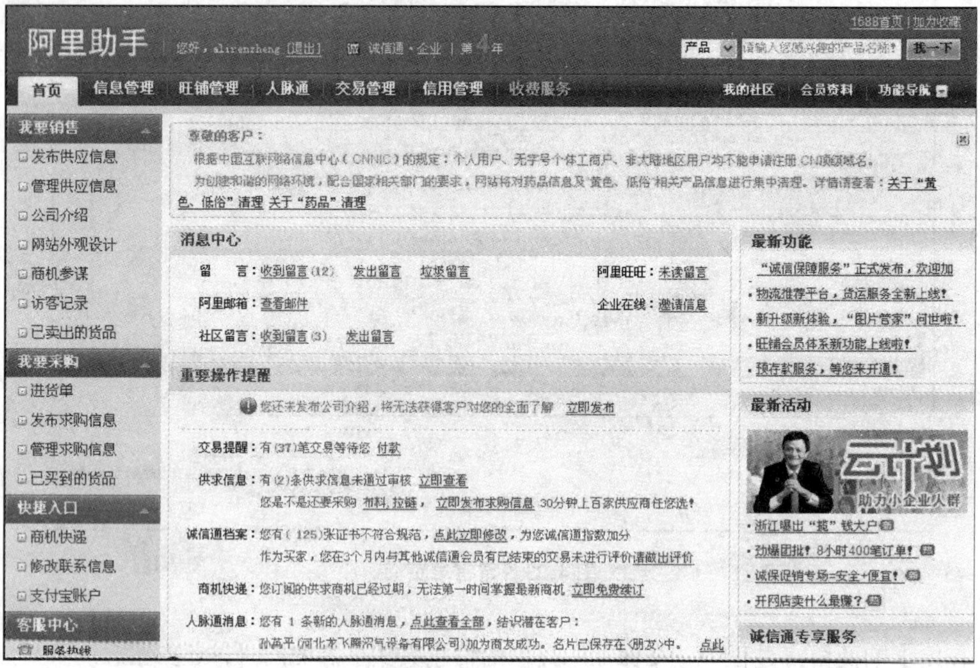

图 4-24　阿里助手首页

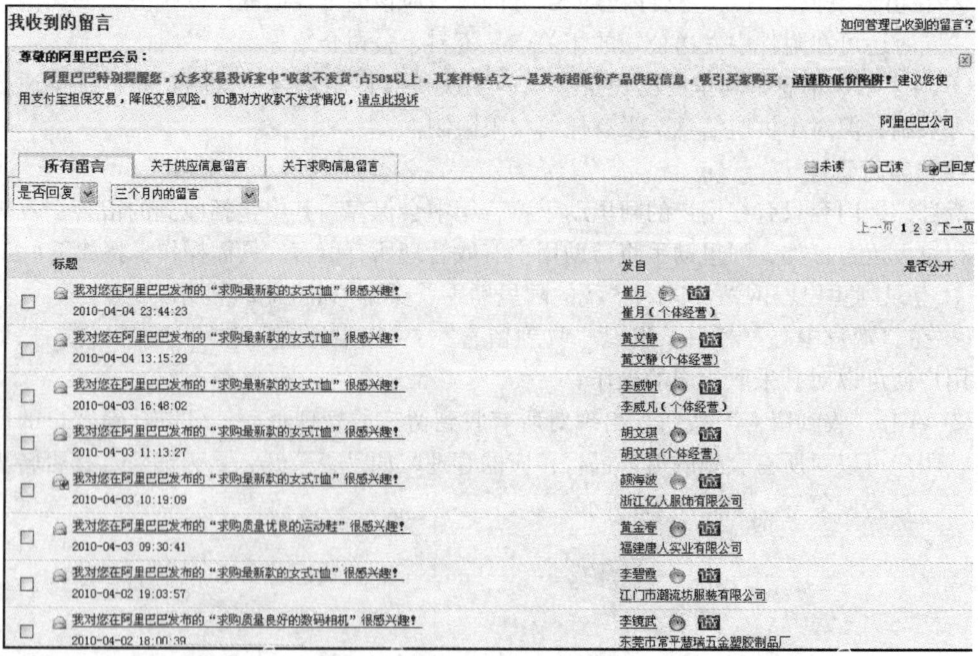

图 4-25　收到留言页面

④ 单击“发出留言”按钮，出现对所有发出留言的管理页面，可以看到所有发出的留言列表。留言列表里状态一栏中会显示留言是“对方已读”或者“对方未读”等

状态，通过这些状态，我们可以了解到发出的留言对方是否已经阅读或回复，如图4-26所示。

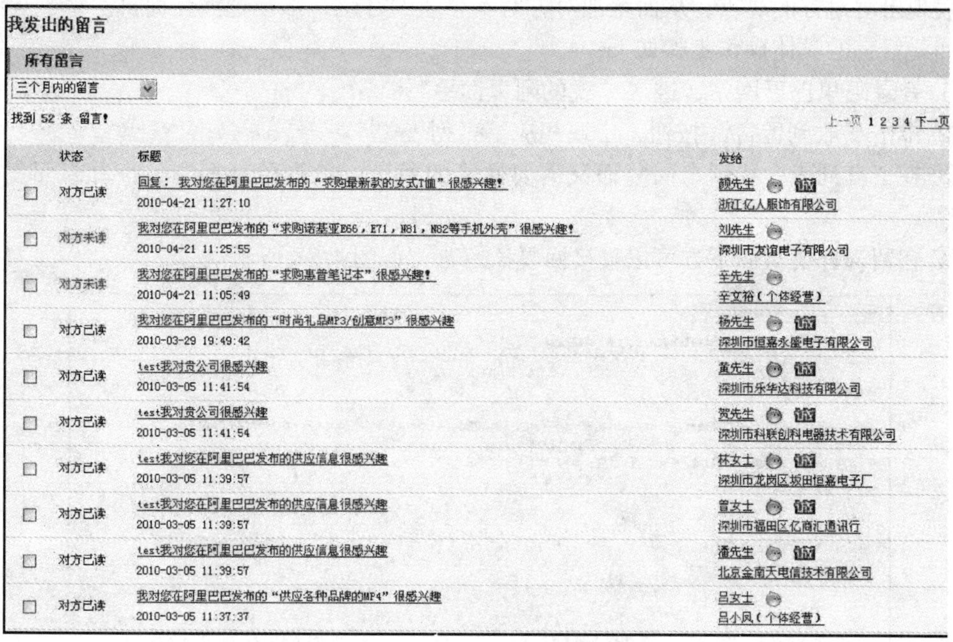

图4-26　发出留言页面

⑤ 被怀疑为用于广告性质的留言，通常称为垃圾留言。系统自动将垃圾留言送入垃圾留言夹中，避免了垃圾留言混入正常留言中造成的混乱。如果用户需要管理这些留言，只要单击“垃圾留言”按钮，便出现对所有被系统认为是垃圾留言的留言列表。用户可以永久删除这些留言或者是将有用的留言转至“我收到的留言”中，如图4-27所示。

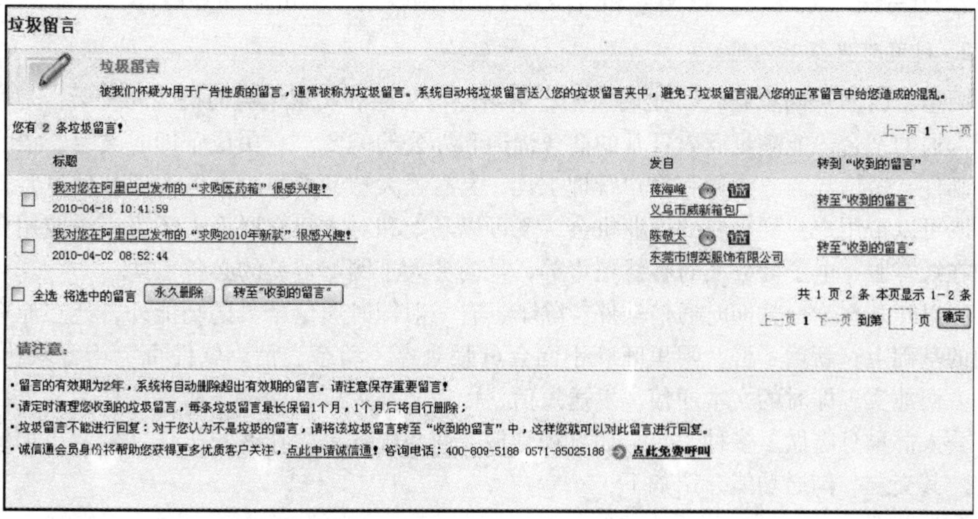

图4-27　垃圾留言页面

(3) 留言的回复

每一条留言都是一个商机，用户应该及时回复所收到的留言，让对方觉得有诚意的同时，表现出对对方的尊重，从而增加对方对本企业的好感，牢牢把握住商机。

回复留言的具体操作步骤如下：

① 登录阿里巴巴网站，进入“我的阿里助手”。

② 单击“收到留言”按钮，出现相应留言列表。

③ 在留言列表中找到未回复而又需要回复的留言，单击留言标题，查看未回复的留言详情。

④ 在留言详情页面下方可以直接回复该留言，如图 4-28 所示。

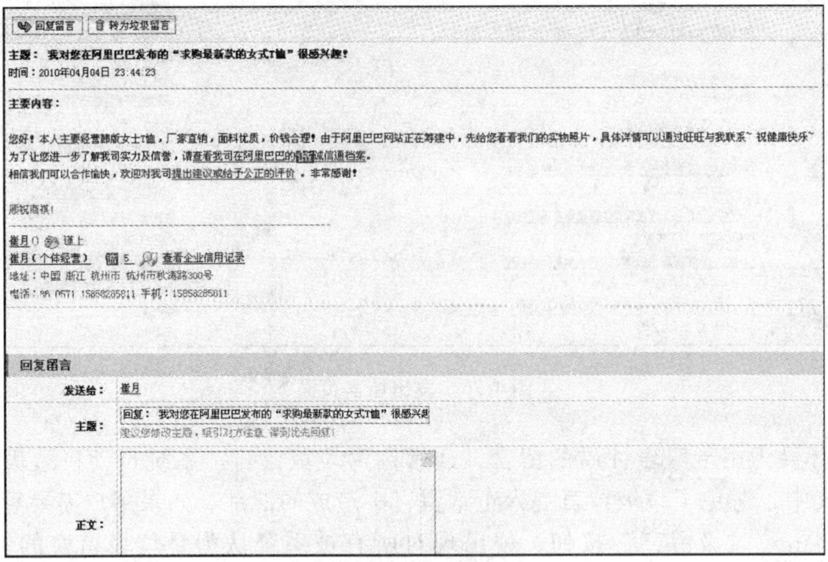

图 4-28 回复留言页面

⑤ 填写完“主题”、“正文”和所需要添加的附件后，单击“回复留言”即可。

2. 利用阿里旺旺沟通

阿里巴巴的“阿里旺旺”是阿里巴巴网站专为买家和卖家沟通而搭建的桥梁，是商人之间沟通的平台，能满足商人日常的商务沟通和办公的需要。它集成了即时文字、语音视频、邮件、短信等商务沟通和客户管理工具，具有强大却又方便的商务沟通和信息管理功能，既可以帮用户找到需要的商业机会，又可以马上和对方建立联系，还可广泛应用于网站的在线客服、电子商务实时在线销售等，是商务人士网上贸易的必备工具。

阿里旺旺作为一款即时通信软件，除了具有一般即时通信工具的功能外，还在原有贸易通的基础上，新增了群、阿里旺旺不同会员版兼容、动态表情，软件百宝箱等新功能，可以方便地实现即时的文本通信、发送短信、传送文件、软件便捷下载等操作。此外，还为办公人群量身定做了多种工具，如日程管理、商务服务等，让客户工作、生活更加便捷从容。其交友、沟通功能介绍如下：

(1) 方便寻找、添加联系人

为了方便用户快速、及时地寻找到感兴趣的人交朋友、谈买卖，阿里旺旺提供了搜索功能，用户可以根据卖家、买家、产品、公司来查找。然后将好友分组，如按买家、卖家分组，或者按销售产品的类别和采购产品类别分组，以便对不同商业目的的商友进行管理。添加联系人并分组的具体操作步骤如下：

① 按关键词查找

如果用户想找感兴趣的产品商家并添加，可以输入产品关键词，如：混纺面料等。此外，用户还可以查找有相同爱好的朋友，如：高尔夫、旅游等。每个人都可设置并修改自己的关键词，便于他人找到自己，如图 4-29 所示。

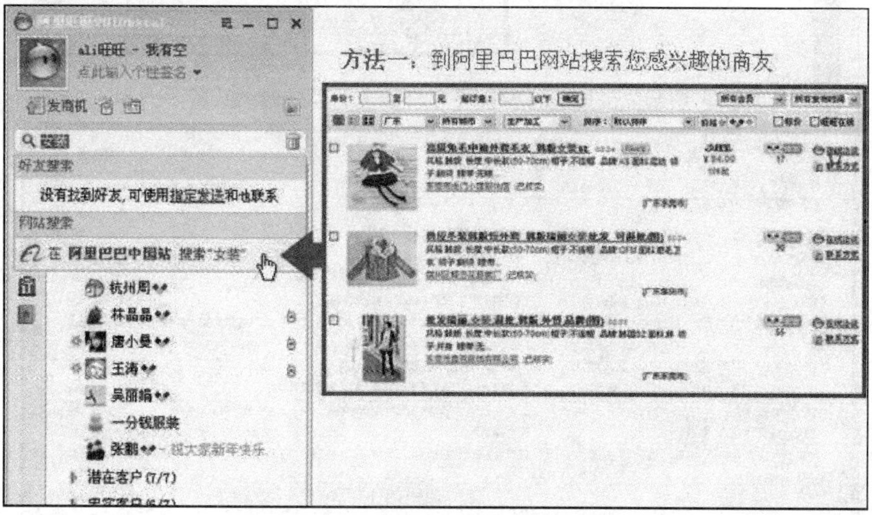

图 4-29 通过关键词添加商友页面

② 按会员登录名查找

如果用户想添加某人为好友，并已知道对方的登录名，只要直接输入查找即可，如图 4-30 所示。

③ 系统会根据用户每天的操作为其添加若干好友，如图 4-31 所示。

（2）轻松管理商业好友——商友分组

① 多级任意分组，让用户的好友管理更加一目了然，如图 4-32 所示。

② 设置重要性，将用户的重要客户或好友排到该组最前面，如图 4-33 所示。

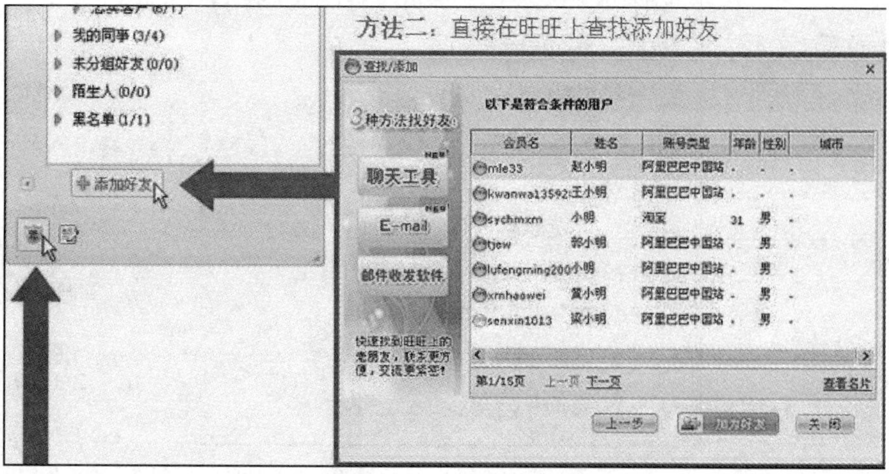

图 4-30 通过会员登录名添加商友页面

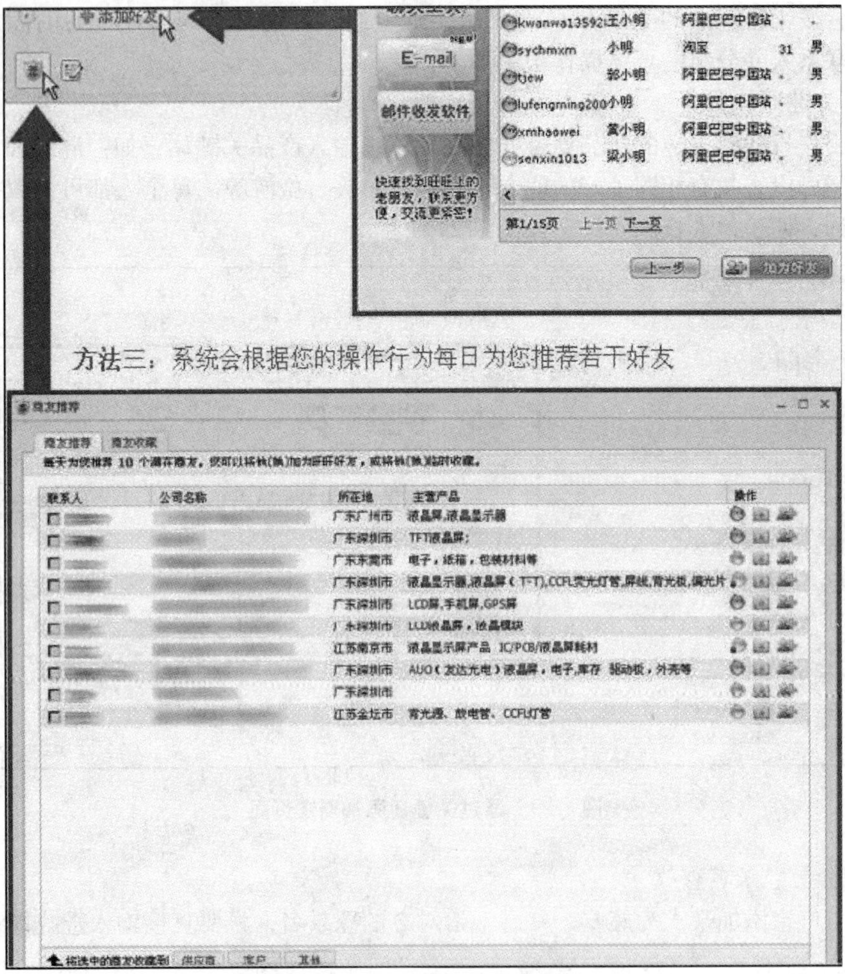

图 4-31 系统推荐好友页面

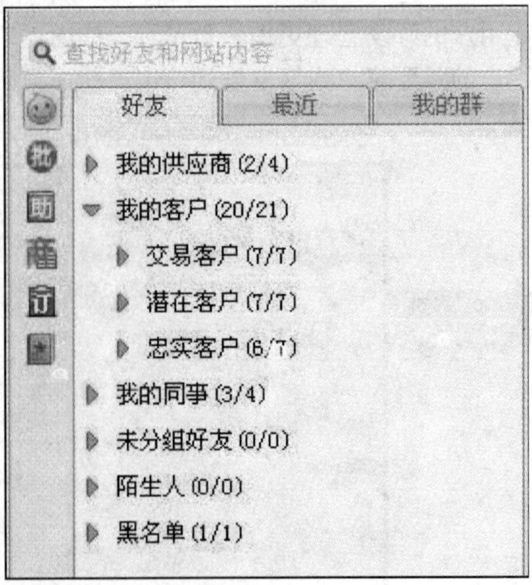

图 4-32 阿里旺旺好友分组页面

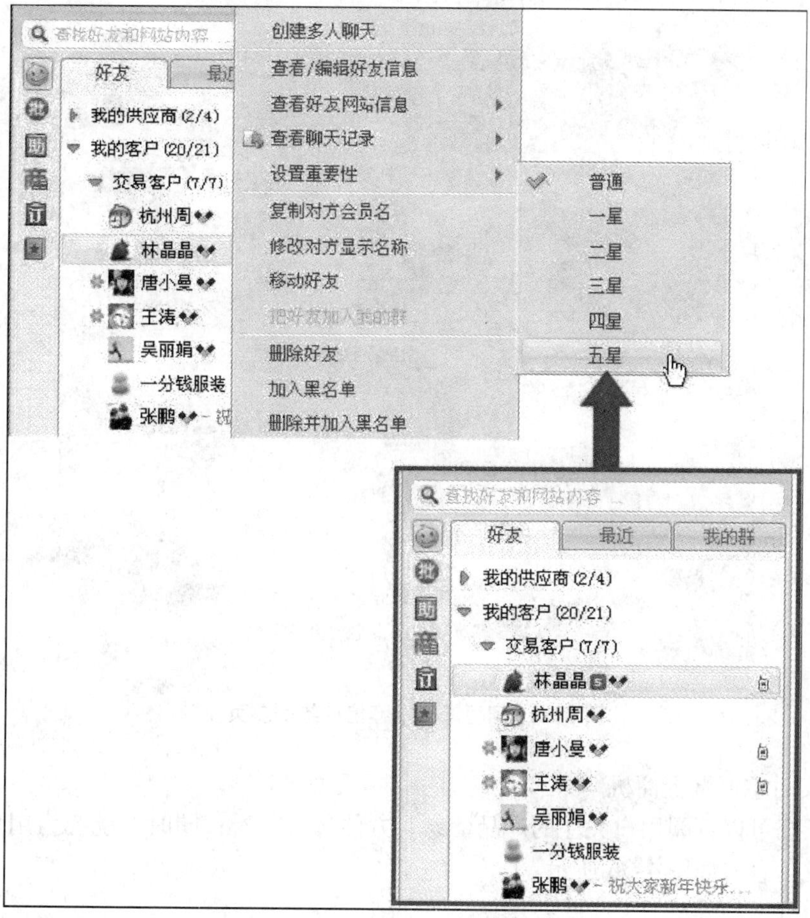

图 4-33　阿里旺旺好友重要性设置页面

（3）沟通中，快速发布商机、推荐产品

① 阿里旺旺可将用户的产品信息方便快捷地发布上网，如图 4-34 所示。

② 在和好友聊天时，可以将已经发布上网的信息推荐给好友，如图 4-35 所示。

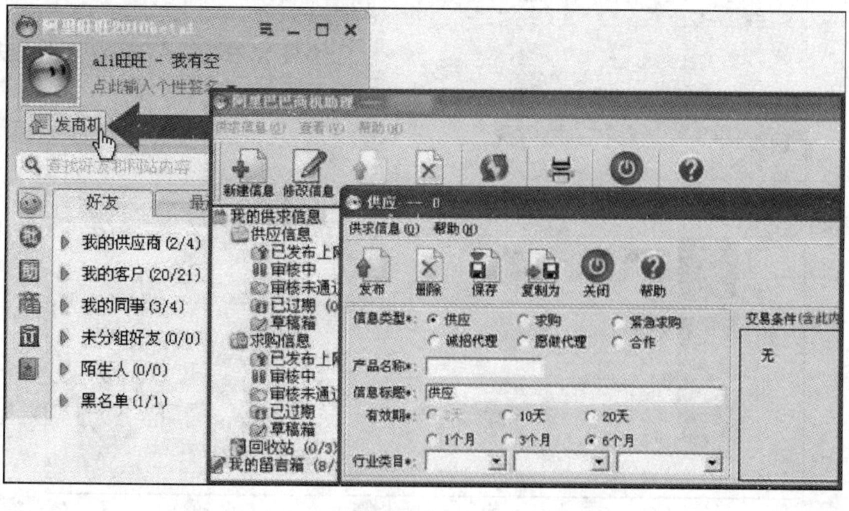

图 4-34　用阿里旺旺发布产品信息页面

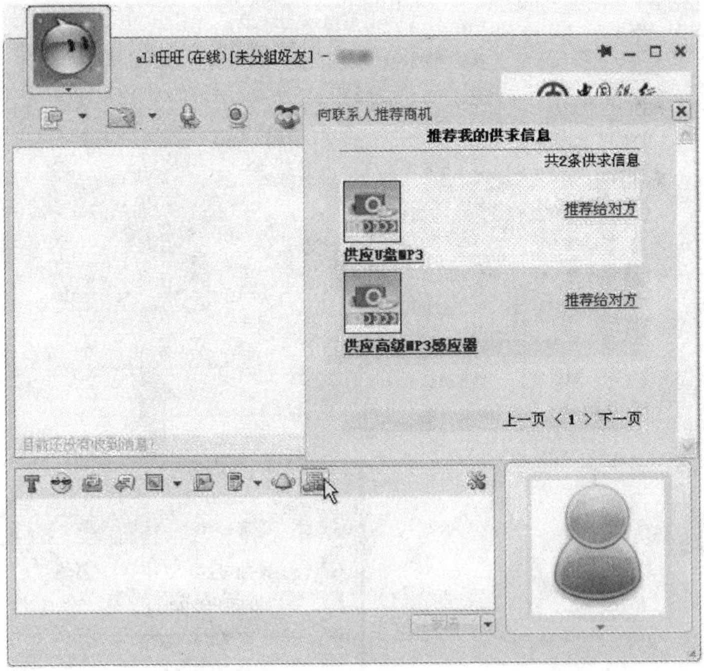

图 4-35 阿里旺旺推荐信息给好友页面

(4) 实时掌握网上商机

阿里旺旺可以订阅用户关注的产品信息，方便每天查看；同时系统会为用户匹配优质的采购批发信息，如图 4-36 所示。

图 4-36 阿里旺旺查看信息页面

（5）交易过程即时提醒

阿里旺旺作为商家的帮手，与其他优秀的即时通信工具一样，会显示客户的反馈信息，便于用户及时处理。当用户收到留言评价时，阿里旺旺会及时提醒，在出现提示信息时，单击该提示信息，系统将会引导用户进入系统查看反馈信息。

不管用户的阿里旺旺是否在线，所有收到的反馈，阿里旺旺都将即时给予提示。这些反馈包括留言（页面留言和店铺留言）、评价（交易对方对商户的评价）、成交（宝贝买入和卖出的相关信息）和投诉（所收到的投诉举报）等。

用户可以在阿里旺旺上方便地管理每笔网上交易，如图 4-37 所示。

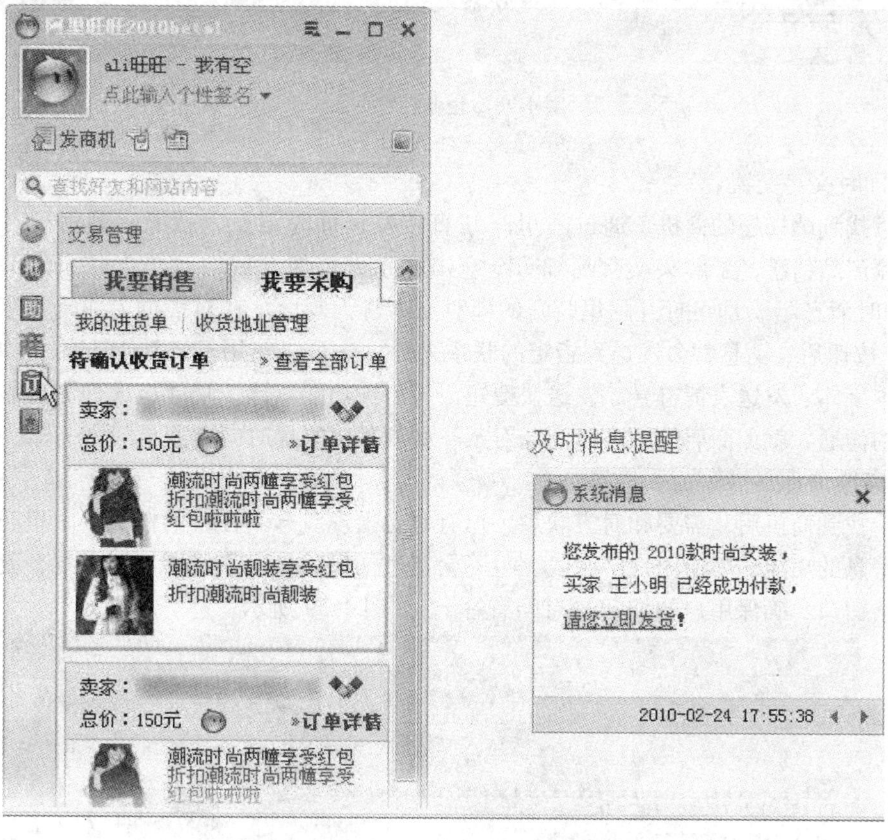

图 4-37　阿里旺旺及时信息提醒页面

（6）企业网站在线客服

阿里巴巴的企业网站和产品信息中都会显示用户的阿里旺旺状态，在线时间越长联系您的人越多，如图 4-38 所示。

（7）网上沟通，更自由更通畅

阿里旺旺可以帮助用户与阿里巴巴网站的商户建立紧密的联系，实时接受客户的询价或报价信息。没有阿里旺旺的网上交易，用户只能通过 E-mail 和页面留言联系对方。有了阿里旺旺，信息发布者可以收到邮件即时提醒，接受询盘，还可以用短信随时随地接收客户的询价/报价，不用电话和传真，即可实现商务沟通，极大地节省了交易费用。

图 4-38　企业在线页面

① 即时文字交流

一旦找到感兴趣的商机，通过阿里旺旺直接发送即时消息，就能立刻得到对方的回答，交流产品信息，了解买卖交易细节。双击联系人头像（或右键单击联系人头像选择“发送即时消息”），即可打开阿里旺旺的即时文本聊天画面。在对话框内输入文字，单击“发送”按钮后，消息就会发送到指定的联系人处。还可以使用输入框上方的各种功能来设置文本字体、发送表情符号、发送快捷短语等特殊功能。这一功能极大地方便了网上买卖双方的沟通，就如商店的顾客逛商场对某一种商品感兴趣时向营业员问询一样。

② 离线消息

用户找到商机后，需要和对方联系，但有时会出现对方不在线的情况。阿里旺旺提供了离线消息的功能，即使用户不在线，也不会错过任何消息，只要用户一上线，就会自动弹出对话窗口，确保用户的询问“有问有答”，如图 4-39 所示。

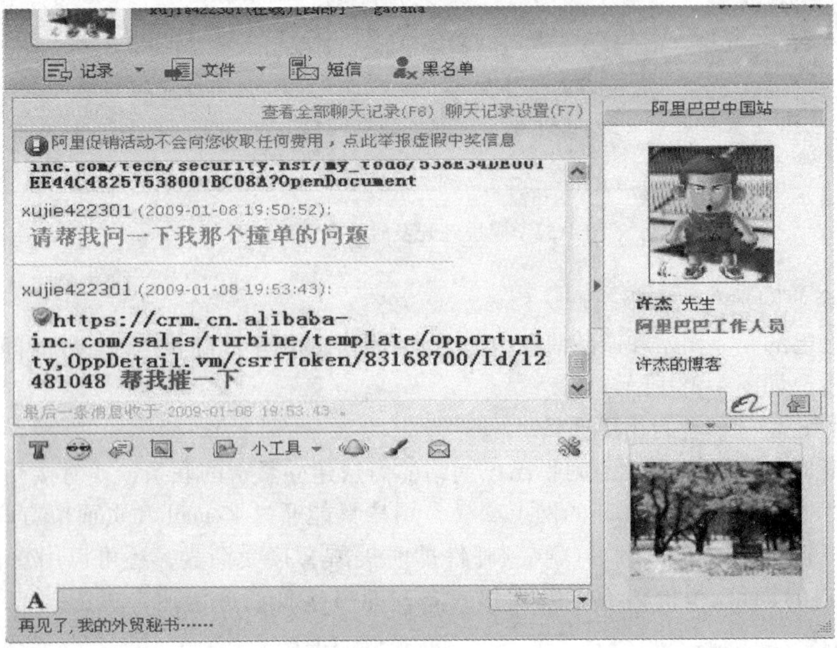

图 4-39　离线消息页面

③ 自动回复

当用户离开计算机较长时间时，只要启动“自动回复”功能，就可以自动回复对方的询问，回复的内容需要用户预先设定。

（8）酷炫表情，动态传情达意

阿里旺旺提供了 99 个超大超可爱的动态表情，更贴切地表达心情，同时拉近彼此的距离，用户可随心选用，让谈生意变得更亲切，更容易，如图 4-40 所示。

（9）阿里旺旺群，朋友聚集的私人会所

多方商务沟通是阿里旺旺为用户精心定制的一项功能。阿里旺旺提供的群功能，就像是朋友聚集的私人会所，是一个多人交流空间。群中的成员有着相同的志趣，便于用户在互相交流生活、工作经验的同时扩大用户的关系圈，如图 4-41 所示。

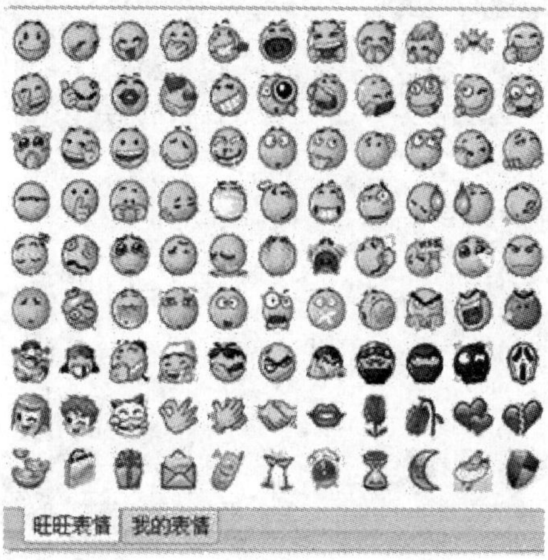

图 4-40　酷炫表情，动态传情达意

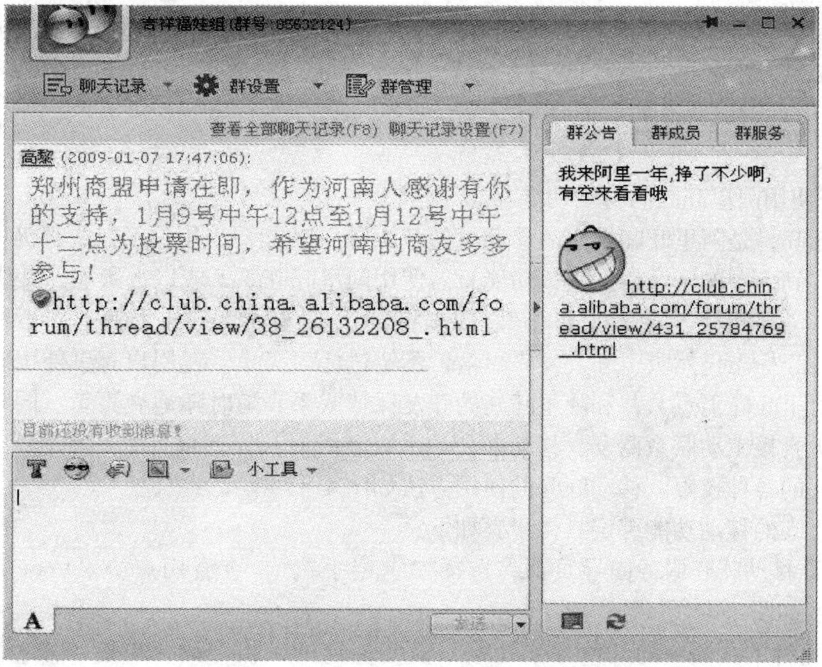

图 4-41　阿里旺旺群

如果是卖家，通过阿里旺旺群，用户可以建立自己的店铺群，通过群公告及时推广最新宝贝等信息。如果是买家，倘若用户加入了卖家群，可以迅速获得感兴趣的宝贝信息。如果加入了买家群，可以向群里的其他朋友取经，了解到更多好的店铺，买到物美价廉的宝贝。同时还可以和群里的朋友一起发起团购。

（10）超大文件，传输既快又省

用户利用阿里旺旺的“发送文件”功能，可以将产品图片、报价表和合同等直接从自己的计算机传送给对方。阿里旺旺支持超大容量文件的传输，速度快而且安全，如图4-42所示。运用清晰的图片和产品说明能够快速地解决客户的疑问。

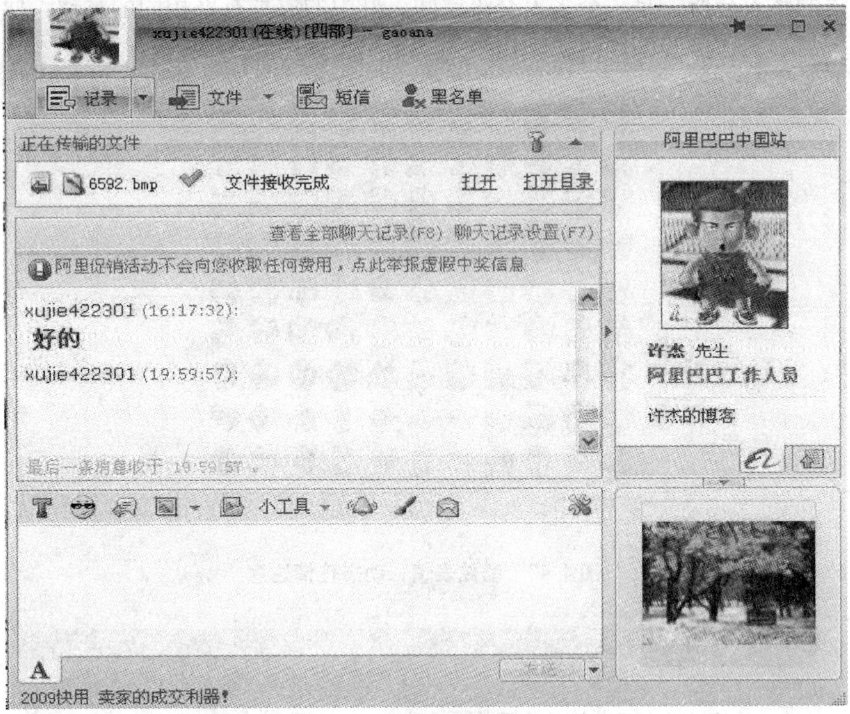

图4-42 文件传输

（11）使用阿里旺旺的移动功能

移动旺旺，是阿里旺旺推出的移动“短信服务”功能，当用户不在线时仍可以通过短信的形式收到商友的联系信息。该功能只需使用阿里旺旺5.5或以上版本，并绑定手机即可。开通移动旺旺后，用户的阿里旺旺标志将24小时显示在线。即使本人不在线，但在线的阿里旺旺标志仍然吸引旺友发来短信，不错过任何买卖。在用户有事外出时，可以用手机接收阿里旺旺消息，并和阿里旺旺的旺友保持联系，随时随地做买卖。同时，用户还可以用手机直接主动联系商友，移动办公。手机在线时长，还可计入“活跃度”，增加使用移动旺旺的各种权限。移动旺旺的使用方法如图4-43所示。

阿里旺旺的移动功能绑定具体步骤如下：

① 打开移动旺旺服务向导页面，选择“绑定手机”，查看用户协议后，单击“下一步”按钮，如图4-44所示。

② 在打开的页面中的红色方框处输入需要绑定的手机号码，单击“下一步”按钮，如图4-45所示。

如何使用移动旺旺?

	具体介绍	发送方	接收方
通过旺旺发送短信	您可以直接用阿里旺旺发送短信到对方手机	是否必须绑定:是 资费: 发送成功即支付0.1元/条	是否必须绑定:否 资费: 接收免费,回复0.1元/条
离线消息转手机	您离线时，可通过手机自动接收旺旺发给您的消息(此业务可自行选择)	是否必须绑定:否 资费:免费	是否必须绑定:是 资费: 成功接收及回复各支付0.1元/条
备注	无包月费用,采取预付费的方式：可通过支付宝充值，充值月累计20元以上，可寄送发票。		

图 4-43　移动旺旺使用说明

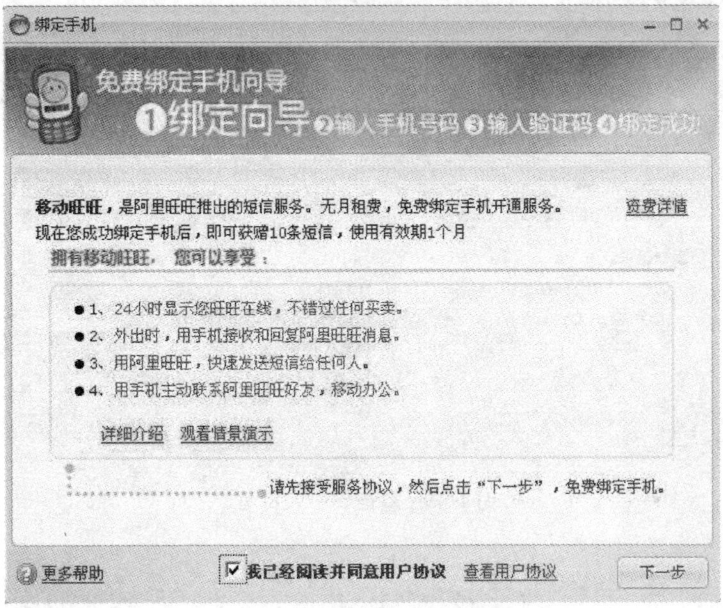

图 4-44　移动旺旺服务向导

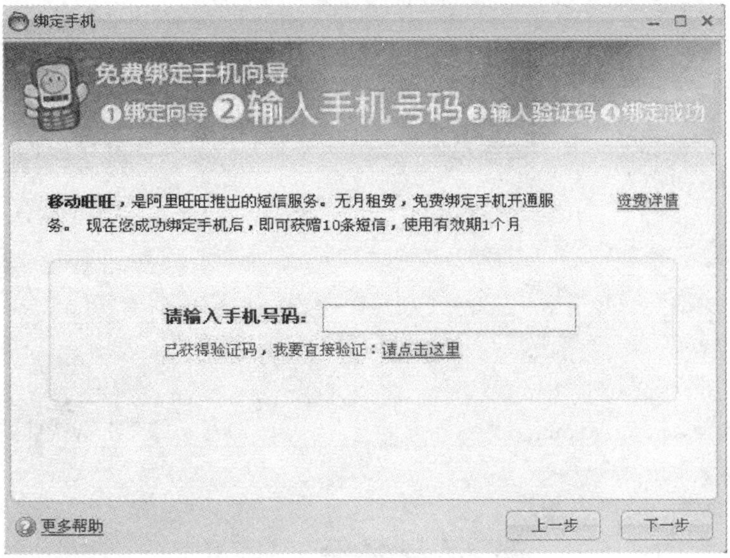

图 4-45　绑定手机页面

③ 程序会向需绑定的手机发送验证码，如该手机5分钟内仍未收到验证码，则可以单击“重新发送”按钮重新获得。收到验证码后，在图4-46中的方框处输入手机上显示的验证码后，完成手机绑定。

④ 如果要找的联系人阿里旺旺不在线，并且对方已经绑定过手机，则在聊天框里会出现“您可以点此给其发送短信”的链接，如图4-47中对话框显示。单击“发送短信”就可以打开短信输入界面。注意：通过阿里旺旺发送的短信仍然有每条70字的限制，且短信费用按照营运商的定价收取。

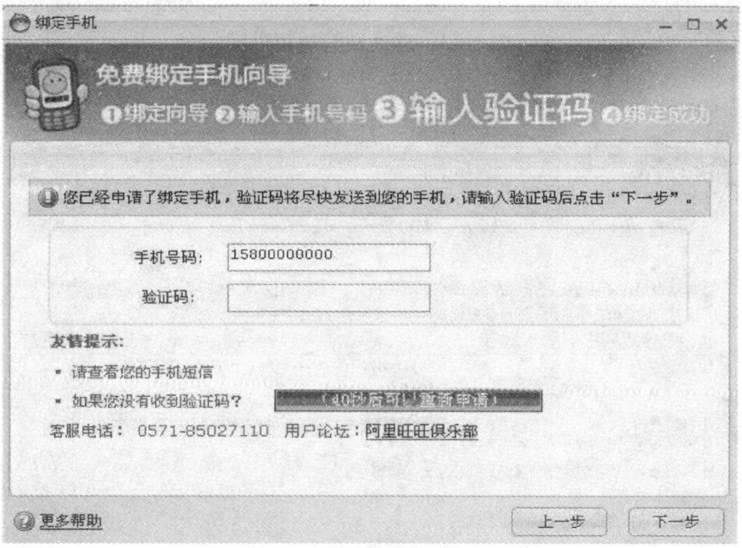

图4-46 验证码输入页面

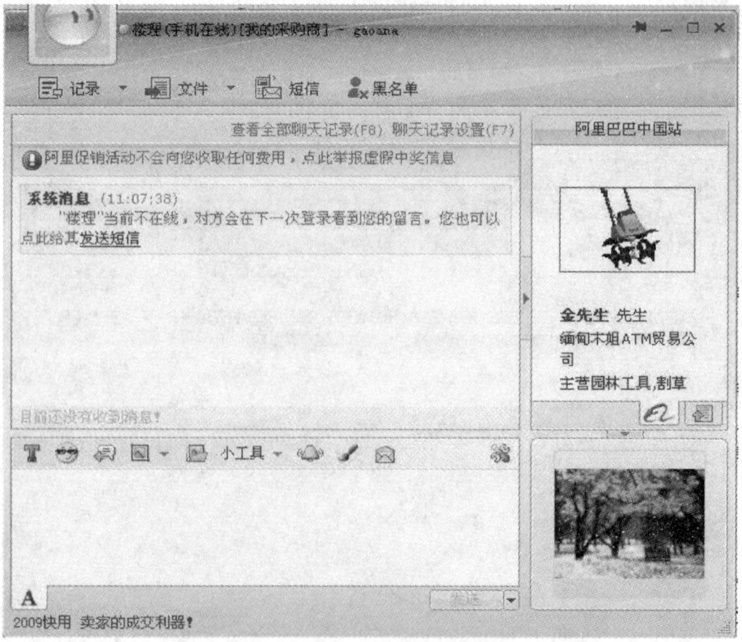

图4-47 在阿里旺旺中发送短信

（12）学会使用旺遍天下功能

登录阿里旺旺服务网址 http://www.taobao.com/wangwang，选择卖家工具，可以看到旺遍天下的首页，如图 4-48 所示。

用户只要拥有阿里巴巴或者淘宝的注册账号，就可以根据以下步骤实现旺遍天下功能：

① 选择在线状态图片风格、填写文字提示信息、生成代码、复制代码，如图 4-49 所示。

图 4-48 阿里旺旺-旺遍天下首页

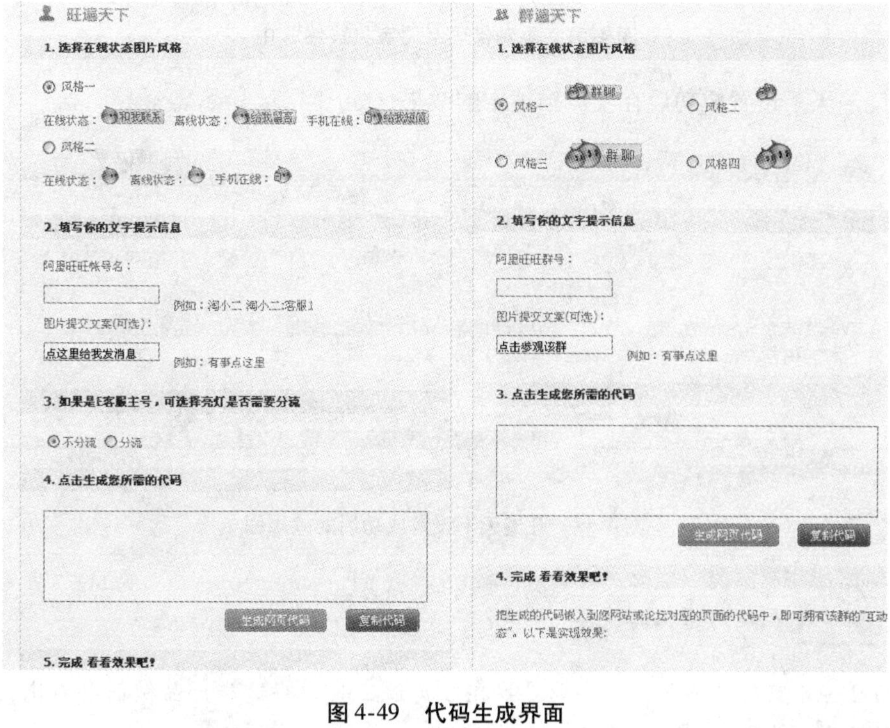

图 4-49 代码生成界面

② 完成选择在线图片状态风格、填写文字提示信息、生成代码、复制代码后进入到出售的宝贝中点“编辑”后将复制的代码输入到宝贝描述中的“编辑源文件”中，单击宝贝描述设置中的“编辑源代码”，如图 4-50 所示。

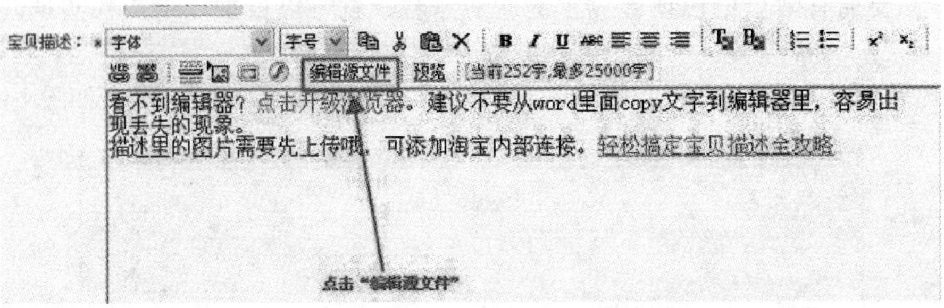

图 4-50 “宝贝描述”界面

③ 单击“编辑源文件”在跳出的宝贝描述框中输入复制过来的代码，单击确认，如图 4-51 所示。

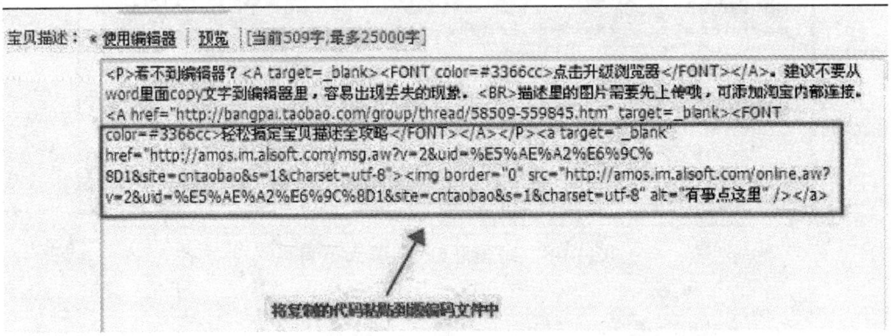

图 4-51 复制代码至“宝贝描述”中

④ 旺遍天下设置成功后在宝贝描述中的效果，如图 4-52 所示。

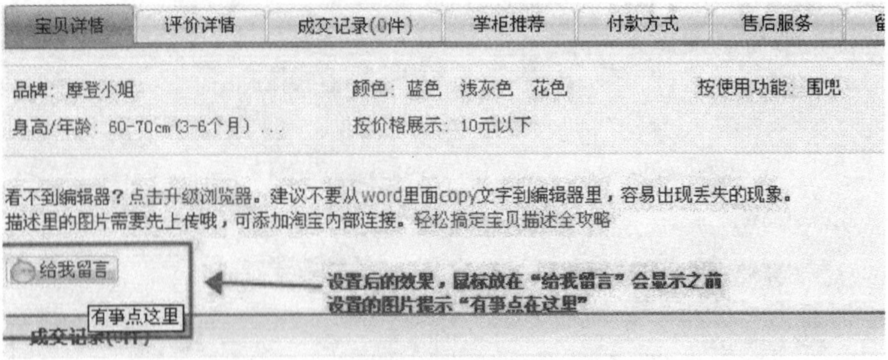

图 4-52 旺遍天下设置成功后的效果图

技能训练4-7 在线沟通工具收集

寻找 2～4 家软件公司，为企业寻找在线沟通工具，将这类产品做简要对比，建立如表 4-7 所示的表格。

表4-7 在线沟通工具

软件公司名称	在线沟通产品功能	产品价格

技能训练4-8 *运用QQ进行在线沟通*

腾讯拥有亿级的海量用户、领先科技和丰富的互联网应用。QQ是全民“最流行”的即时通信工具，它快捷、顺畅的沟通能力和从商务细节出发的信息管理、统筹功能，正成为各行业网络营销的工具。实际上，腾讯自成立以来就致力于“沟通”，并在此基础上搭建了“一站式在线生活平台”。腾讯在2001年就开始推出企业应用产品，用于企业内部沟通的腾讯通已经在国家机关、大中型企业中得到广泛应用。随着互联网的日益普及和国家大力推进信息化、工业化融合，腾讯又发布了“企业QQ”产品，将企业熟悉的营销推广手段以及传统呼叫中心通过技术创新延展到互联网。请同学认真体验QQ的沟通模式，并由此完成一份总结报告。

【阅读材料】

个人网店客户关系要如何管理①

1. 建立属于自己的客户数据库

当一个客户与你完成了交易，他给你留下了什么？电话还是地址？重要的是你要留下他的邮箱（支付宝账号）和他的生日。对于营销，一些卖家都有自己的方法，比如发货时会在货物里夹一张名片。

所以个人网店店主要做的工作是尽可能多地收集买家的个人信息和喜好，特别是电子邮件或QQ，因为这是零成本与老客户联系沟通的方式，并且按不同的客户类别进行分类建立一张客户资料表，以便提交到数据库当中。

2. 利用客户数据库与客户建立朋友般密切的关系

最成功的营销就是与顾客成为朋友。例如营销学里的“情感式营销”，人是感性动物，顾客就是上帝，哪怕不是，也要把他当上帝看，准没错。但是怎么与顾客建立这层关系，总不能一个个电话打吧，更不能一个个用QQ聊，生意总是让人忙得不可开交，哪有时间。因此，群发邮件是个不错的选择。

3. 在客户管理系统中增加一个邮件群发的辅助工具

（1）针对不同顾客准备不同内容的邮件模板

比如客户生日或重要节日时，可以给最近所有要过生日的顾客发去一个慰问的电邮，里面附上一些特意为他挑选的打折生日或节日礼物等促销信息。

当店铺有新款时，可以给所有的顾客群发一个温馨提示，告诉他（她）出新款啦。当然应该尽量多提起有关顾客的事情来，让他觉得你还记得并且很重视他。

---

① 引自：http://www.alibado.com/exp/detail-w766861-e170997-p1.htm。

(2) 安装邮件搜索工具

邮件搜索工具的特点是可以搜索指定网站的 E-mail 地址，并且可以设定搜索的深度。那么要做的就是了解以下问题。

① 客户经常在哪个网站出没。

② 客户求购你的产品时会用哪个关键词。例如中药饮片行业，客户对象是医院、医药公司，客户就会在百度里输入“医院邮箱”或“医院 E-mail”等。这样在百度所有含以上的关键词的页面都会显示出来，那么这些邮件是不是大多数都是你的客户邮件呢？这时只要把 IE 地址栏里的地址复制到搜索工具的“网址”一栏里，软件就会自动搜集你想要找的邮件地址。

项目五　第三方平台营销

项目背景

目前，大多数企业都建有自己的网站，通过网站来营销，它是企业在互联网上的经营地点，正如现实中企业要选择合适的地点去经营。作为贸易型企业，在现实中最好的选择就是落户大型的商城批发市场，因为那里集中了大量的同类贸易型企业，可以聚集人气，同时配套设施和配套服务更具有针对性，可以为企业带来更多的商机。而第三方平台就是互联网中的“贸易商城”。

第三方平台由专业的网络公司开发并运行，能满足不同类型的贸易企业的需求，为企业提供发布贸易信息的技术支持，提供相应的技术保障和管理，还能为企业提供相应的宣传推广服务。这些第三方平台允许企业免费注册，为其提供基本信息发布服务；如选择付费服务则能获得更大的企业网站空间、优先的商业信息位置和更完善的管理服务。因而，对于企业，尤其是中小企业，通过第三方平台来营销不仅能够降低经营成本、提高效率，而且还能带来前所未有的商机。

“宁月”集团是一家生产经营扬声器设备的厂家。该厂家生产的产品在长三角地区拥有较广的客户群，随着网络时代的到来，集团准备发展网络市场，从而开拓更为广泛的用户市场。并且，该公司已经建有企业网站，可通过网站来进行营销。然而，要想让更多的企业了解并熟悉公司的产品、扩大其销售范围，获得更多的商机，仅仅依赖企业网站还不够，而须借助第三方平台的营销使其获得更好的营销效果。“宁月”企业网站首页如图 5-1 所示。

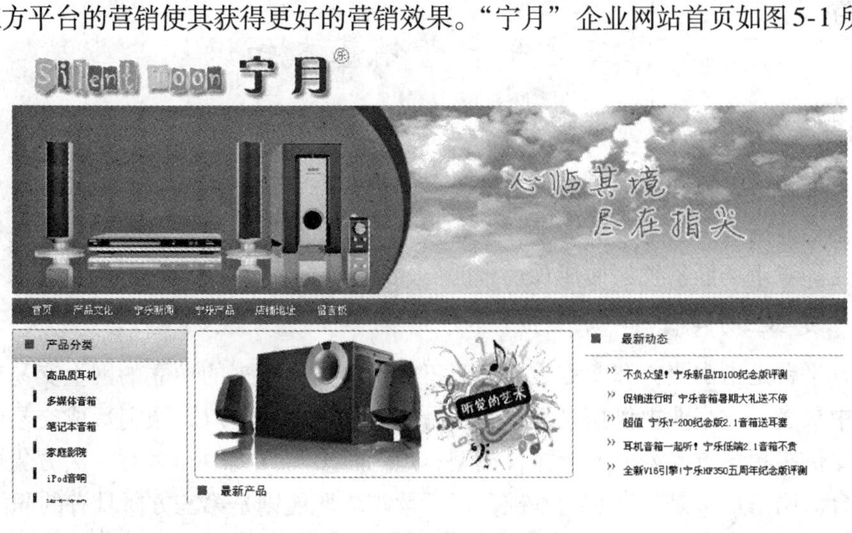

图 5-1 “宁月”企业网站

项目内容

本项目主要包括基本知识模块和一个典型工作任务（第三方平台的营销），而该任务由企业国内网络贸易和企业国外网络贸易两个子任务组成，最后通过五个技能训练，使学生更好地掌握第三方平台营销的基础知识、基本操作技能。第三方平台营销主要内容如表5-1所示。

表5-1 第三方平台营销的主要内容

<table>
<tr><th>类　别</th><th colspan="2">子类别</th><th>导入案例</th><th>技能训练</th></tr>
<tr><td rowspan="2">项目知识</td><td colspan="2">对第三方平台的认识</td><td rowspan="2">川一润滑油苏州有限公司在第三方平台的营销</td><td rowspan="2">第三方网络平台的选择</td></tr>
<tr><td colspan="2">第三方平台的选择</td></tr>
<tr><td rowspan="3">项目任务 第三方平台营销</td><td rowspan="2">第三方B2B平台营销</td><td>企业国内网络贸易</td><td>川一润滑油苏州有限公司在第三方平台的营销</td><td>在第三方平台发布供应信息
第三方平台推广方法</td></tr>
<tr><td>企业国外网络贸易</td><td>伊万绣（南通）民俗老土布手工艺品创作中心在第三方平台“中国制造网”营销</td><td>编制“宁月”产品在第三方平台——阿里巴巴国际站的营销方案</td></tr>
<tr><td>第三方C2C平台营销</td><td>网上店铺的开设
网上店铺的经营
外贸网店的开设等</td><td>淘宝网店铺经营</td><td>熟悉C2C商业模式</td></tr>
<tr><td colspan="3">项目小结</td><td colspan="2">阅读：巧用第三方平台赚大钱</td></tr>
</table>

项目知识

第三方平台营销基本知识

一、对第三方平台的认识

为了适应经济发展和信息发展的需求，各国都着力“支持中小企业电子商务应用，扶持服务中小企业的第三方电子商务平台的建设”。第三方平台是实现市场一体化机制的渠道机构，是随着市场经济发展而成长起来的。

1. 什么是第三方平台

第三方平台是指由买方和卖方之外的第三方投资建立起来的中立的网上交易市场，为交易活动中买卖双方企业提供信息发布、贸易磋商服务，帮助双方顺利达成交易的网络服务平台，提供买卖多方参与的竞价撮合模型，是一对多卖方集中和多对一买方集中的交易模型的综合。网络环境是其存在的基础，而所承担的职能则是第三方所具有的职能。

（1）通过第三方平台，提供买卖双方的信息是其最基本的功能。买卖双方只要注册就可以在网上发布自己的采购信息、出售信息（文字、图片）。

（2）通过第三方平台，提供附加增值服务。为企业提供相关经营信息，如行业信息、市场动态等。为买卖双方提供网上交易沟通渠道，如网上谈判室、电子邮件等。

（3）通过第三方平台，提高效益、降低交易成本。交易费用主要包括当事人相互搜索的信息费用、收集与传递有关交易条款的费用、起草合同、履行合同的费用等。第三方平台使得商品买卖双方不必去现场交易，不必单独为自己的产品找到需要加入的市场，只需找到与自己最接近的市场中介，寻找这种市场中介的交易费用相对要小得多。

（4）提供与交易配套的服务。除了提供网上签订合同、网上支付服务等服务外，还可以提供交易配套服务，如帮助客户申请报关、联系认证等贸易服务。

（5）提供客户管理功能服务。为企业提供网上交易管理，如企业的合同、交易记录、企业的客户资料等信息的托管服务。

（6）防止市场中的机会主义行为。第三方平台在确保市场交易完成方面有较高的激励，并确保交易中的双方实践其交易谈判的结果，第三方在处理交易的过程中以一种较为有利的位置来防止机会行为的发生。

2. 第三方平台的分类

从不同的角度可将第三方电子商务平台进行不同的分类。

（1）从第三方平台的参与对象来看，可将其分为第三方 B2B 平台、第三方网络零售（B2C、C2C）平台。第三方 B2B 平台是利用 B2B 交易平台，发布供求商品或服务信息，或者利用平台上的交易工具完成询价、洽谈、签约、交易、支付、配送和收货服务等业务；第三方网络零售平台向商家提供网上商铺、交易支持等服务，并吸引消费者进行平台购物，从中收取费用。

（2）从平台所涵盖的行业范围角度，分为第三方综合交易平台，第三方行业交易平台。在综合交易平台上涵盖了不同行业领域的买家、卖家，类似传统的综合集贸市场，如阿里巴巴平台汇集了 60 多个不同的行业；而行业交易平台中只汇集特定行业的上、中、下游的买方和卖方，以让各层次的厂商都能够容易地找到供应商或买主。

（3）从平台所覆盖的贸易区域角度，分为第三方国内贸易平台、第三方国际贸易平台。第三方国内贸易平台为企业开展国内贸易提供服务，如阿里巴巴中国站、中国化工网、中国制造网中文站；第三方国际贸易平台为企业开展国际贸易提供服务，如环球资源网、阿里巴巴国际站、中国制造网英文站等。

（4）从平台所提供的服务层次角度，分为第三方信息服务平台、第三方全方位服务平台。第三方信息服务平台提供买卖双方的信息，通过信息服务使买卖双方可以在全球范围内选择对象，但选定对象后不直接在网上交易，另外接触、签订合同。第三方全方位服务平台不仅提供信息服务，而且还提供全面配合交易的服务，如网上结算、物流等。

3. 第三方平台的特点

（1）针对性强、人流量大，交易信息充分

市场的价值在于其中的买卖力量，买卖力量越强大，则市场价值越突出。与其他形式的网络营销如企业网站、搜索引擎相比，通过第三方电子商务平台交易最为突出的特点就是针对性强、人流量大，交易信息充分、营销效果明显。第三方 B2B 电子商务平台，拥有大量已注册有买卖意向会员以及这些会员发布的买卖交易信息，而正是因为这些资源使第三方电子商务平台蕴藏了无限的商机。如，阿里巴巴拥有2400万个注册会员，其中包括1100多万买家，每天拥有5500万个的客户流量等特征，而这些无疑就成为企业更好地在网上宣传企业和推广产品，促成交易的最主要因素。

（2）网络营销成本低

与其他营销活动相比，通过第三方电子商务平台交易最为直接的特点就是成本相对较低。在传统营销活动中：人员促销、营业推广，参加展会、博览会等一次性活动可能要花费企业几十万元；而其他网络营销形式如网站建设、网络广告、搜索引擎营销动辄一年费用就要几万，但利用第三方B2B电子商务平台费用只要千余元，且应用简洁。比如慧聪买卖通会员费用2580元，阿里巴巴中文站诚信通会员年费1688元。

（3）解决了交易双方的身份认证问题，使交易更加安全

网络交易的自有特点是虚拟性，然而恰恰由于这种虚拟性使买卖双方在交易过程中容易产生不信任，网络欺诈、网络犯罪制约了网上交易的开展。而第三方B2B电子商务平台都会对所属会员企业的身份进行认证、对会员所发布的信息进行核实，只有资质具备、信息属实的企业才能通过，这样使得双方在交易的时候消除了一定的安全顾虑，为快速达成交易奠定了坚实的基础。比如要想成为阿里巴巴的诚信通会员就必须通过第三方独立认证机构华夏认证的核实；要想成为慧聪网的买卖通会员必须通过邓白氏、上海杰胜等第三方独立认证机构的核实。

（4）第三方平台极具生态性的附加服务

通过第三方B2B电子商务平台开展网络营销，不但具有成本低、见效快、安全性高的特点，更值得一提的是第三方平台提供的附加服务，包括咨讯服务、博客、论坛、竞价、广告等。这些附加服务的存在不仅有力地扩展了平台的功能性，而且增强了客户的凝聚力，为市场平台聚集了人气，强化了平台原有的市场销售功能，使平台更具生态性。

4. 第三方平台的作用

第三方平台具有为企业进行信息传递、沟通，促进资金流转以及辅助决策的作用。它是构成交易环境的主要因素，为买卖双方提供越来越多可供选择的交易途径，使买卖双方可以因时、因地、因物、因人、因事制定对双方最有利的交易方式。第三方平台在解决信息不对称方面有重要作用。

（1）确保交易双方身份信息的可靠和合法。通过独立于买卖双方具有权威性的第三方CA认证中心发放的数字证书来确认交易者的身份的真实性和唯一性。数字证书具有数字签名功能，保证用户之间在网上传递信息的安全性、真实性、可靠性和不可抵赖性。

（2）通过搜索聚焦第三方来消除信息不对称。搜索引擎通过提供网址、网页、文件搜索及综合服务等，能把无序、无限、缺乏质量控制的网络信息，通过搜集、整理、加工等，转变为优先、有序、高质量的增值信息，满足用户日益复杂化的各类信息需求。

（3）通过匹配买卖双方需求来缓解信息不对称。通过第三方平台促成供求双方达成交易，甚至可以使特定的买卖双方根据双方支付和索取意见进行区域或全球性匹配，使市场效率加大。

二、第三方平台的选择

为了更好地促成交易，选择适合自己产品的第三方平台显得格外重要。要选择第三方

平台首先要搜索第三方平台，搜集第三方平台的评价数据及其他重要数据，在正确评估的基础上选择第三方平台。

通过搜集第三方平台的评价数据，可以考察网站企业会员的注册数量、供求信息数量、客户分布、网站信息真实性评价、从平台论坛和搜索引擎中获取对该平台的评价信息；当然也可以通过其他途径，如 Alexa 排名（最具有权威性）、Page view（综合浏览量）、访问者来路来获得平台的信息，最后在综合考虑企业的需求、资金预算和企业 EM 人员情况的基础上选择适合自己的第三方平台。

具体而言，选择第三方平台要充分考虑以下几个方面：

（1）根据本企业的特色选择适当规模的第三方平台。作为企业与企业的"贸易商城"，要考察该平台的注册用户和访问量。其中，注册用户分为国内用户、国外用户，国内用户一般为供应商，国外用户一般为采购商；访问量则是直接反映采购商光顾网站的数量。

（2）根据自身特点选择有针对性的平台。在选择第三方平台时，除了要考虑网站的规模以外，还需要根据本企业的特色选择有针对性的平台。一般企业会选择综合型的平台，但如果本企业属于专业性强的特殊行业，则可选择一些行业平台，如化工行业、医药行业等。

（3）考察平台自身的推广情况。通过平台的推广，让更多的供应商和采购商了解，并吸引其参与。主要的推广方式如：通过国内外的知名展会；搜索引擎的推广，考察搜索引擎的排名；传统广告的投放；对外合作情况，与商会、协会、商业机构的合作等。

（4）完善的配套服务。首先需要提供认证服务，在第三方平台上建立业务联系需要建立在信任的基础上，而由权威的认证机构提供认证服务将有助于交易的进行；另外，为用户提供相关的培训，帮助用户更好地使用平台，并促成交易的达成。

（5）价格在允许的范围内。目前主流的第三方电子商务平台的服务费用，从几千到几十万不等，其费用包括独立的企业展厅，优先的排名，认证的费用等。

技能训练5-1　*第三方网络平台的选择*

请以前几个案例中涉及的"宁月"集团为例，为该公司寻找 3 家适合该公司建设网上商铺的第三方电子商务平台。

三、第三方平台营销的典型案例（川一润滑油有限公司通过阿里巴巴平台的营销）

川一润滑油有限公司苏州分公司，是一家销售润滑油、脂和各种金属加工油的民营企业。公司成立于 1994 年，拥有精良的生产设备和先进的检测设备，严格实施 ISO9000 国际品质体系，对生产过程进行良好的管理，并注入 SGS 意识，关注环境保护。自进入市场以来收到了来自全国各地企业的订单，业绩良好。但 2000 年以来行业竞争日益激烈，壳牌、统一润滑油占领全国润滑油半壁江山，川一润滑油市场销售受到前所未有的挑战和威胁，但公司又无力投入大手笔的电视、杂志等媒体广告。为促进销售、增强生存能力，公司决定投身于网络渠道，通过网络营销来增加销售量。

公司于 2003 建立企业网站并投入使用，但网站运营几年来没有收到明显的收效。正当企业老总对网络营销失去信心的时候，公司业务员小吕向老板推荐了第三方 B2B 平台，公司在阿里巴巴平台上建立了网站（如图 5-2 所示），并成为"诚信通"会员，将本企业所生产的产品上传至阿里巴巴企业网站上，希望能够通过第三方交易平台能够带动产品销量、扩大市场占有率。

图 5-2 川一润滑油在阿里巴巴平台上建的网站

项目任务

任务一 第三方 B2B 平台营销

子任务一 企业国内网络贸易

【任务导入】

企业负责人决定让业务员小吕实施阿里巴巴的平台操作，这对于刚刚毕业的大学生而言是一个难得的机会，所以小吕迅速着手对国内第三方平台的学习，并创建了川一公司在阿里巴巴的平台，然而，对于小吕而言，还有很多问题需要解决……

【任务分析】

成功的第三方电子商务平台必定拥有超强的人气、密集的商务信息，聚集大量的目标客户和网络消费者，是企业拓展网络市场不能忽视的重要营销阵地。川一公司的电子商务战略转移到底能不能成功，需要从多个方面分析：

（1）业务员提出的阿里巴巴平台是否适合川一公司？有没有其他第三方平台适合该公司？

（2）第三方平台到底有哪些特别之处，如何使用这个平台才可以为企业带来效益呢？

【任务实施】

通过第三方电子商务平台开展网络营销，包括买卖双方供求信息的发布、公司信息发布、商城建设以及最主要的买卖流程。现在国内大多数第三方 B2B 电子商务平台的功能都差不多，所以我们就仅仅围绕任务，以阿里巴巴的内贸平台为例，实施任务。

（一）注册第三方电子商务平台

选择好合适的第三方电子商务平台后，就可在该平台进行企业注册并获取账号。值得注意的是，有的平台是免费的，而有的平台则需要付费。企业注册后就需要装饰企业的商铺。一般来说，第三方电子商务平台主要可提供以下几方面的功能让企业在网络世界中展示自己。

（1）基本信息：企业的公司介绍、经营活动、公司历史、联系方式等。

（2）品牌展示：上传展示企业品牌的图片，如厂房、公关活动图片等，同时还可以发布企业内部信息和外部对企业的新闻报道。

（3）实力展示：主要提供各种证书的展示，如质量认证、免检证书、获奖证书等。

阿里巴巴国内贸易平台提供给诚信通会员的就是拥有一个旺铺，平台基本功能是供应产品、诚信档案、公司介绍、公司相册、公司动态、在线留言、联系方式等。

（二）上传企业产品和服务信息

在完成平台注册和基本装修之后，企业就可以上传企业产品和服务信息，在企业产品和服务信息描述中应该注意以下两点：

（1）产品和服务的分类是否恰当、是否符合平台的要求；

（2）产品和服务的介绍是否详细、图片是否清晰、产品描述数据是否清楚等。如图5-3 所示即是一份详细的产品介绍。

川一润滑油热传递油HT系列			
特点	及佳的高温效能和安定性能		
	低黏度，快速热传导		
	极易泵送及回圈		
	良好的防锈蚀保护作用		
用途	川一传热油量是矿物油型的热导油使用溶剂淬炼的高精炼基础油制成特别使用于间接或直接传热系统；使用在密闭或开放式的系统，其整体油温不超过316		
产品牌号	15	22	32
比重° API	30.8	31.0	31.1
密度@15.5℃g/cm3	0.87	0.87	0.87
闪点℃(℉)	235(455)	235(455)	235(455)
倾点℃(℉)	-15(+5)	-15(+5)	-15(+5)
粘度mm^2/s cSt @40℃	18	28	31.2
粘度mm^2/s cSt @100℃	4.6	5.1	5.2
粘度指数	100	100	100

图 5-3　川一公司的某产品介绍

【阅读材料】

阿里巴巴信息质量星级[①]

阿里巴巴信息质量星级是对信息质量的一种展示。

信息质量标准是贯穿在从买家看到卖家的信息到买家选择跟卖家交易的整个过程中的。发布高质量的信息，不仅可以让买家在阿里巴巴搜索产品时，更容易找到该条信息，同时也会提高买家选择合作和交易的意愿和机率。

为了帮助卖家更好地了解信息的质量，发布更多的高质量信息，所以阿里巴巴推出了针对供应信息的信息质量星级，以供卖家参考。星级的等级分为五档，星级越高，该供应信息的质量也相对越好。高质量的信息有助于吸引买家的眼光，有助于提升买家对企业的认可程度，从而更容易去促成交易。质量星级高的信息，有机会排序靠前。

但除了信息的质量之外，信息的排序先后还受到很多综合因素的影响，比如说信息的新鲜度，比如说买家搜索行为，以及市场内同类产品供应商的数量以及所发布产品的数量等。这个是搜索引擎通过一套复杂的算法由系统自动生成进行排序的，是不可控的。

从长远来看，阿里巴巴建议还是要不断完善信息，多多发布让买家青睐的高质量信息，同时注意保持信息新鲜度，最好每3天重发一次。

信息是由多个信息要素组成的，供应信息的质量很大程度上取决于信息要素的质量，下面具体介绍一下供应信息中的主要信息要素：

1. 类目：类目要选择正确

在发布供应信息时，可以通过输入产品名称等关键词，快速查找并选择正确的产品类目，也可以按照类目结构，逐级选择产品所对应的类目，如图5-4所示。

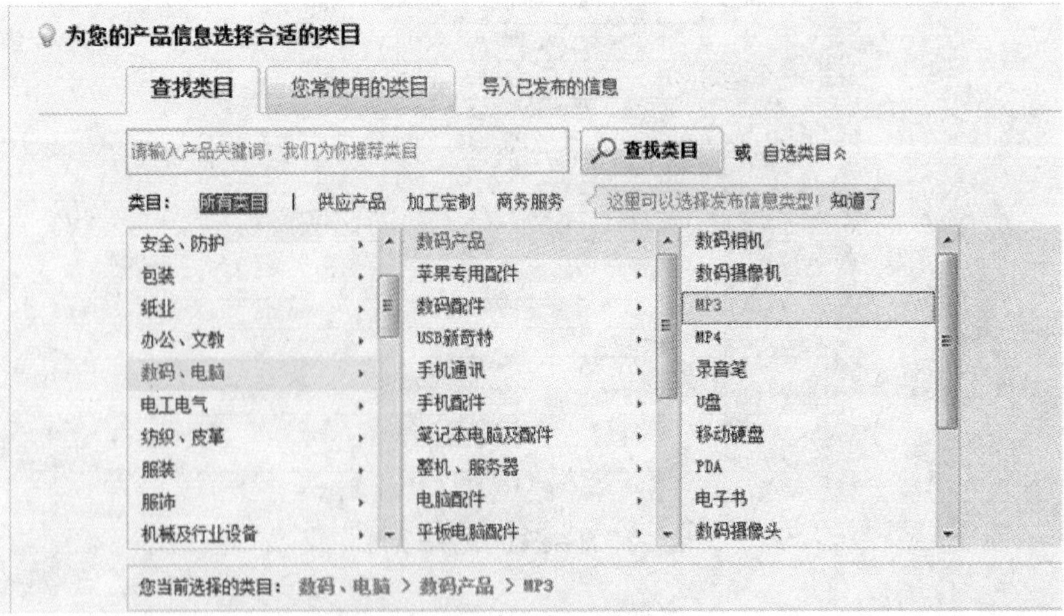

图5-4 阿里巴巴供应信息类目选择界面

① 阿里巴巴（http://china.alibaba.com）

2. 产品属性

在信息发布过程中，产品属性是非常核心的填写内容，建议完整、正确地填写产品属性。

完整、正确地填写产品属性可以提高信息在搜索时的命中率，大大提高曝光率，也能够让买家在第一时间内，更全面地了解产品。

以 MP3 为例说明：

(1) 发布信息时填写如图5-5所示信息。

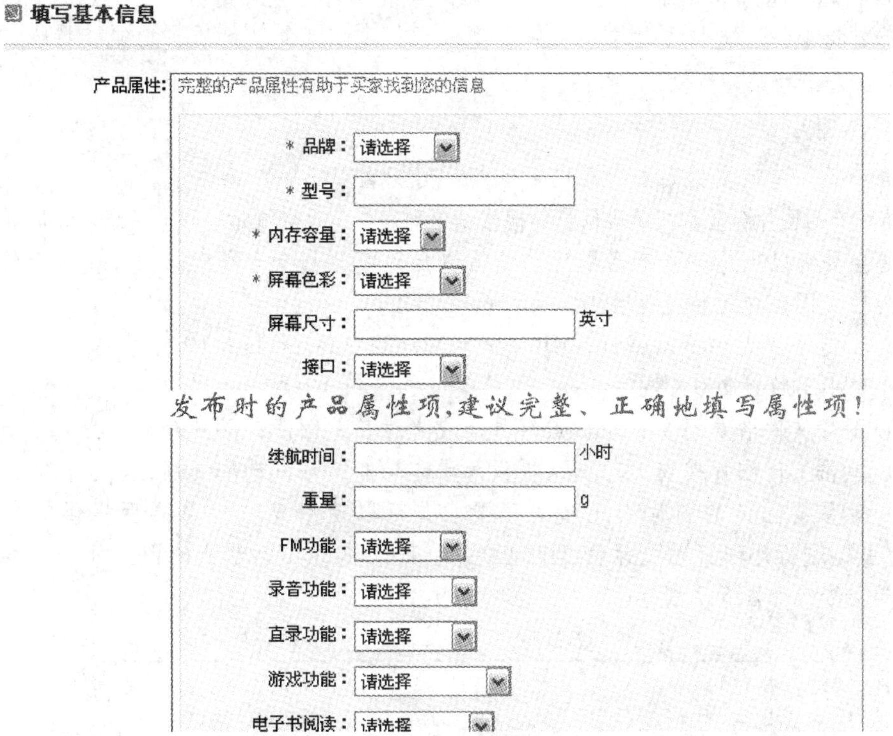

图5-5　发布产品信息填写界面

(2) 通过审核后，在信息的详细页面产品信息展示如图5-6所示。

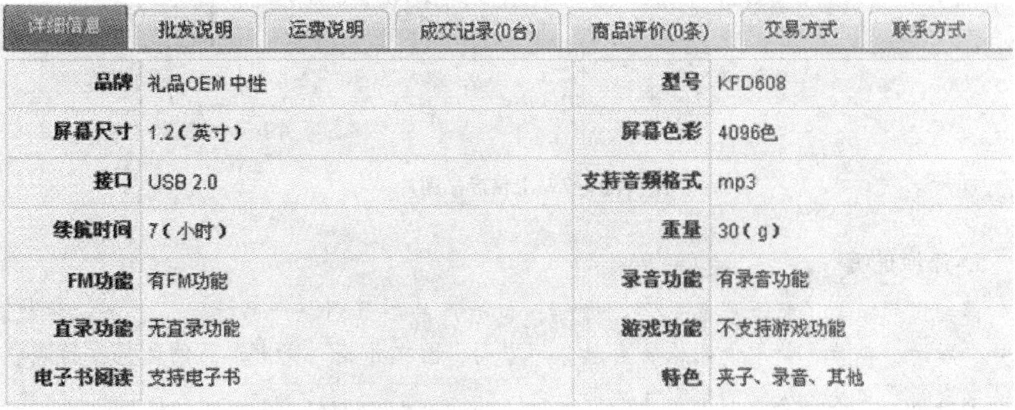

品牌	礼品OEM中性	型号	KFD608
屏幕尺寸	1.2（英寸）	屏幕色彩	4096色
接口	USB 2.0	支持音频格式	mp3
续航时间	7（小时）	重量	30（g）
FM功能	有FM功能	录音功能	有录音功能
直录功能	无直录功能	游戏功能	不支持游戏功能
电子书阅读	支持电子书	特色	夹子、录音、其他

图5-6　产品展示信息界面

3. 信息标题

标题是信息内容的核心浓缩。表述清晰并且包含产品关键信息的标题，能够让用户更容易地了解产品，从而吸引买家更多的兴趣。

具体有以下几个方面：

(1) 一条信息一个产品。一个信息标题只描述一种产品，多个产品不要放在同一个标题中；

(2) 信息标题包含产品相关的关键词；

(3) 标题中增加和产品相关的描述性词，丰富标题内容，突出产品卖点。

如：支持混批、支持支付宝、品牌、型号、款式、颜色、材质、功能、特性、促销折扣信息等。

4. 产品图片

上传产品的清晰实拍大图，帮助买家第一时间直观了解产品细节。

上传的产品图片会显示在供应信息的搜索结果列表中，也会显示在该条信息的详情页面上。

普通会员可以上传一张产品图片，诚信通会员可以上传三张产品图片，应上传与产品相关的实拍大图，勿上传无关图片。

(1) 上传图片大小不能超过 5 MB（需客户电脑安装了 Flash 10）；如未安装 Flash 10，上传图片大小不超过 200 KB；

(2) 图片文件名请不要包含标点符号，或者过长，图片都必须是 jpg、jpeg、gif 格式；

(3) 单击上传图片按钮后，网站提供加水印功能，可以选择使用；

(4) 如果要上传的图片大小超过了要求，可以使用发布信息页面提供的免费工具“图片助手”进行处理（需登录阿里旺旺），也可以使用其他专业的图片处理工具处理图片后，再上传，如图 5-7 所示。

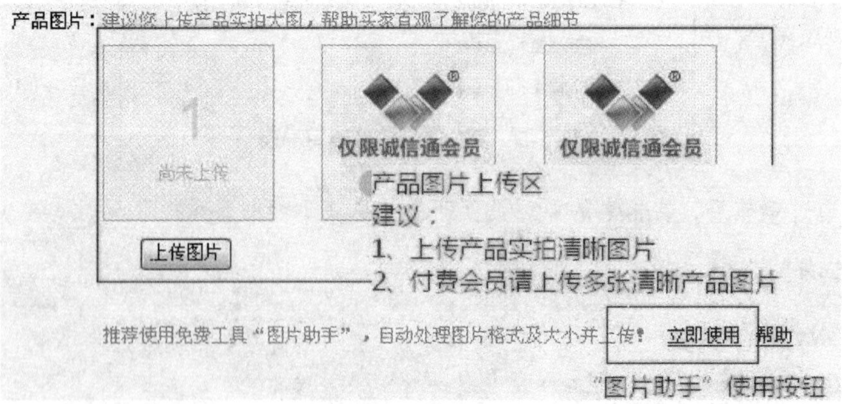

图 5-7 上传产品图片

5. 详细说明

详细说明承载了整个产品的详细介绍，包括产品细节图、产品性能、材料、参数表、型号、用途，包装、使用说明，售后服务等方面，图文并茂，突出产品的优势和特点。它是买家进行下单交易决策的重要组成部分之一。

根据不同的行业，详细说明可能存在不同的介绍方式及侧重点。

(1) 在消费品类行业中，特别是小商品、服装、数码等产品，除了详细的产品文字说明如产品原料，具体参数，适合人群，包装，运费，服务保障等外，需要有多维度的产品细节图，让买家更全面地了解产品；

(2) 工业品类原材料类的行业中，则更侧重填写全面的产品介绍，参数表格，技术文档，售前售后服务，退换货问题等，建议上传部分产品细节图；

(3) 加工类的行业，则需要说明加工的产品，产品参数表格、包装、后期服务、运输及公司加工能力等。

6. 支持网上订购

卖家支持网上订购，买家就可以在网站上直接下单并通过支付宝担保进行担保支付。

买家更信任支持网上订购的卖家，建议根据产品实际情况，选择“支持在线订购”，填写产品价格区间（应相关主管部门的规定或未获得部分产品交易经营许可，或其他原因，部分类目下目前还不支持网上订购。如医药、保养行业）。

支持网上订购小知识点：

(1) 选择“支持网上订购”，默认支持支付宝担保交易；

(2) 选择“支持网上订购”，必须填写产品价格；如果是服装、小商品等批发类的厂商，建议填写两个及以上价格区间，体现量大价优，更能吸引买家选择产品。

技能训练5-2 *在第三方电子商务平台发布供应信息*

以阿里巴巴或者其他第三方平台为例，注册会员并发布一条高质量的供应信息，然后分析该第三方平台上普通会员和收费会员在商铺建设上的异同。

（三）在平台上和平台外推广

在第三方平台上企业众多，如果企业不主动宣传和推广，就很可能被淹没在浩瀚的信息海洋中。要在平台上宣传企业，首先应该了解平台上潜在客户是如何搜索需要的产品和服务的，从而制定相应的营销推广策略。另外，还应该深入研究平台关于企业宣传和搜索排名的规则。

要在电子商务平台上扩大企业的知名度，企业可以采用以下措施。

(1) 购买平台为企业提供的网络广告位，购买产品搜索的关键词排名；

(2) 分析平台的搜索排名规律，可通过关键词设计、增加发布频率、掌握发布时段、利用产品分类技巧等方式获取良好的企业和产品展示机会，但在这个过程中应该注意不要违反平台关于产品和供求信息发布的规则；

(3) 在平台社区中发布信息，获得他人的关注。平台社区是平台中众多会员交流和展示的场所，企业可以在社区中通过发帖形式获取关注，提高企业的曝光次数，但要注意遵循网络礼仪的相关规则；

(4) 主动出击，搜索并与潜在客户主动联系。企业可以在平台上搜索潜在客户的信息，并通过平台所提供的交流平台和沟通工具，主动向潜在客户发布相应的贸易或合作信息；

(5) 利用传统渠道引导客户登录企业网站。

技能训练5-3 *第三方平台推广方法*

以阿里巴巴或者其他第三方平台为例，分析该平台的3个推广方法，并做类比。

【阅读材料】

阿里巴巴信息排名技巧[①]

诚信通（普及版）会员建议关注以下几个方面：

（1）信息质量较好，达到了3星或3星以上；

（2）提升信息的相关性，设置准确的类目，信息标题只含有一个产品名称；

（3）保持信息的新鲜程度，每3天重发一次；

（4）加入诚信保障服务，展现企业信用情况；

（5）如果供应的信息超过了100条，建议将希望重点展示的信息，设置为优先展示的信息。

诚信通（限量版）（会员）建议关注以下几个方面：

（1）信息质量较好，达到了3星或3星以上；

（2）提升信息的相关性，设置准确的类目，信息标题只含有一个产品名称；

（3）保持信息的新鲜程度，每3天重发一次；

（4）将希望获得重点推广的信息，设置为搜索推荐信息；

（5）加入诚信保障服务，展现企业信用情况。

普通会员阿里巴巴的搜索排序由一套复杂的算法自动生成，其中高质量信息对搜索排名影响最为关键。结合目前的搜索排名规则，如果想提升信息搜索排名，建议按以下方法进行信息优化：

（1）提高信息的精确度：

① 产品标题相关性要强（具体指：产品关键字要精准，一个标题里只含一个产品）；

② 产品信息类目放正确，建议使用“类目自动匹配”功能；

③ 上传产品图片；

④ 填写产品属性。

（2）尽可能短地选择产品有效期，以便过期后能尽快地重发，更新信息发布的时间。

（四）平台管理工作

企业注册电子商务平台后，相当于在网络虚拟世界中建设了一个或者多个店铺，这是企业在网络虚拟市场中与潜在客户沟通的渠道。企业应该像管理实体店铺一样，做好下列客户的接待、咨询工作以及日常的店铺管理工作。

（1）及时处理客户的订单，及时回复客户的业务咨询；

（2）及时将订单的处理的情况通过即时通信工具、电话、邮件和留言等方式通知客户；

（3）做好产品和供求信息的更新和日常宣传推广工作；

（4）及时搜集相关信息，监控各平台网络营销实施的效果。

子任务二　企业国外网络贸易

【任务导入】

伊万绣来自南通市民俗老土布手工艺品创作中心设计并创作的服装，如旗袍、衬衫，布

---

① 阿里巴巴（http://china.alibaba.com）

艺饰品如壁挂、花瓶、动物挂件、票夹、动物玩具等产品均由手工制作而成，产品融入传统的布艺和现代的设计，伊万绣的产品深受国内外客户的欢迎。

伊万绣（南通）民俗老土布手工艺创作中心欲将创作的布艺制品推向国际市场，通过在第三方电子商务平台上传产品、宣传推广产品、寻找国外客户并建立业务联系，完成交易。

电子商务打破了传统营销模式的地理限制，重组了生产要素，带来一场零售业的革命，能够为中小企业的发展，尤其是海外发展带来更多的机会。在第87届中国出口商品交易会上，北京互联网发展中心开展了关于中国出口企业电子商务趋势的抽样调查，结果表明国际贸易中B2B电子商务成为关注的焦点，国际贸易数额庞大，发展潜力大，在国际贸易领域的电子商务前景广阔。

然而，开展电子商务，特别是链接国际的电子商务并不是那么容易的，解决不了网络时代无法避免的信息交流问题，就阻碍了企业开拓海外市场的脚步。[①]目前，外贸B2B平台主流如阿里巴巴国际站、环球资源网国际站、中国制造网、Ec21. com和Ecplaza. net、Tradekey. com、iOffercom、DHgate. com等，伊万绣手工艺品创作中心想要开拓国际市场，寻找海外商机可以选择第三方平台进行推广。

1. 在外贸第三方平台交易流程

伊万绣创作中心在外贸B2B平台注册会员，将布艺制品上传于第三方平台，并对商品进行正确的描述，对伊万绣的产品进行推广，寻找客户，完成交易。

2. 外贸第三方平台网络营销策略的选择

在外贸第三方平台选定适合的网络营销策略，如在中国制造网这个平台上采用名列前茅、横幅、产品展台等策略，以取得更好的营销效果。

3. 外贸第三方平台网络营销效果管理

对在外贸第三方平台完成的营销效果进行分析。

4. 外贸第三方平台网络营销常见的问题

分析在第三方平台网络营销中存在的主要问题，并提出相应的解决方案。

【任务分析】

知识点讲解

1. 互联网在国际市场开拓中的作用

国际互联网是一个低成本拓展国际市场的有效途径，通过网络寻找国外客户是海外市场营销方法中的重点，通过网络可以寻找到市场，了解产品的发展方向及竞争对手的资讯情况。而选择全球知名的贸易平台是开展海外市场的关键所在。在欧美、东南亚等互联网发达的地区，买家通常会利用国际互联网来寻找供应商，这降低了买家成本，缩短了采购周期，而且国际买家有85%锁定在全球50多家国际贸易平台，只要能在这些顶级贸易平台出现公司的产品库、公司信息、产品属性，即使在外地不设立办事机构，也能做好国际市场；当年山东人通过国际互联网把大蒜打入了国际市场，出口中东、欧美等国家和地区。可见，利用国际互联网方式能够降低成本开拓国际市场，锁定国际85%的买家。

---

① 资料来源：http://www.sootoo.com/content/17058.shtml。

2. 海外市场调查途径与方式

在对外贸易中，海外市场的调查是交易的前提和基础。

其中，传统驻外使馆的商务参赞、外出参观、展会（如广交会、华东交易会、深圳交易会等）、商务洽谈会（如各地方政府、民间团体组织）、杂志等是比较常见的调研方式，随着互联网技术的不断发展和电子商务平台的不断成熟，国内的外贸电子商务平台发展得也比较成熟，如中国制造网、环球资源网、阿里巴巴国际站、Ec21. Com 和 Ecplaza. Net、Tradekey. Com、iOffer. Com、DHgate. com 等已形成相当规模，成为国内出口企业和国外采购商经常使用的贸易渠道。通过第三方电子商务平台的供需信息寻找海外客户，进行磋商谈判，完成交易。

从驻外使馆的商务参赞处获取相关海外市场信息，如图 5-8 所示。

图 5-8 驻外使馆商务参赞处网站

登录网上广交会进行市场调查，如图 5-9 所示。

图 5-9 网上广交会

登录阿里巴巴国际站进行市场调查，如图 5-10 所示。

图 5-10　阿里巴巴国际站

3. 外贸网络营销常用工具

（1）企业网站

在所有的网络营销工具中，企业网站是最基本、最重要的。通过网站的形式向公众传递企业的品牌形象、企业文化等基本信息；发布企业新闻、供求信息、人才招聘等信息；向供应商、分销商、合作伙伴、直接用户等提供信息和服务；网上展示、推广、销售产品；收集市场信息、注册用户信息；以及其他具有营销目的或营销效果的内容和形式。

（2）B2B 平台网络推广

外贸企业在 B2B 平台推广，首先必须选择最优的服务平台，常见的选择方式有：查看知名度，各种媒体、各大网址导航站上重复出现的都是一些知名度比较高的 B2B 平台；查询买家数量，或在 B2B 平台可查询买家刊登的询盘，用所在行业的关键词查看买家询盘所在数量和发布的时间对这个平台做基本的评估；查看“贸易人”、“福步”、“合众出口”等外贸人聚集的论坛中对 B2B 平台的讨论；此外还可以到 Google 上搜索。

（3）搜索引擎

搜索引擎是常用的互联网服务之一，是基于搜索引擎平台的网络营销，利用人们对搜索引擎的依赖和使用习惯，在人们检索信息的时候尽可能将营销信息传递给目标客户。

在企业国外贸易中，搜索引擎一般也主要通过竞价排名（如百度竞价）、分类目录登录、搜索引擎登录、付费搜索引擎广告、关键词广告、TMTW 来电付费广告、搜索引擎优化（搜索引擎自然排名）、地址栏搜索、网站链接策略等实现被搜索引擎收录、在搜索结果中排名靠前、增加用户的点击（点进）率、将浏览者转化为顾客、成为企业忠诚客户。

（4）电子邮件

电子邮件不仅作为一种个人交流工具，同时也日益与外贸企业经营活动密不可分，成为了有效的网络营销信息传递工具之一，在网络营销中具有极其重要的作用。

电子邮件是企业品牌形象的体现，实现在线顾客服务，通过电子邮件可以传递电子刊物，进行电子邮件广告，推广新产品，在线调查获取市场信息等。

当然，在企业国际贸易中，除了以上几种主要的网络营销工具外，还可以配合采用博客、论坛、联盟营销等手段，以取得更好的营销效果，如图 5-11 所示。

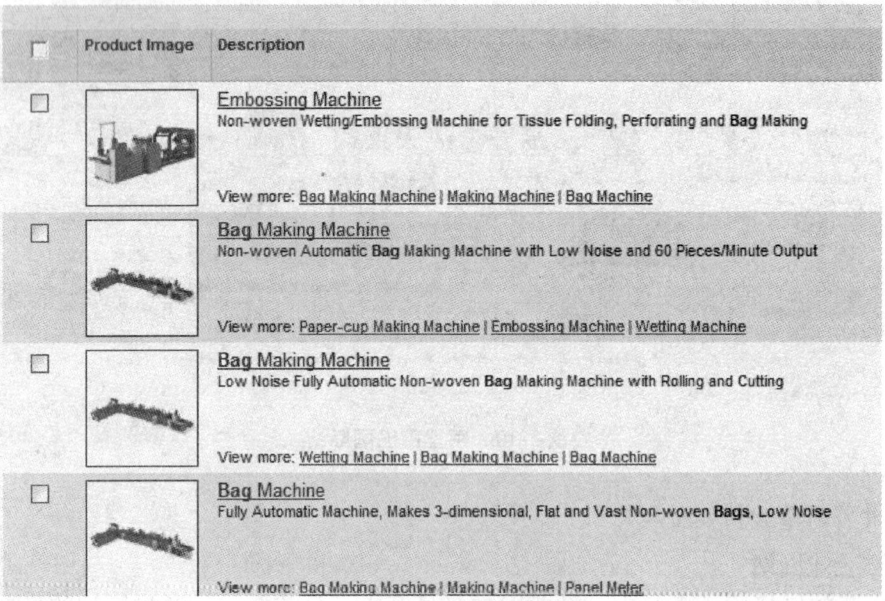

图 5-11　环球资源网的网络推广

【任务实施】

伊万绣（南通）民俗老土布手工艺品创作中心欲将本企业的产品推向国际市场，选择中国制造网这个第三方平台进行营销，完成企业国际网络贸易。

中国制造网是中国制造业综合性、专业性电子商务平台，拥有遍布全国超过 100 万个网商的电子商务网站，汇集海量供求信息，提供全面信息资讯；先进的经营理念、专业的技术、合理的价格、完善的售后服务是企业进行网上贸易、拓展市场及网络推广的专业首选网站，已成为中国产品供应商和全球采购商共通共享的网上商务平台。图 5-12 所示的是中国制造网的各类参与者。

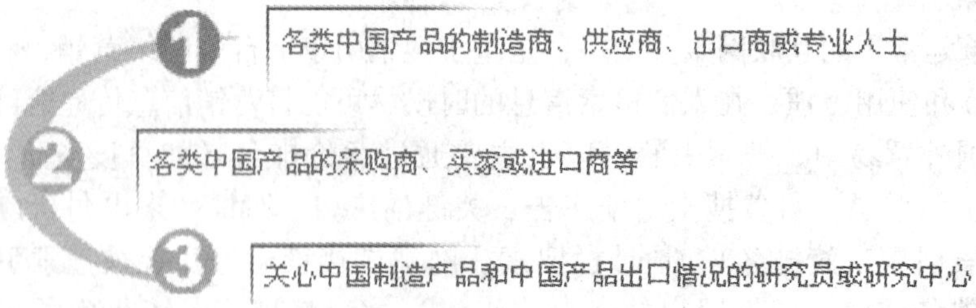

图 5-12　中国制造网的参与者

1. 伊万绣（南通）老土布创作中心在中国制造网的交易流程

（1）首先打开网址 http://www.made-in-china.com，单击 Join Now 按钮，进行免费注册，如图 5-13 所示。

图 5-13　中国制造网注册页面

（2）进入下个页面当中，填写注册信息（如图 5-14 所示），包括国家（地区）、全名、目前的电子邮件地址、会员 ID、密码，安全提问，公司的名称、产品的关键词、联系方式等。前面带有米字号的为必填项。全部完成后，单击 Create 按钮，完成注册。

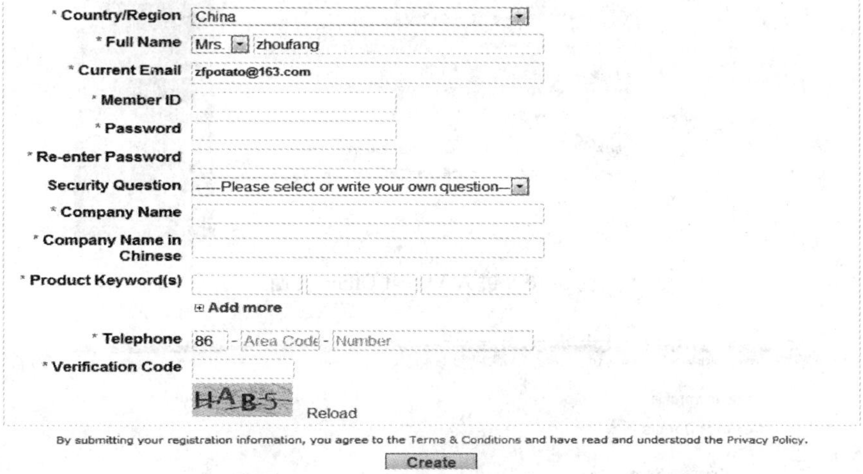

图 5-14　填写注册信息

（3）注册成功之后，进入图 5-15 所示登录页面，录入 Member ID or Email 和 Password，并单击 Sign In 按钮。即可进入图 5-16 所示“会员中心”页面，单击 Virtual Office 中的 company profile，如图 5-17 所示，单击可以完善公司信息，公司的“注册地址”应填写详细，带有米字号的为必填项，全部填完之后，单击“提交”按钮即可完成，如图 5-18 所示。

图 5-15　中国制造网会员登录页面

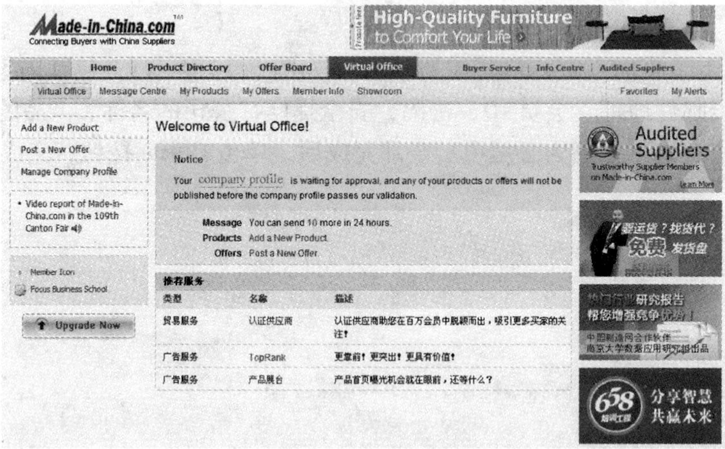

图 5-16　进入 Virtual Office 页面

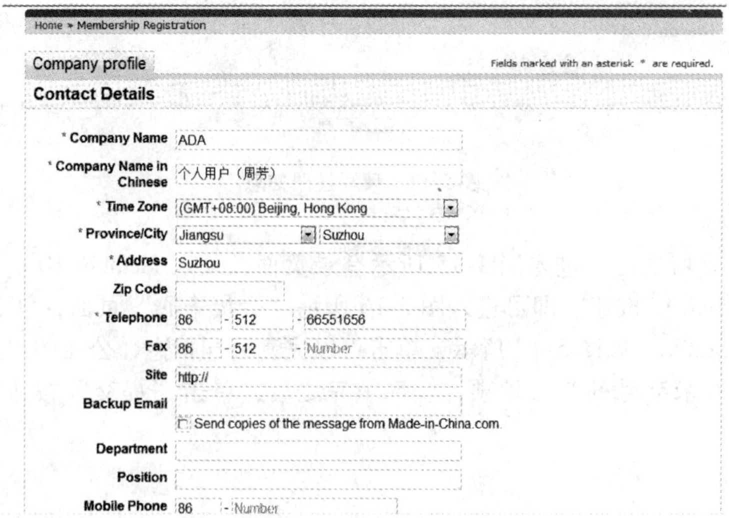

图 5-17　完善公司信息

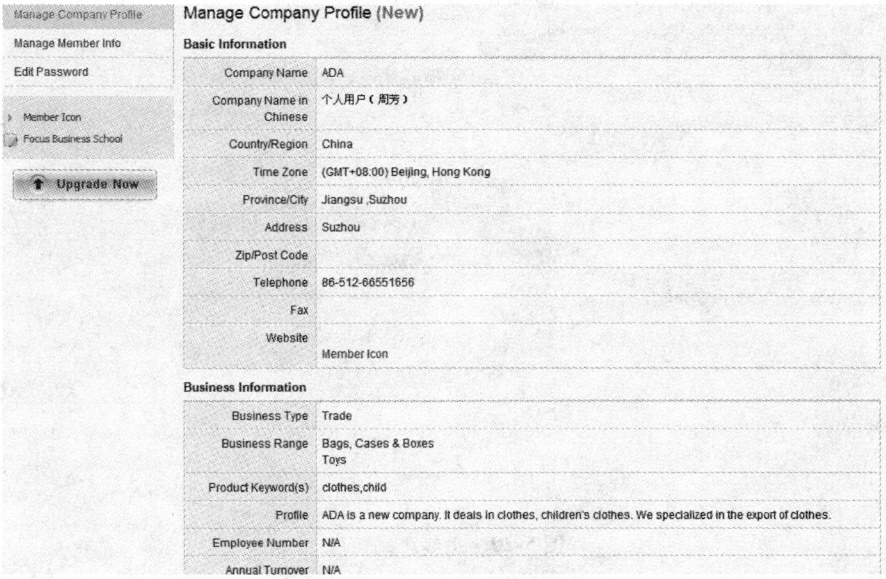

图 5-18　完善后的公司信息

（4）单击图 5-16 左边栏中的“Upgrade Now（认证供应商）”，成为认证企业，如图 5-19所示。

（5）上传产品

单击 My Products，进入产品管理界面，单击左侧栏中的 Add a New Product，开始上传产品信息，包括 Product Name，Keyword，Category，Description，Table，Photo 等内容。如图 5-20 所示。

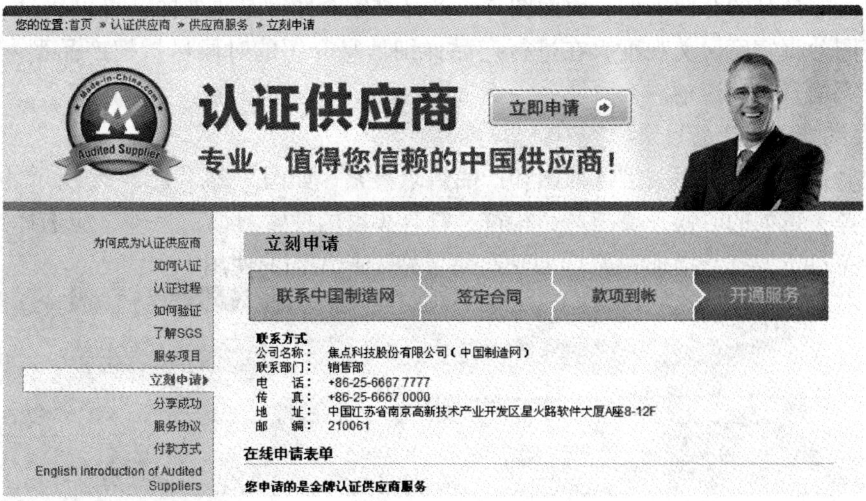

图 5- 19　成为认证企业

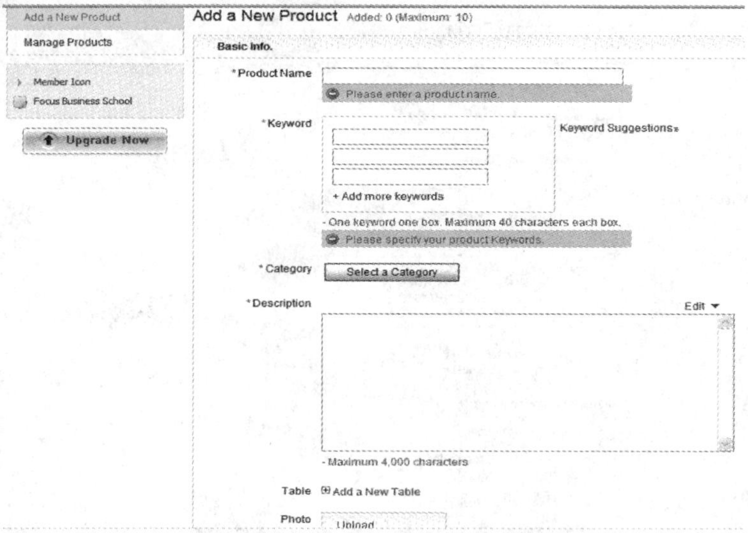

图 5-20　上传产品信息

① 产品名称应是行业内通用的产品名称，以便产品被卖家成功搜索到，同时名称要准确，完整，尤其是不能忘记产品的编号，如图 5-21 所示。

② 提供专业详尽的产品描述，产品的描述是向潜在的买家介绍的，所以必须突出产品优势、特性，激起买家的采购兴趣。专业的产品描述主要包括尺寸（长、宽、高、厚度）、材质（产品各组成部分）、重量、功能、独特卖点、必要的技术参数等，如图 5-22 所示。

③ 提供美观的产品图片，图片要清晰（让买家具体了解产品的细节）、完整（完整包括整个产品）、美观，如图 5-23 所示。

产品图片清晰、介绍准确、详细，由于网上交易的虚拟性，要想使客户接受企业的产品，就要做好产品的介绍工作，因而图片、产品文字介绍都是重要的，可以通过 photoshop 处理提高图片真实度、美观度，在进行产品详细信息介绍的时候尽量把产品型号、特点、售后服务等信息表达清晰。

④ 提供准确的产品目录

中国制造网主要使用关键词检索和产品目录检索，如图 5-24、图 5-25 所示。

在选择关键词的时候，要与产品相符、符合买家的搜索习惯；另外，应选择具体的关键词，避免过于笼统，增加“修饰词 + 产品名称”长尾词的使用。

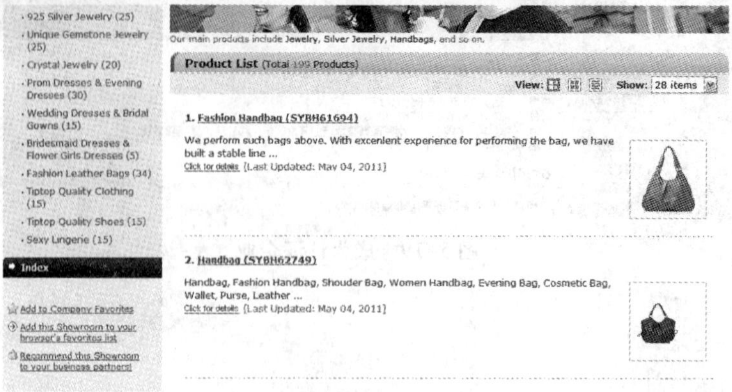

图 5-21　正确的产品名称

Product Details

Handbag (SYBH62749)

Handbag (SYBH62749)

Share |

Packing:	Original Packaging and Accessories
Model NO.:	SYBH62749
Standard:	100%Geuine Leather
Productivity:	3000PCS/Month
Unit Price/Payment:	We Accept Paypal
Trademark:	Sunvary
Origin:	China
Min. Order:	3PCS/Each Style
Transportation:	EMS, DHL, TNT, UPS
Color:	Dull Coffee
Season:	Spring&Summer
Style:	Casual
Material:	Leather
Gender:	Women's
Export Markets:	North America, South America, Eastern Europe, Southeast Asia, Africa, Oceania, Mid East, Eastern Asia, Western Europe

Online　Contact Now

Product Description

Handbag, Fashion Handbag, Shouder Bag, Women Handbag, Evening Bag, Cosmetic Bag, Wallet, Purse, Leather Handbag, Genuine Leather Handbag, Lady Bag, Ladies Bag, Leather Bag, Lady Handbag, Leather Bag, Designer Handbag, promotion handbag, PU handbag, PVC handbag, canvas handbag, nylon handbag, PP handbag, non-woven handbag, straw handbag, military handbag, plaited handbag, beads handbag, shopping handbag, cosmetic bag, travel bag, school bag, Newest brand handbags, womens fashion bags, discount stylish handbags, wholesale ladies bags and all kinds of fashion handbag.
We perform such bags above. With excenlent experience for performing the bag, we have built a stable line of factories who clearly know the importance of quality. We believe we can serve you well.

Description:

1. Crumpled and knitted style.
2. Made of top cow leather material. Pink and black colors are available.
Lining: Cotton+Nylon. Metal hardware. Noble and exquisite workmanship.
Inner structure: An inner zipper pocket, a cellphone bag, a document case.
A zipper pocket on back.
3. Appro Meas: 40cm(L)*35cm(H)*11.5cm(W), 120 cm as a oblique style / or over lap to 60 cm as a shoulder style. Customer size welcomed

Quality: AAAAAA Level
Payment method: We accept Paypal!

Sunvary Co., Ltd. is a professional manufacturer and exporter of brand name leather bags. With experienced and professional designers, we have cultivated excellent craftsmen and technicians for quality testing.
We have been handling this field for 8 years, and our handbags are very popular in the USA, England, Australia, Italy, Germany, the Middle-east, etc. So we are in good position to serve our customer with reliable quality and reasonable price of the leather handbags line. For more informations about our handbags, please feel free to contact us directly. We hope to receive your detailed inquiry soon, and are looking forward to having the chance of cooperating with you in the near future.

To get latest catalog list and quotation, please feel free to email us or visit our web site, We will be glad to reply you here without delay.

图 5-22 专业详尽的产品描述

图 5-23　美观的产品图片

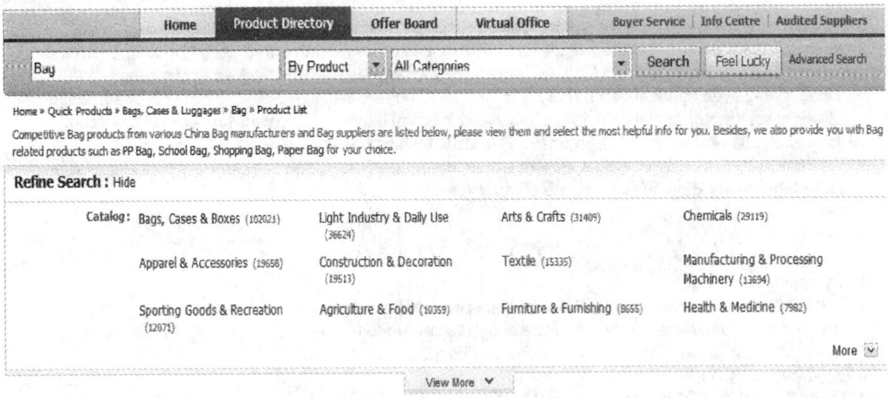

图 5-24　关键词检索

图 5-25　目录检索

（6）在发布产品的时候，给产品选择准确的产品类别

以这种方式发布多个产品后，如有需要，进入“管理产品”页面对产品进行管理。单击“管理产品”，在页面的右侧方会看到“新建产品系列”这个按钮，单击此按钮可进入添加产品系列的界面，可在此添加产品的大类，如图5-26所示。

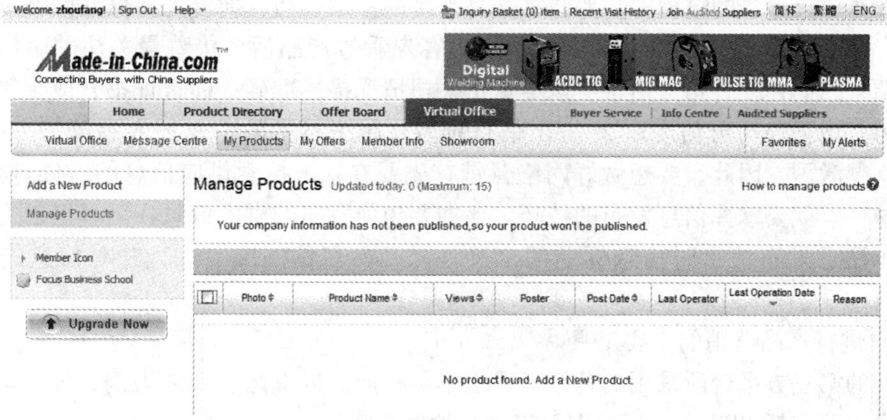

图5-26　进行产品管理

（7）发布供求信息

进入My Offers页面，单击左侧栏中的Post a New Offer，开始发布供求信息，其中供求信息包括Subject、Type、Keyword、Category、Duration、Detail、Table、Photo等，如图5-27所示。

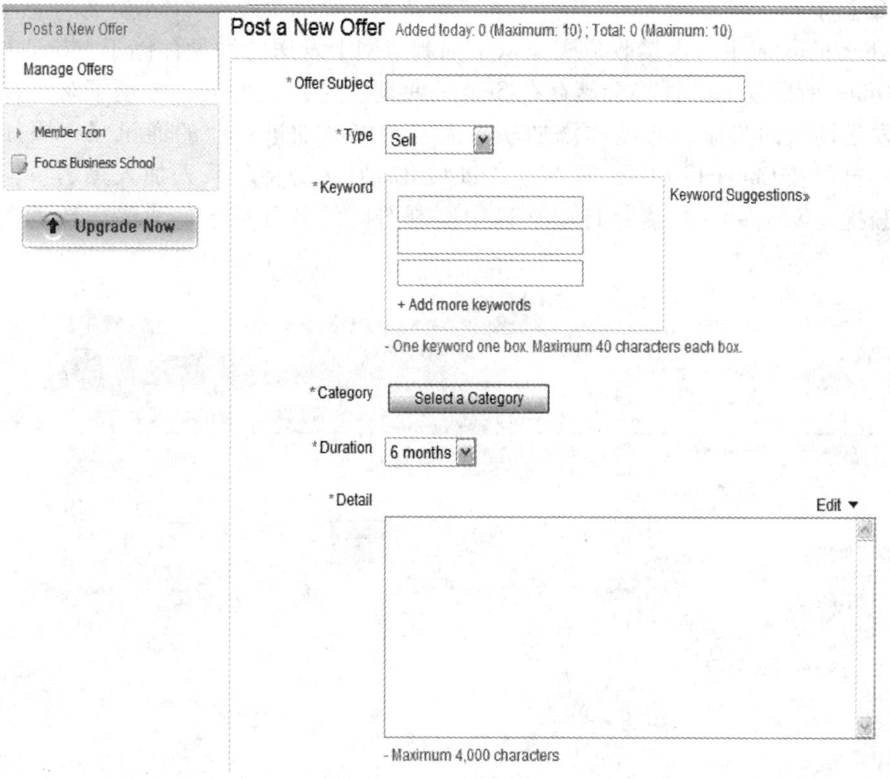

图5-27　发布供求信息

发布供求信息后，可以进入 Manage Offers 页面进行管理、调整。

到此为止会员所享有的服务已经基本完成，VIP 的客户可享有除此项服务的其他服务，例如发布产品、证书、公司资讯、招聘信息、展会。但是 VIP 会员需要经后台审核后才能生效。

在发布供求信息的过程中，要注意交易平台的使用技巧，如首先要做好网络营销的基本工作：① 对公司进行准确、详细的介绍，客户看过产品后，接着最关注的事情就是企业的介绍，因而，在公司介绍中应该尽量把公司情况描述准确，通过证书、成果等来突出公司实力、增强公司可信度；② 突出信息排名，越来越多的企业加入到第三方平台中，竞争越来越激烈，因此，要想做好网络营销首先要在别人搜索供应信息的时候排名优先，要做到这一点就要掌握信息发布的技巧。比如要想使发布的供应信息在阿里巴巴上排名优先，可以注意发布信息时信息标题的准确性、产品名称的准确性，并对信息进行及时更新。

（8）进行产品营销的主要工具

不同的第三方平台所采用的营销工具也不尽相同。以中国制造网为例，该网站的主要营销工具主要包括 BBS 商情板、询盘篮、我的办公室。

商情板 BBS 形式的商情板可以让每个中国制造网的会员即时发布（或回复）关于买、卖或合作的各类信息。在这里可以查询到来自世界各地的销售、求购、合作等信息。

询盘篮。询盘篮就像购物车，用来盛放在浏览过程中看到的一些感兴趣的公司信息或者产品和商情信息，然后对这些信息进行比较，也可以统一对这些信息发送询盘。

在我的办公室 Virtual Office 中可以运用如下工具。

① 信息中心（Message Center）

其中，Inbox 表示询盘接收，买家从中国制造网上发送的询盘存储于 Inbox 中；使用 Virtual Office 所回复的邮件将会储存在 Sent（询盘发送）文件夹，方便了解邮件回复情况；将发送询盘的买家，通过“添加联系人”功能添加进企业的通讯录，添加完毕的联系人将出现在 Contactlist 中，而单击 Add to Blacklist 是将联系人加入黑名单，避免不必要的骚扰；Newsletter 功能是订阅来自中国制造网的各种资讯，了解最新动态，如图 5-28 所示。

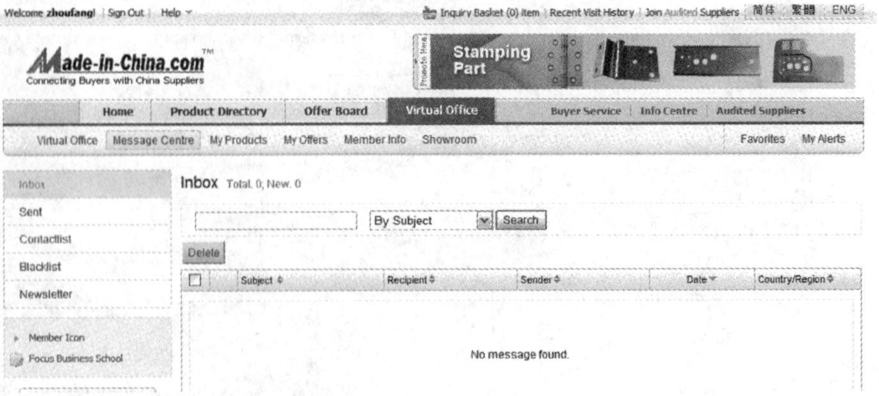

图 5-28 信息中心

② 产品速递（Alerts）

产品速递是中国制造网一项主要面向买家的服务，第一时间以邮件形式为买家发送最新的产品和供应商信息，如图 5-29 所示。

用户在需要订制的界面输入正确的邮箱地址，收到寄货邮件后确认订阅即可接收到速递信息。通过产品速递，方便买家寻找供应商，省时省力，速递中的供应商质量高，产品信息内容丰富、及时，让全球买家可以在第一时间了解产品信息。而对于高级会员，在速递中优先选取高级会员的产品信息，增强高级会员曝光率。

图 5-29　产品速递

③ 收藏夹（Favorites）

可将查看到的感兴趣的信息（产品、公司、商情、目录等）放入收藏夹，以后从收藏夹列表里就可以直接浏览这些信息，而不必再去搜索或按类目逐级查找，也可以随时删除收藏夹里的任何信息，如图 5-30 所示。

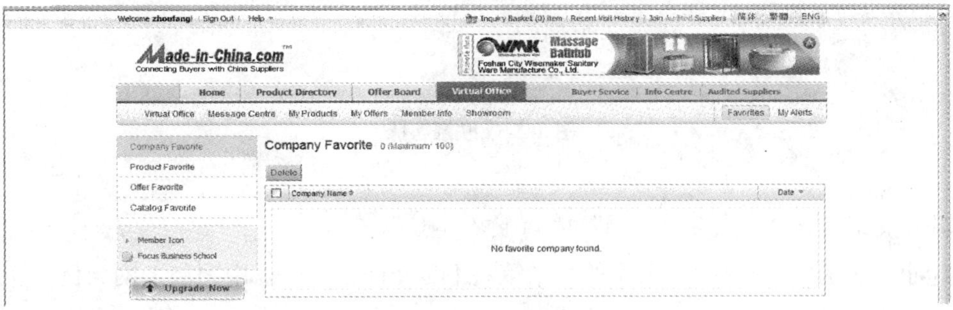

图 5-30　收藏夹

④ 我的展示厅（My Showroom）

我的展示厅是中国制造网为中国会员提供的一项展示自己企业及产品图文信息的免费服务。如果商户注册为中国制造网的会员并拥有通过校核的公司、产品信息，便可自动生成属于商户的展示厅，如图 5-31 所示。

我的展示厅具有信息齐全（产品数量不受限制）、美观大方、网址易记、方便管理等特点，商户可以将此作为商户在信息时代的电子展台，将其介绍给商务伙伴。

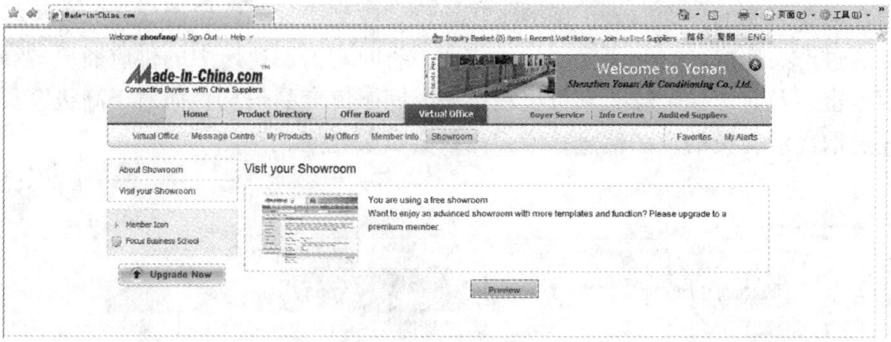

图 5-31 我的展示厅

⑤ 联系客服（Contact Customer Service）

中国制造网的客服人员与企业会员保持密切的联系，随时关注企业的推广效果，为企业提供咨询和支持服务，尤其是为每一个高级会员配备了行业客服人员，让企业在运用中能得心应手，如图 5-32 所示。

图 5-32 联系客服

2. 外贸第三方电子商务平台网络营销策略

不同的外贸第三方平台所采用的营销策略不尽相同，下面以中国制造网为例分析其主要的营销策略。

（1）名列前茅（TopRank）

中国制造网采用的“名列前茅”即搜索结果优先排名，同时包括关键词搜索结果和产品目录搜索结果的优先排名。推广客户购买以后，其产品图文信息在相应的关键词搜索结果和产品目录搜索结果中均位于最前列位置，并享有特别的背景颜色和名列前茅（TopRank）服务独有标志，可以最有效地引起目标产品买家的注意，如图 5-33 所示。

① 目录搜索优先排名

选择特定产品目录（category），每当买家或采购商访问中国制造网，在该产品目录进行搜索时，公司、产品等信息即出现在搜索结果的最前列位置（1～10 位）。

② 关键词搜索优先排名

选择特定产品关键词（keyword）；每当买家或采购商访问中国制造网，使用该关键词进行搜索时，公司、产品等信息即出现在搜索结果的最前列位置（1～10 位）。

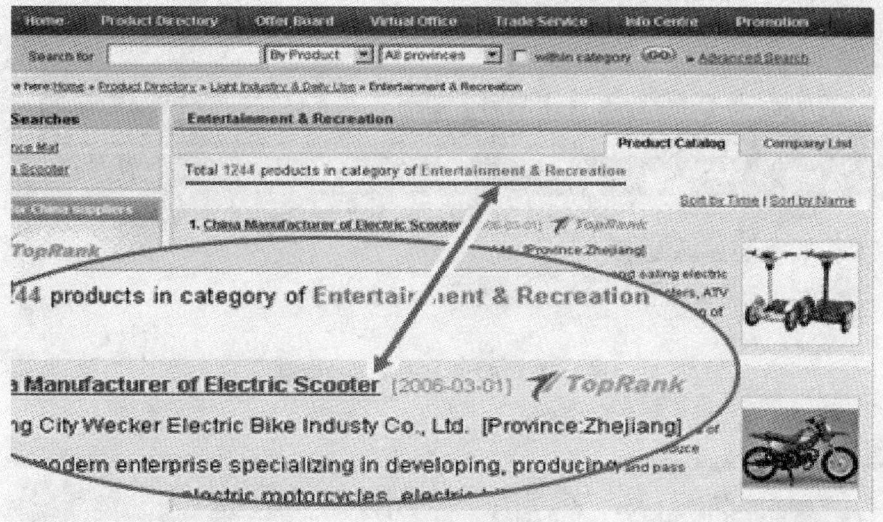

图 5-33　“名列前茅”策略

（2）横幅（banner）

横幅是网络媒体中最普遍的推广宣传方法，一般刊登于页面最醒目的开始位置，利用文字、图片或动态效果把推广的信息传递给网站的访问者，同时把推广链接到推广客户的相关网页上，达到推广网站、产品或服务的效果。中国制造网推广客户可根据推广目标，针对任何一类用户刊登推广信息，由广泛接触到专门推广。

① 首页推广

首页是所有网站访问者的入口处，横幅位于页面最上方位置，是广泛接触大部分中国制造网的访客的最有效方法，如图 5-34 所示。

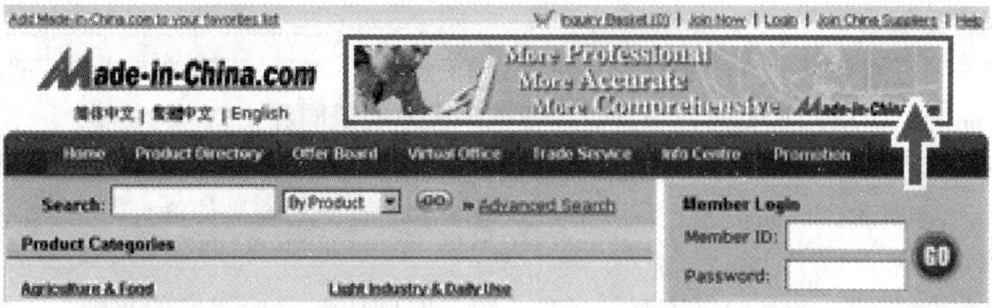

图 5-34　中国制造网首页发放的横幅

② 特定大类、子类产品目录

推广客户可根据推广产品的特点，选择在中国制造网的大类或子类产品目录中发放横幅，对目标客户群进行更有针对性的宣传，如图5-35所示。

③ 网站主要频道

网站各主要频道皆吸引特定的访问群体，如买家集中在“产品目录”中搜索产品、供应商集中在“商情板中”寻找买家，在特定的网站频道内进行宣传，推广客户的产品或服务推广将获得事半功倍的效果，如图5-36所示。

图5-35　在大类或子类发放横幅

图5-36　在网站主要频道发放横幅

④ 网站内随机播放

网站内随机播放推广信息，能以一个较经济的投入，向最多的网站访问者显示推广信息，适合需要同时针对买家和卖家进行宣传的推广客户，如：展览会、贸易服务提供商等。

(3) 产品展台 (Spotlight Exhibits)

在中国制造网首页、各产品目录首页上以静态图片、文字链接的方式推广产品形象、宣传企业品牌，作用尤其明显，一直受到各推广客户的认同和支持。

① 网站首页“产品展台”

如图5-37所示，产品信息直观、形象，是展示优质产品的最佳舞台。

② 产品目录首页“产品展台”

如图5-38所示，产品信息直观、形象，第一时间引起目标买家的兴趣，是展示优质产品的最佳舞台。

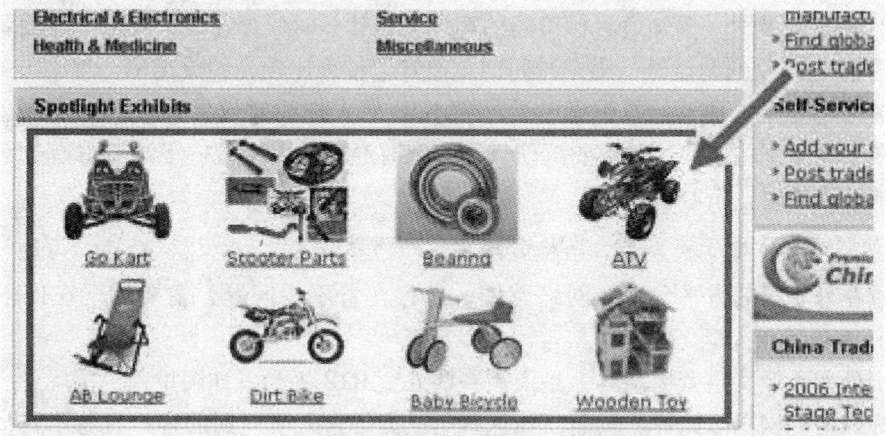

图 5-37　网站首页产品展台

图 5-38　产品目录首页产品展台

3. 外贸第三方电子商务平台网络营销效果管理

在中国制造网平台进行推广的效果的优劣，主要体现在如下几个方面。

（1）关键词，在发布产品的时候，所有 B2B 平台都提供了一个让客户自己添加关键词的地方。注意要选择精准的词，如通过工具可以帮助选出热门关键词。内容编写质量高的图片更能吸引买家的注意，详细的产品说明更能让客户熟悉产品。

（2）排名优化。排得靠前的产品自然容易被发现，最简单的办法是对已经发布的商品不变更内容，进行重新发布。再就是对产品内容页加入精准的关键词，对排名优化也很有帮助。

（3）站内广告投放。通常所有 B2B 平台的首页和次级栏目页都有广告位出租。Made-in-China 还有个“名列前茅”的服务，让商户的商品排在所有同类商品的前 10 位。

（4）工具的使用。很多 B2B 平台功能都相似，无外乎是发布公司介绍、产品介绍、贸易机会等，因此有很多复制粘贴的重复性劳动。这里推荐大家使用 Ai Roboform 工具，它可以存储第一次填写的内容，遇到同类的填写表，只要点一下鼠标就能将上次填写内容一次填完，非常方便。

（5）回复要及时。要知道目标市场的客户大概什么时候会在线，在那个时段要经常登录 B2B 平台，当收到询盘时，第一时间回复通常会带来比较高的成交率。

（6）要有信心。刚开始投钱做收费外贸 B2B 的人往往对效果有较高的期许，一个月没做成单子就坐不住了，这时候要沉住气，多跟有经验的人交流一下，看看有什么地方需要改进的。在这时，信心很重要。

4. 外贸第三方电子商务平台网络营销常见的问题

通过在外贸第三方平台进行网络营销，也存在着不少问题，主要表现在以下几个方面。（1）客户质量问题

不少外贸企业网络营销基本上是依赖一些外贸 B2B 平台，如阿里巴巴国际站、中国制造网、环球资源网国际站等。然而，在这些第三方平台上所遇到的客户良莠不齐，有些外贸经营商虽然感到平台上的国外客户质量不够好，但是还是要进一步建立业务联系，在交易过程中遇到不少麻烦，影响交易质量。

（2）追求短期效益，不重视订单质量

作为一个有长久发展机会的外贸企业，追求的不应只是眼前的订单，而是高质量的合作客户。然而，在外贸 B2B 中遇到的一些客户，今年做这个行业，明年可能就改行了，不能建立长期的业务联系；并且，外贸 B2B 平台上的客户，忠诚度不够高，谁便宜便跟谁做生意，即只重视短期效益，与这样的客户合作，无益于企业的发展。

（3）客户跟踪转化率不高

在外贸业务中，企业主以及具体的业务操作人员，往往会比较重视马上有机会下单的客户，而有可能忽略了对潜在客户的培养与挖掘，对这些潜在的客户关注率不够高，最终造成一些客户资源闲置和浪费。

针对在第三方外贸 B2B 平台的网络营销中存在的问题，可以寻求新的方法加以解决。

首先，在外贸企业的网络营销中要寻求新的网络手段开发国外市场，建议有一定经营历史的企业，争取把高质量的产品卖给高质量的客户，通过互联网寻找国外的上游客户，并保持定期联络。网络信息量大且繁杂，可以借助一些国外客户搜索的软件或工具，比如广州的金钱豹客户搜索软件。这样的方法，找来的大部分是上游客户，忠诚度和价格质量相对都比较高，认真跟踪联络一段时间后，会成为企业的支柱客户；提高潜在客户跟踪转化率：对潜在客户，要保持周期性联络，定期发送产品信息、节日问候等，邮件的内容要精心设计，不可太随便，里面最好放上公司产品图片，可以请专业的美工来设计；如果客户数量太多，时间和精力不够，可以借助一些客户管理软件。

其次，在外贸网络营销中，可逐渐淡化 B2B 广告。海外市场开拓的前期，可以在外贸 B2B 平台上接一些质量不太高的订单，保持企业的基本发展，同时注意优质客户搜索和跟进，当找到上游买家并有一些初步的成交后，就开始逐渐淡化 B2B 广告，因为垃圾询盘浪费了业务员太多的时间和精力，应该让业务员把希望寄托在优质客户身上。

最后，在外贸网络营销中，可通过对比经营状况来选择高质量的客户。通过一些外贸 B2B 平台上的投入，比较一段时间内（一年或两年）订单和客户质量的高低，对于一些高质量的客户保持跟进，并挖掘新的客户，从而提高客户的跟踪和转化率。

技能训练5-4 请编制“宁月”产品利用B2B第三方平台——阿里巴巴国际站营销方案

表5-2　宁月第三方平台网络营销方案

训练项目	具体训练内容
注册成为阿里巴巴国际站会员	
在平台上发布供求信息	
查看各类供求信息、商务网信息	
运用平台上的营销工具进行营销	
运用阿里旺旺（贸易通）与客户沟通	
通过支付宝进行支付	
营销效果分析	

任务二　第三方C2C平台营销（网络创业）

【任务导入】

网络创业与网络营销是不可区分的整体，因为网络创业本身具有网络的性质，所以很多时候网络创业的本身就是网络营销，此种形式以网店为主。

2010年5月26日杭州市政府出台《关于网上创业就业认定和扶持有关问题的通知》，通知指出如果符合一定条件，可将网上创业人员纳入社会保障体系，并享受就业政策的扶持。据淘宝方面统计，目前在杭州经营淘宝网店的店家就有19.4万家，这19.4万家网店店主有望成为全国第一批有社会保障的淘宝店家。

由于网络创业的网络特性吸引了越来越多的大学生和大学毕业生投身到网络创业中，造成了网络创业的热潮。

【任务分析】

第三方C2C平台网络交易流程如下：

（1）注册并认证

首先登录卖家首页，单击右上角的“免费注册”或者页面右侧“免费开店”按钮，进入注册页面，填写注册信息后提交。注册成功后按照提示进行邮箱认证和手机认证，认证成功后卖家可以上传产品进行销售。

（2）上传产品开设店铺

登录卖家后台进入上传产品页面，首先选择要发布的产品的目录，之后填写以下产品具体信息：

① 产品详细描述信息：包括产品名称、规格说明、上传图片、产品详细描述等；

② 产品销售信息设置：包括销售单位、价格设置、产品包装、运费设置等；

③ 其他信息：产品有效期及产品的工厂名称和编号等。

填写完以上信息，提交后，产品便进入待审核状态，审核通过的产品就可以上架销售了。

（3）确认订单后卖家发货

成功上传产品之后，买家就可以在平台上看到卖家的产品。如有买家下单，卖家可以登录卖家后台，进入“我的订单”找到该订单。

当货物发出后，卖家需要及时登录卖家的账户，并填写该订单的货运单号。此外，卖家还需要保存好发货的底单作为发货证明。

（4）收款交易成功

买家单击确认收货后，订单的款项会打到卖家的虚拟账户中。

【任务实施】

一、网上店铺的开设

以淘宝网店铺为例，具体的步骤如下。

1. 支付宝实名认证

在淘宝上开设店铺出售商品、享受 VIP 会员特权，都需要先进行实名认证。申请实名认证流程如下：

① 进入“我的淘宝”，单击页面上的“实名认证”按钮，如图 5-39 所示；

图 5-39 “我的淘宝”页面

② 单击“申请支付宝个人实名认证”按钮，如图 5-40 所示；

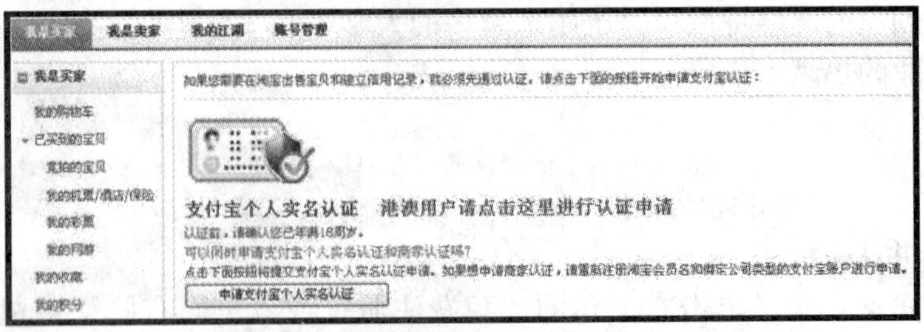

图 5-40 “申请支付宝个人实名认证”页面

第一步：确认自己是否已经满 18 周岁，并同意《支付宝实名认证服务协议》，如图 5-41所示；

第二步：个人实名认证有两种认证方式，如图 5-42 所示。我们以方式一为例；

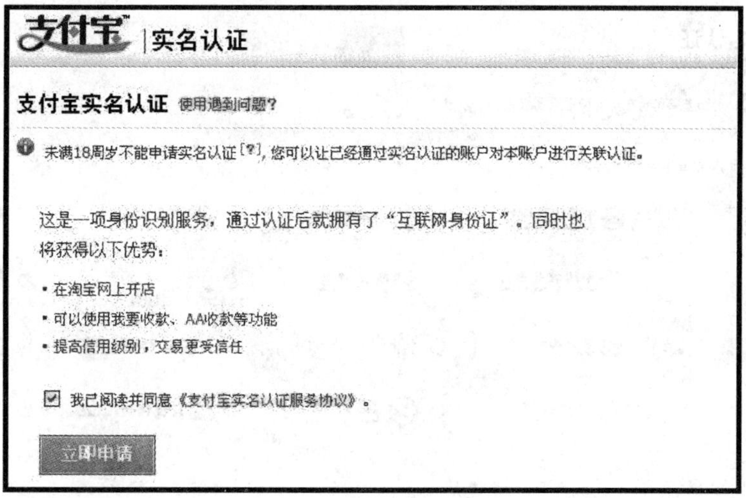

图 5-41　支付宝实名认证服务协议

方式一：快捷认证；

方式二：普通认证。

图 5-42　选择个人实名认证的方式

③ 选择一家您已经开户的银行，如图 5-43 所示，以中国建设银行为例。

④ 输入真实姓名和身份证号码，输入的姓名和身份证号码需和银行卡的登记信息一致，如图 5-44 所示；

⑤ 进入对应银行的网站进行操作。

⑥ 回到“我的淘宝”，刷新页面，实名认证就成功了，如图 5-45 所示。

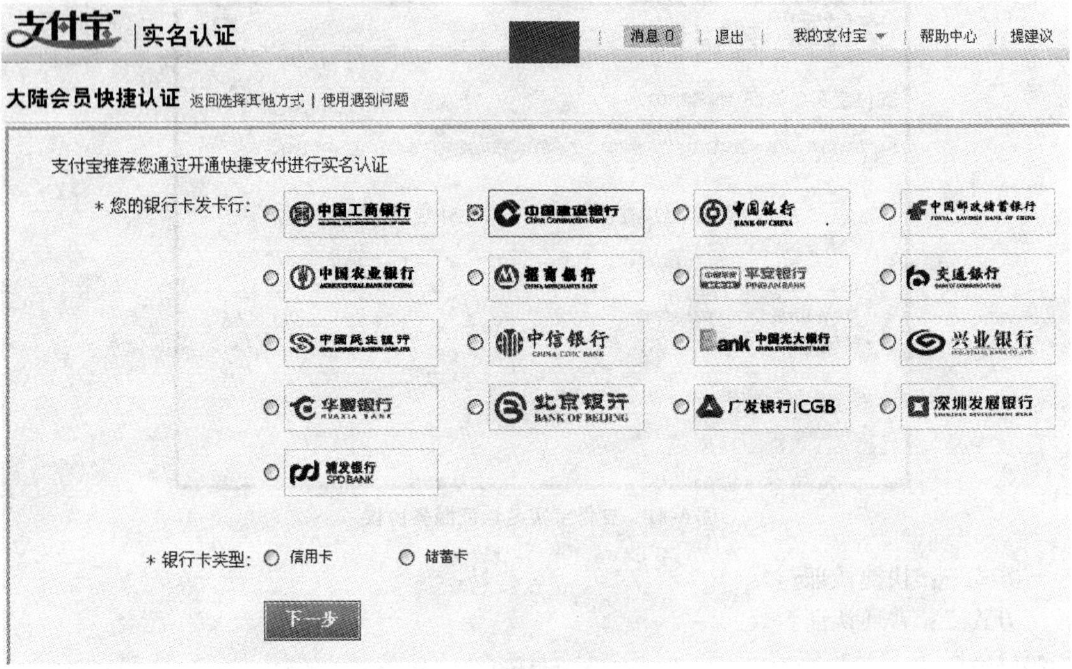

图 5-43 选择开户银行

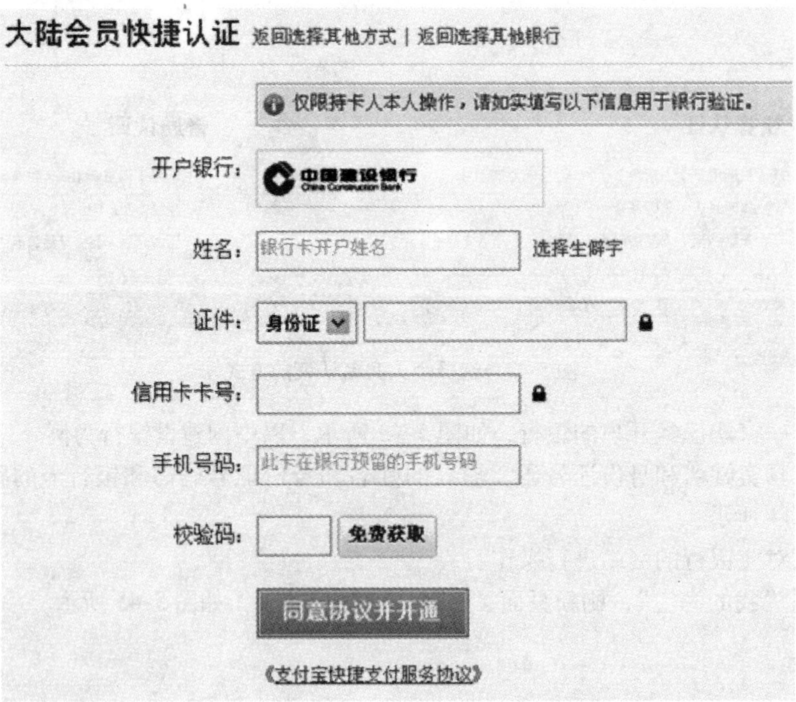

图 5-44 填写个人信息

图 5-45　实名认证成功页面

2. 免费开店

只要通过支付宝实名认证，并通过开店考试，就可以通过以下途径进行店铺启用操作：

（1）进入“我的淘宝”单击“我要开店”→“参加考试”，如图 5-46 所示；

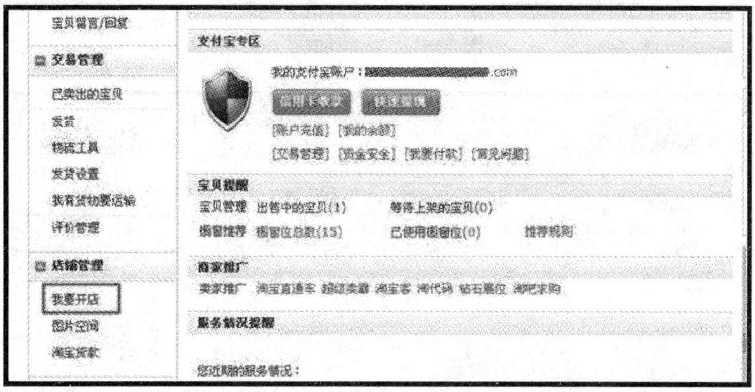

图 5-46　“我的淘宝”店铺管理页面

（2）进入考试系统进行考试，考试分数须达到 60 分才能通过，且基础题准确率需 100%，如图 5-47 所示；

（3）单击“请单击这里填写店铺信息，创建店铺吧”，如图 5-48 所示；

（4）阅读诚信经营承诺书，填写店铺名称、店铺类目及店铺介绍（店铺介绍最少要有 10 个字，但不超过 25 000 个字），勾选同意“商品发布规则”及“消保协议”，如图 5-49 所示；

（5）店铺创建成功，如图 5-50 所示。

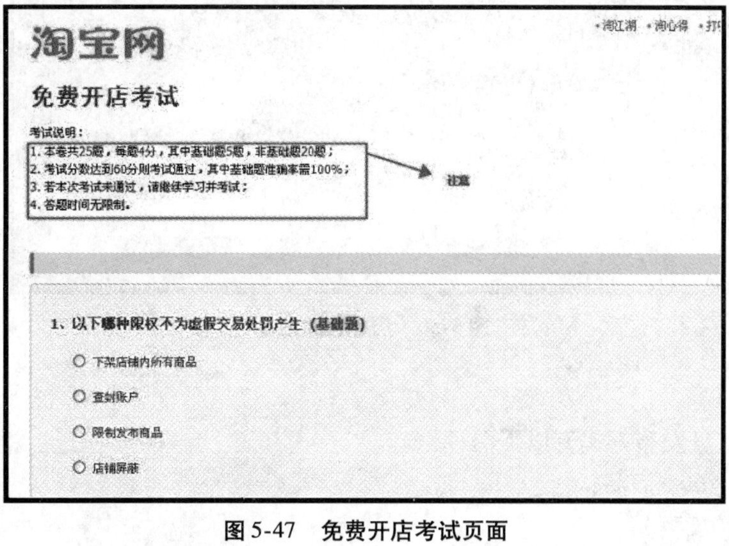

图 5-47　免费开店考试页面

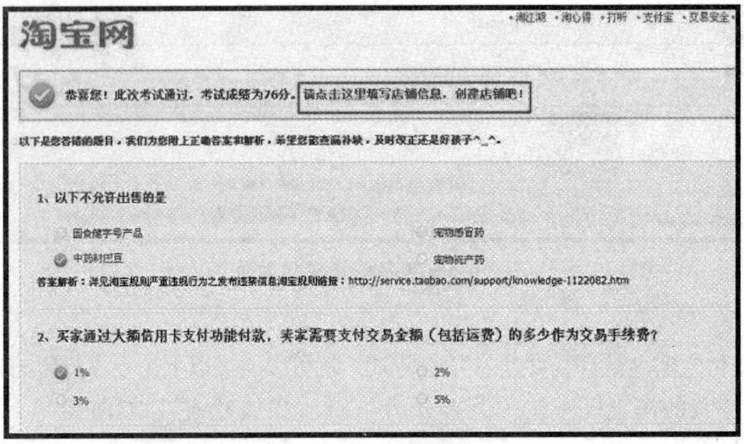

图 5-48 创建店铺

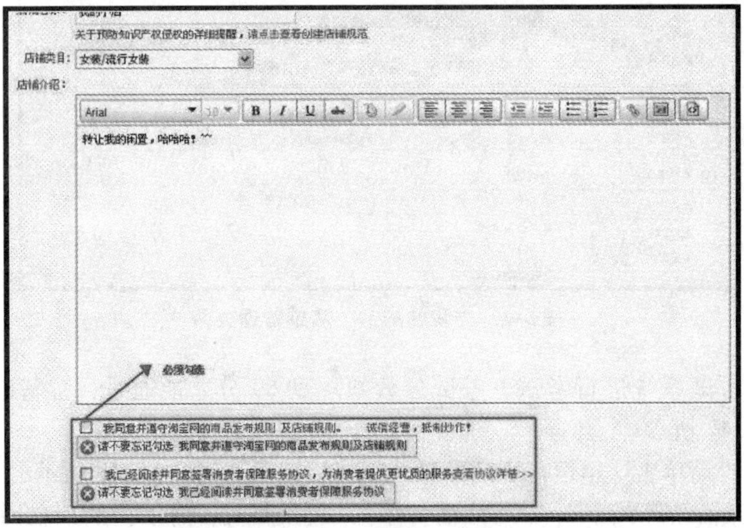

图 5-49 填写店铺信息

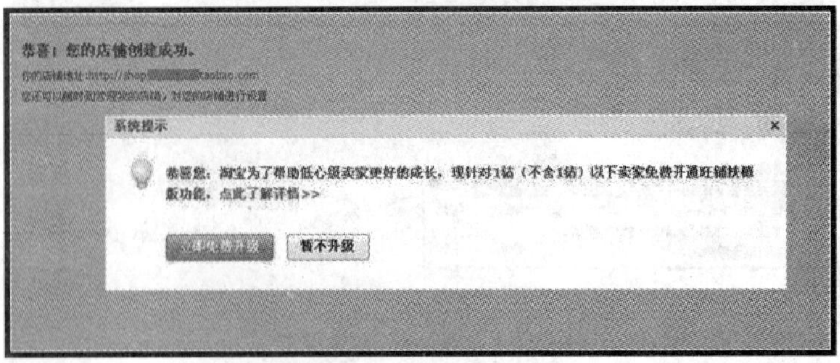

图 5-50 店铺创建成功

3. 发布商品信息

目前淘宝宝贝发布方式有以下两种：

（1）发布一口价商品；

（2）发布拍卖商品。

具体步骤如下。

（1）进入“我的淘宝”→“我是卖家”→“我要卖”，如图 5-51 所示；

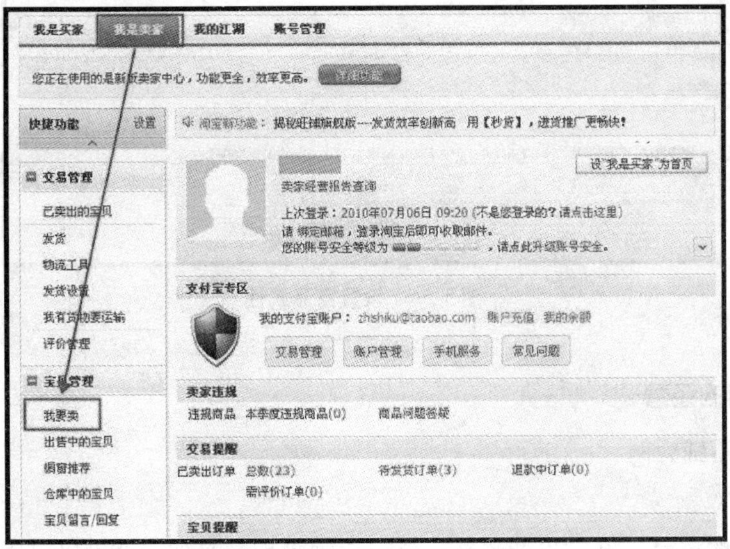

图 5-51 “我是卖家”页面

（2）选择商品发布方式，这里以发布一口价商品为例，如图 5-52 所示；

图 5-52 选择商品发布方式

（3）选择商品所属类目后单击“好了，去发布宝贝”按钮，如图 5-53 所示；

（4）填写商品属性信息后单击“发布”按钮，商品就成功发布了，如图 5-54 所示。

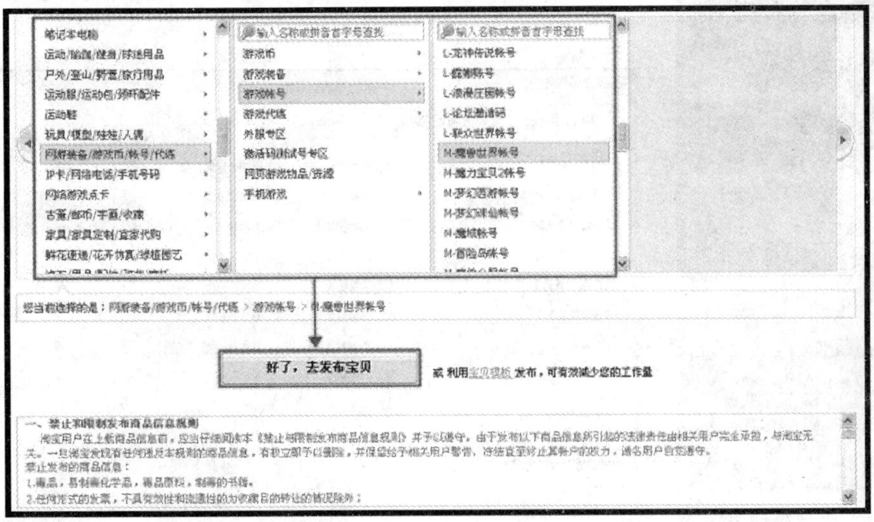

图 5-53 选择商品所属类目

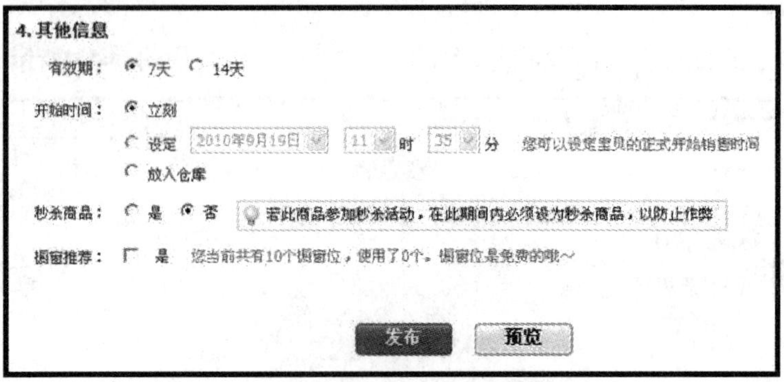

图 5-54　设置商品属性

二、网上店铺的经营

以淘宝网店铺为例。

1. 店铺管理

进入“我的淘宝”→“我是卖家”→“店铺管理”页面，就可以对店铺进行相应的管理。

（1）对店铺中的商品进行分类

进入“我是卖家”→“店铺管理”→“宝贝分类管理”页面进行宝贝分类，也可以在店铺可视化编辑页面，找到“店铺分类”模块，单击编辑就可以对宝贝进行分类管理了。类目设置后需要 24 小时生效，如图 5-55 所示。

具体的分类操作步骤如下。

第一步：添加主分类，单击编辑按钮后，在弹出层中单击“添加新分类”，如图 5-56 所示。

图 5-55　店铺编辑页面“店铺分类”模块

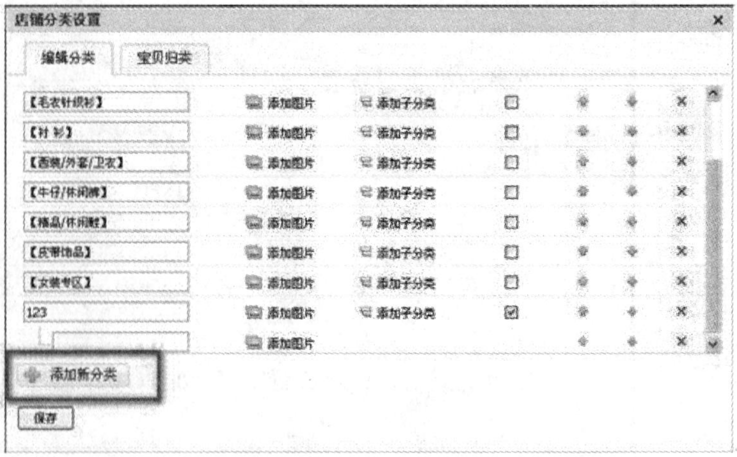

图 5-56　添加新分类

第二步：添加子分类，在没有添加宝贝的主分类中，单击“添加子分类”即可，如图 5-57 所示。

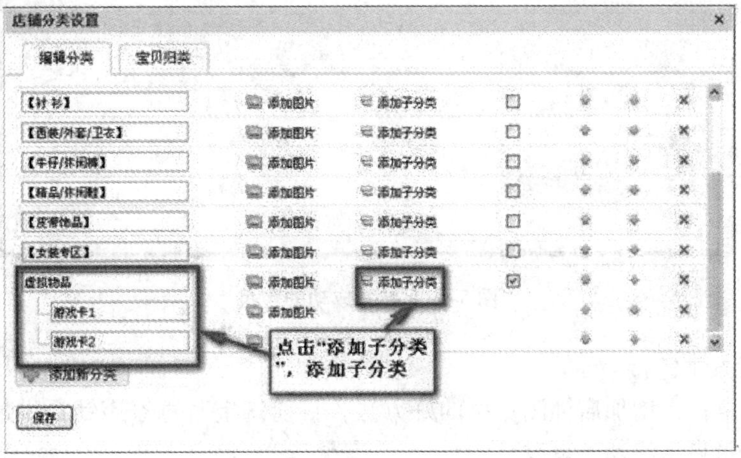

图 5-57　添加子分类

第三步：归类宝贝，单击“店铺分类设置”中的“宝贝归类”对宝贝进行分类即可，如图 5-58 所示。

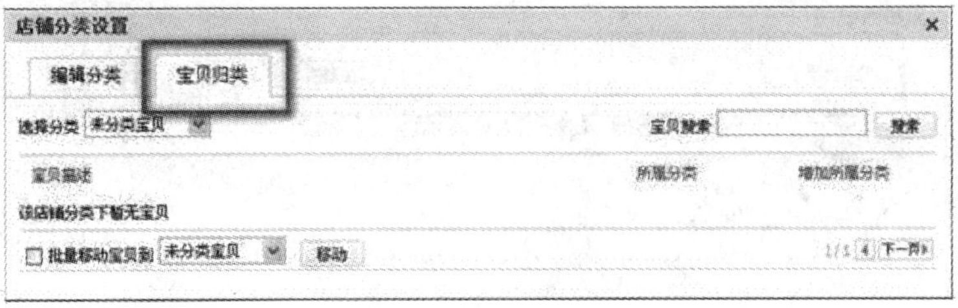

图 5-58　对商品进行归类

（2）设置橱窗推荐位

橱窗推荐的商品会集中在宝贝列表页面的橱窗推荐中显示，卖家可以根据信用级别与销售情况获得不同数量的橱窗推荐位。橱窗推荐（即人气宝贝）设置方法如下：

在“我的淘宝”→“我是卖家”→“出售中的宝贝”中选中需要橱窗推荐的宝贝，然后单击下方的“橱窗推荐”即可，如图 5-59 所示。

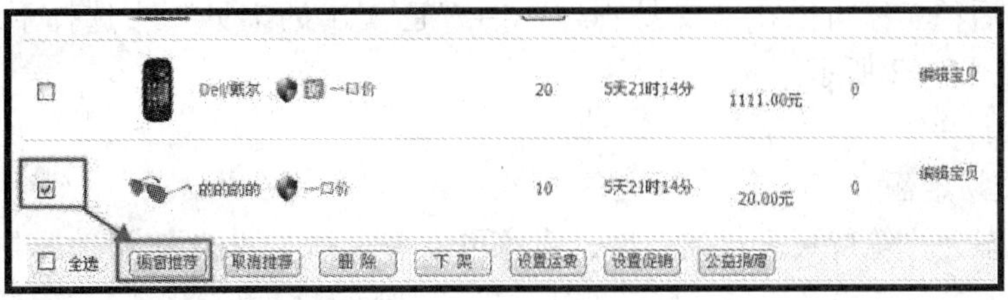

图 5-59　设置橱窗推荐位

推荐成功的宝贝会在出售中的宝贝前面红字显示“推荐”两字，或单击“橱窗推荐宝贝”标签进行查看，如图 5-60 所示。

图 5-60 推荐成功的宝贝

(3) 设置友情链接

设置友情链接是增加店铺浏览率的好方法，目前淘宝对每家店铺提供最多 35 个友情链接位，由会员自己添加、更改。

登录“我的淘宝”→“管理我的店铺”→“店铺装修”→“友情链接”，在这里输入想要添加的会员名，完成设置，如图 5-61 所示。

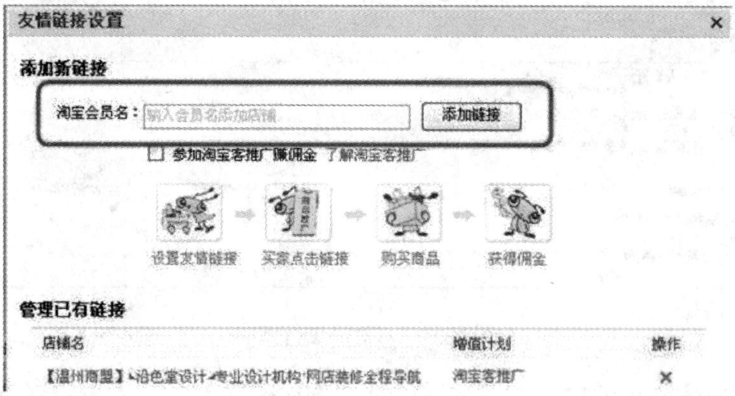

图 5-61 添加友情链接

2. 订单管理

(1) 查询订单

买家下单后，卖家可以在“交易管理”→“已卖出的宝贝”中选择不同的订单状态进行查看，如图 5-62 所示。

(2) 修改订单

① 修改交易金额

在交易状态为“等待买家付款”时，卖家可以登录到“我的淘宝”→“我是卖家”→“已卖出的宝贝”→“等待买家付款”中，找到对应的订单，单击“修改价格”，如图 5-63 所示。

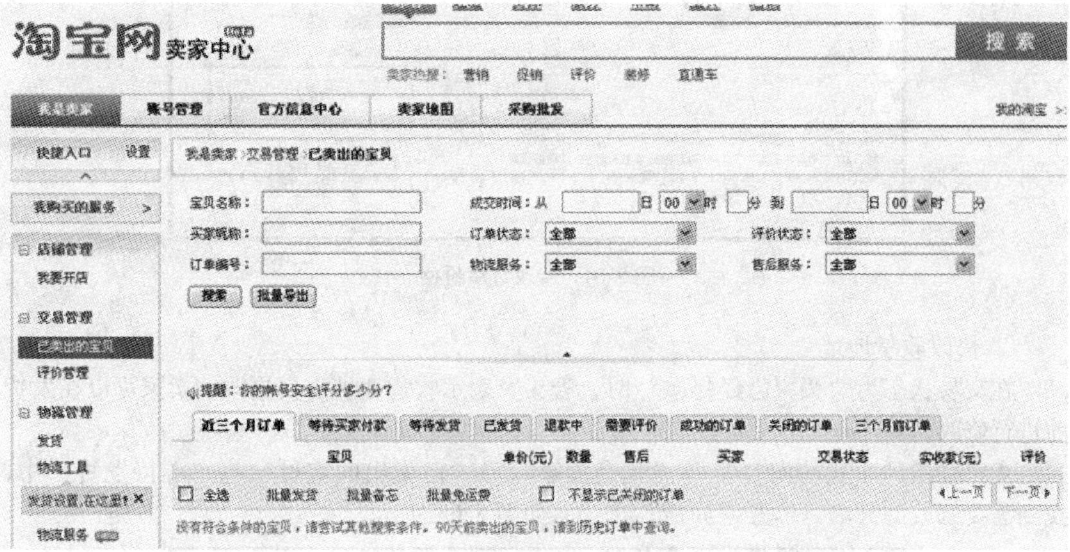

图 5-62　卖家查看订单页面

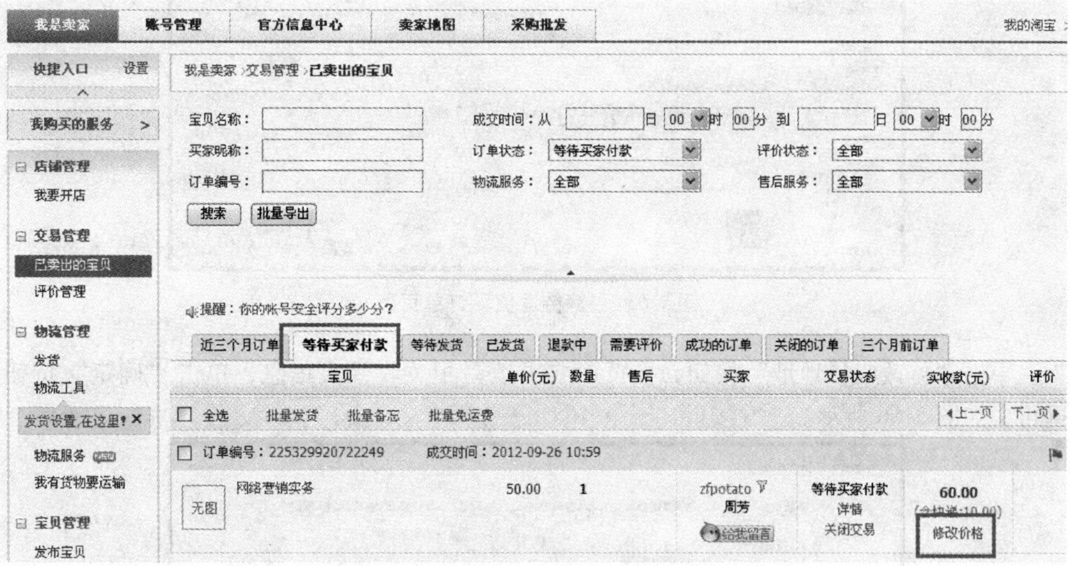

图 5-63　等待买家付款订单

可以直接在“涨价或折扣”栏中直接填写相关的折扣或优惠的金额（负数代表优惠折扣），同时也可以在“邮费”栏中直接添加需要修改的邮费金额，填写完成后单击“确定”即可，如图 5-64 所示。如果卖家包邮，也可以直接单击“免运费”，即邮费金额为 0 元。

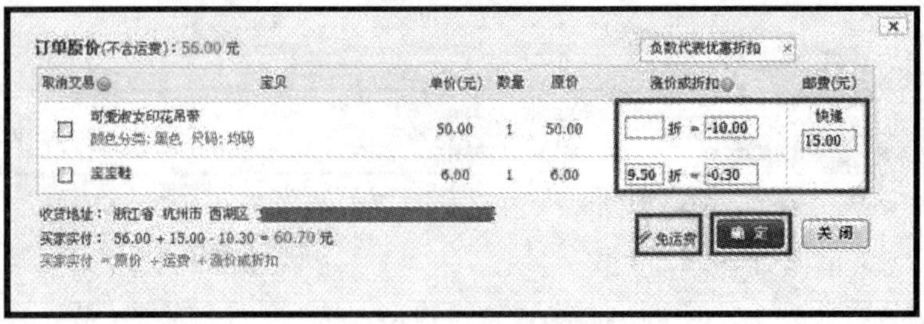

图 5-64　修改订单价格

② 修改收货地址

在交易状态为“买家已经付款”时，若买家表示收货地址需要更改，卖家可以在发货前进行修改。

卖家登录到“我的淘宝”→“我是卖家”→“已卖出的宝贝”→“等待发货”中，找到需要修改的订单，单击“详情”按钮，如图 5-65 所示。

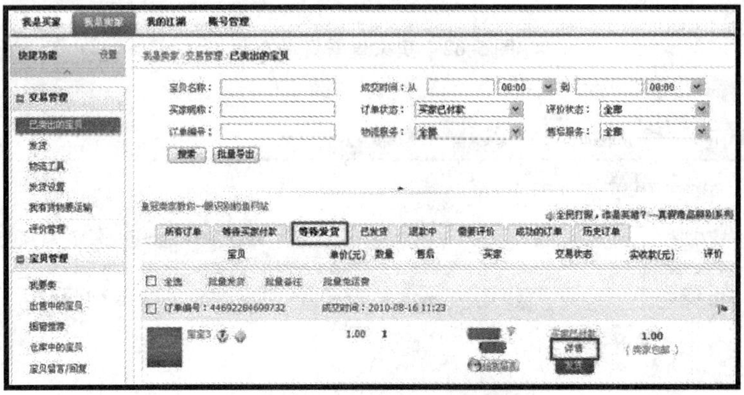

图 5-65　“等待发货”订单页面

单击“修改收货地址”按钮，按页面要求填写相关收件人信息，单击“确定”按钮即可，如图 5-66 所示。

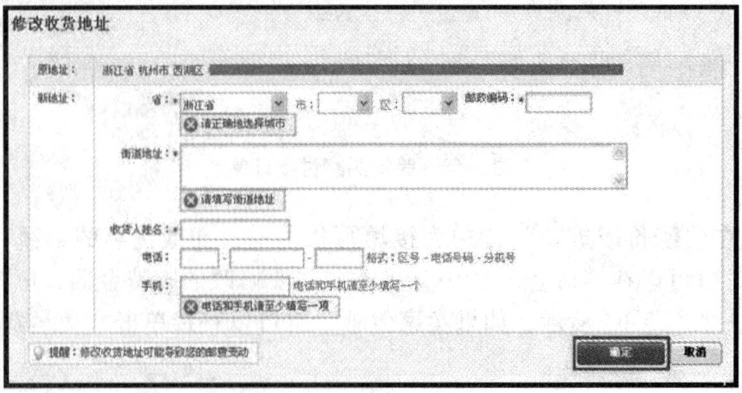

图 5-66　修改收货地址

收货地址修改成功后，卖家可以在“收货和物流信息”栏中查询确认新的收货地址，如图 5-67 所示。

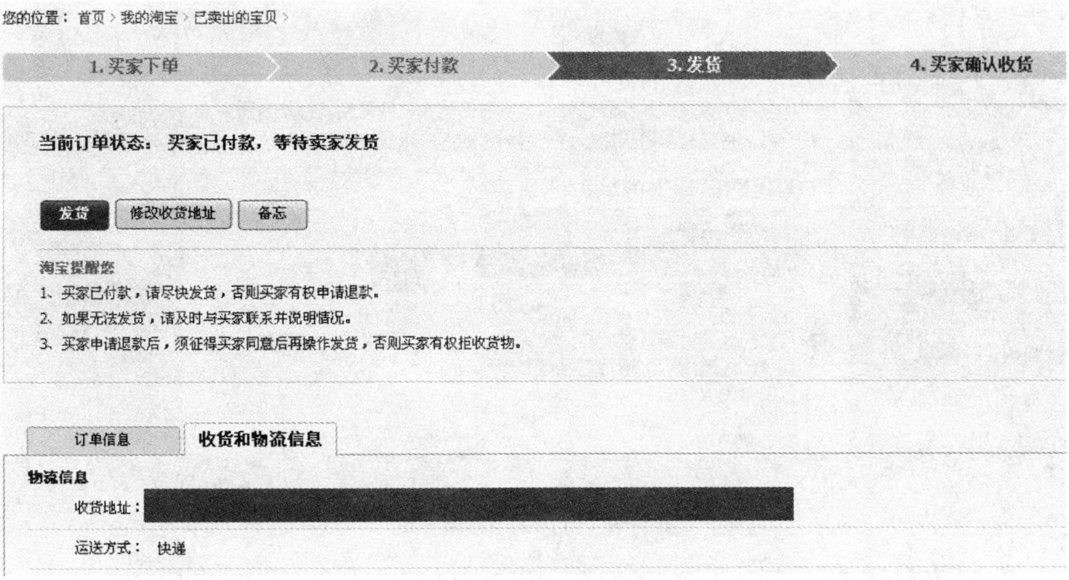

图 5-67　查询收货地址

(3) 关闭订单

当交易状态为“等待买家付款”时，卖家才可以操作关闭订单交易。

卖家登录到“我的淘宝”→“我是卖家”→“已卖出的宝贝”→“等待买家付款”中，找到对应的订单，单击“关闭交易”按钮，如图 5-68 所示。

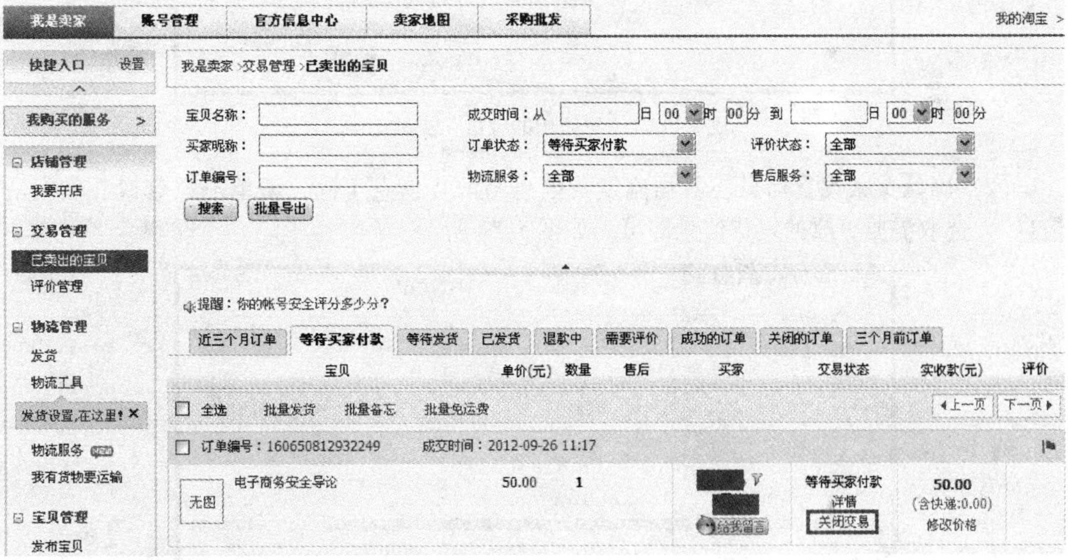

图 5-68　“等待买家付款”页面

选择关闭交易的理由后，单击“确定”按钮即可，如图 5-69 所示。

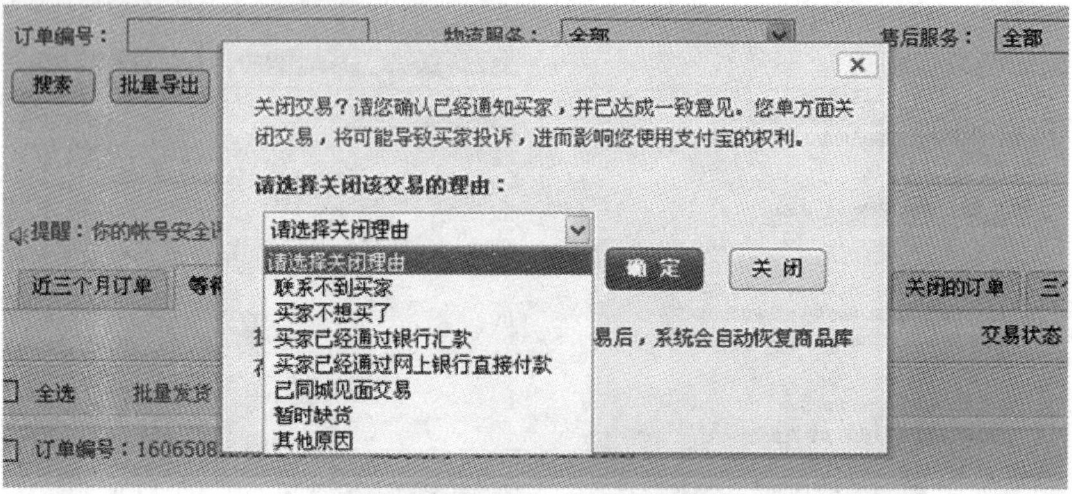

图 5-69　选择关闭订单理由

如果买家已经付款，在买家申请退款，卖家确认同意退款后交易即自动关闭。

3. 物流管理

可以通过以下步骤进行物流管理完成发货操作：

（1）进入“我的淘宝”→“我是卖家”→“已卖出的宝贝”，找到相应交易记录以后单击“发货”，如图 5-70 所示。

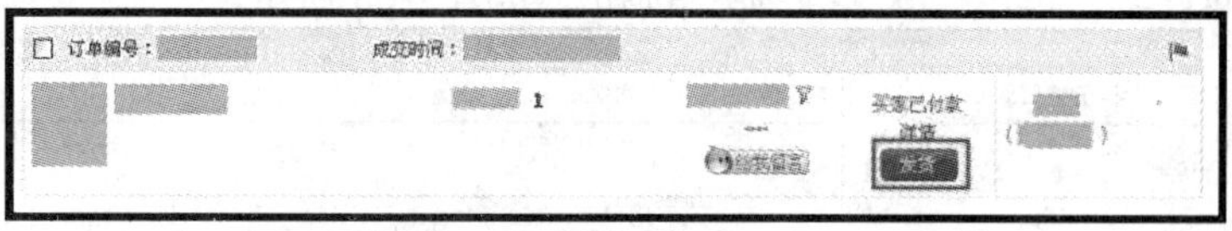

图 5-70　“已卖出的宝贝”交易记录

（2）确认买家收货信息。若物流发货信息与取货信息不同，请单击“修改我的发货信息”，选取需要更改的发货信息即可，如图 5-71 所示。

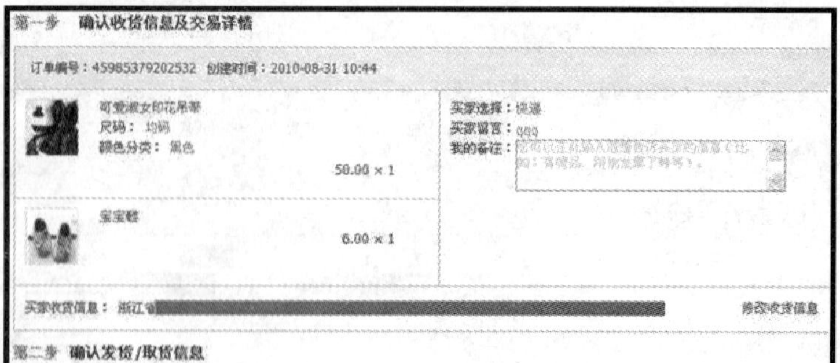

图 5-71　确认收货、发货信息

（3）如果是第一次发货，系统会要求补充发货信息（如图5-72），如不是第一次发货，则系统直接出现选择发货方式的页面。

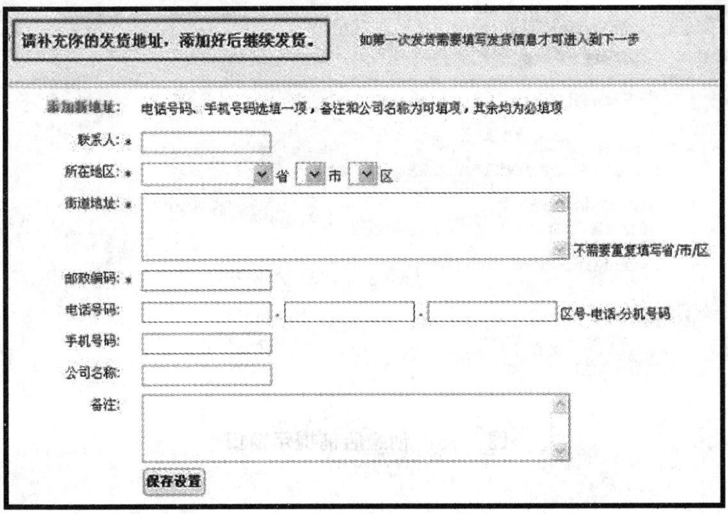

图5-72 补充发货信息

（4）选择发货方式：限时物流、在线下单（推荐物流）、自己联系物流、无需物流。

三、外贸网店的开设（以敦煌网为例）

敦煌网店铺提供一个 Promotions 区，区中有三个特色橱窗：New Arrivals、Hot Items、Free Shipping，分别放置卖家的最新产品、最热卖产品以及免运费产品。橱窗中的产品由卖家自己挑选，并可以自定义产品的显示顺序。每个橱窗最多允许放置12件产品。

超级卖家（Power Seller）可以开辟自己的会员专区——Members Only Zone。金银牌VIP买家可以直接访问所有店铺的Members Only功能，无需提交会员申请，铜牌VIP买家需向卖家提交会员申请，卖家审核通过的买家才能成为店铺的会员。

1. 创建店铺的流程

（1）创建店铺

如果没有创建店铺，单击卖家后台店铺的任意管理模块，例如“橱窗管理”、“会员管理”等，都会出现店铺创建提示页面。创建店铺的前提条件有两个，首先要通过DHgate认证，另外卖家通过审核的在线产品必须大于10件。系统会自动检测卖家的状态，如果满足以上要求，单击“创建店铺”按钮，就可以立即创建您的店铺了，如图5-73所示。

（2）添加产品到橱窗

如果卖家的账户通过了敦煌网认证，并且上架产品数量超过10件，就可以使用卖家后台橱窗功能了。

橱窗内分为：热卖产品、新品、免运费产品三个选项。

放在橱窗内的产品可防止其他卖家抄袭，每一个橱窗栏内可以展示12件产品。

店铺创建成功后，可以选择产品添加到橱窗，如图5-74所示。

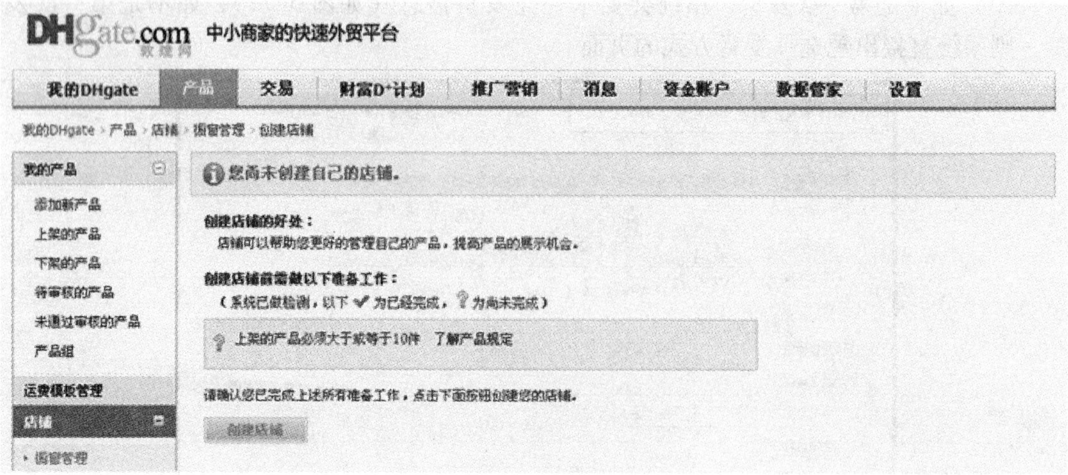

图 5-73　创建店铺提示窗口

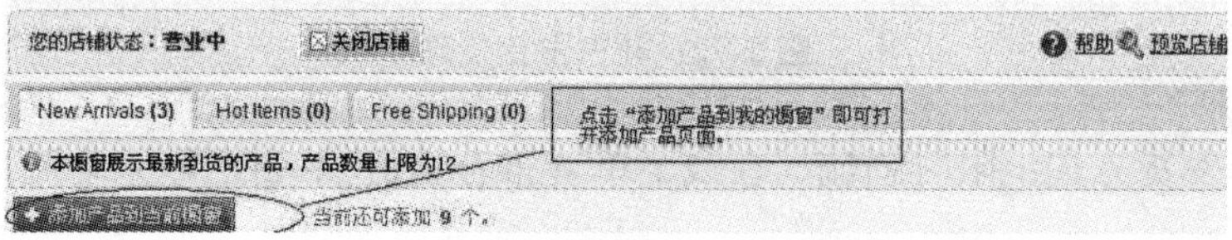

图 5-74　选择产品添加到橱窗

在产品添加页面，系统列出的是卖家所有上架且通过审核、同时尚未加入任何橱窗的产品。选择产品后，单击“添加”，完成产品加入橱窗的操作。对于“Free Shipping”橱窗，添加的产品同时还要满足免运费产品的定义。

(3) 调整显示顺序

产品加入橱窗后，可以调整产品的显示顺序。卖家自己定义的产品顺序，就是买家访问店铺时看到的产品显示顺序，如图 5-75 所示。

图 5-75　调整产品显示顺序

(4) 预览店铺

设置好 New Arrivals、Hot Items、Free Shipping 三个特色橱窗后，就可以预览店铺并查看店铺的效果了。

（5）开放店铺

卖家可以通过“单击开放店铺”按钮自行开放或关闭店铺，只有店铺状态为“开放”时，买家才可以浏览得到，如图5-76所示。

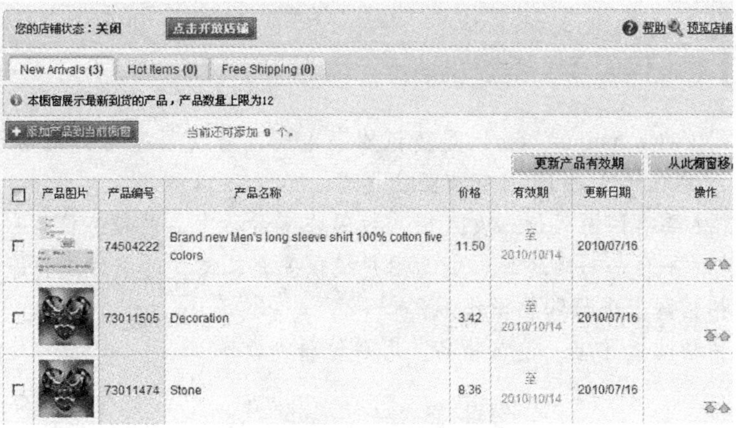

图5-76 开放店铺

2. 外贸网店在线沟通技巧

在线交易平台中，买卖双方的交流以在线站内沟通为主，沟通的好坏直接影响到交易能否达成，这里简单介绍一些在线沟通的技巧。

（1）做好沟通准备

① 了解目标市场的风俗习惯，如节假日、国庆日等，便于沟通时拉近距离；

② 了解不同国家的语言习惯，便于根据不同人群给予针对性回复；

③ 熟悉该产品的主要规格与质量要求，必须能准确地用英文表达出来。

（2）书面沟通为主

一般情况下，卖家应该避免与国外买家进行语音对话，尽量以书写方式为主。用书写的形式沟通，不仅能让买卖双方的信息交流更加清晰、准确，也能够留下交流的证据，利于后期可能出现的纠纷的处理。

（3）学会分析买家

学会从买家的文字风格判断买家的性格脾气。如买家使用的语言文字简洁精炼，则可判断其办事可能是雷厉风行，不喜欢拖泥带水的。卖家应根据买家的性格脾气，积极调整沟通方式，有利于促进双方沟通的顺利进行。

（4）注意沟通时间

由于时差的缘故，在卖家日常工作（北京时间8～17点）的时候，会发现大部分国外买家的即时通讯都是离线的。当然，即使国外买家不在线，卖家也可以通过留言联系买家。不过，我们建议供应商应尽量选择买家在线的时候联系，这意味着卖家应该学会在晚上的时间联系国外买家。因为这个时候买家在线的可能性最大，沟通效果更好。

（5）及时回复

卖家要经常关注收件箱信息，对于买家的询盘要及时回复。否则，买家很容易失去等待的耐心，卖家也很可能错失订单。

(6) 主动联系

卖家在交易过程中最好多主动联系买家。例如，发货之后，提醒买家注意收货。这些沟通，既能让卖家即时掌握交易动向，也能够让买家感觉受到卖家的重视，促进双方的信任与合作。

技能训练5-5 *熟悉C2C 商业模式*

腾讯拍拍网（www.paipai.com）是腾讯旗下电子商务交易平台，网站于2005年9月12日上线发布，2006年3月13日宣布正式运营。

拍拍网目前主要有网游天地、女人街、数码城、运动馆、书籍音像等频道，还拥有功能强大的在线支付平台——财付通，能为用户提供安全、便捷的在线支付服务。

1. 尝试在拍拍网上进行购物操作。
2. 尝试在拍拍网上开店，销售物品，用财付通收款。

项目小结

通过本项目的学习，读者能从企业需求出发，寻找适合的第三方平台，在平台上注册会员，发布供需信息，并能对信息加以编辑以达到更好的营销效果；能在第三方平台上使用有针对性的营销策略，运用各种营销方式寻求高质量的客户并与之进行交易，提高客户的跟踪转化率，取得更好的营销效果。形成第三方平台的营销方案。

参 考 文 献

[1] 〔美〕欧朝晖. SEO 智慧——搜索引擎优化与网站营销革命 [M]. 北京：电子工业出版社，2009.

[2] 〔美〕欧朝晖. 解密 SEO——搜索引擎优化与网站成功战略 [M]. 北京：电子工业出版社，2007.

[3] Mike Moran，bill Hunt 搜索引擎营销——网站流量大提速 [M]. 北京：电子工业出版社，2007.

[4] 格拉夫·库辛. 搜索引擎优化 [M]. 北京：清华大学出版社，2007.

[5] 昝辉. SEO 实战密码 [M]. 北京：电子工业出版社，2010.

[6] 叶阿真，刘晓敏. 网站推广的 SEO 策略研究 [J]. 福建电脑 2010 (5)：57-58.

[7] 段军利. 中小企业网站 SEO 策略研究 [J]. 福建电脑 2009 (8)：52.

[8] 张莹 潘洁. 对外贸易中网络营销应用实例与启示 [J]. 商业时代，2008 (7).

[9] 李春顶. 我国国外外贸公司发展网络营销的思考 [J]. 当代经济，2004 (11).

[10] 莫定宏. 陶企的外贸网络营销现状与分析 [J]. 佛山陶瓷，2009 (10).

[11] 孙国忠. 国际贸易事务 [M]. 北京：机械工业出版社，2011.

[12] 冯英健. 网络营销基础和实践（第三版）[M]. 北京：清华大学出版社，2007.

[13] 方玲玉. 网络营销实务 [M]. 北京：电子工业出版社，2011.

[14] 杨坚争. 电子商务实验教程 [M]. 北京：中国人民大学出版社，2006.

[15] 程联刚，周列平. 电子商务实训 [M]. 北京：经济科学出版社，2003.

[16] 浙江淘宝网络有限公司. C2C 电子商务创业教程 [M]. 北京：清华大学出版社，2008.

[17] 刘喜敏，马朝阳. 网络营销（第三版）[M]. 大连：大连理工大学出版社，2009.

[18] 凌守兴，王利锋. 网络营销实务 [M]. 北京：北京大学出版社，2009.

[19] 胡宝介. 搜索引擎优化知识完全手册. 免费电子书 2010.

[20] SEO 论坛（http://www.seobbs.net/）

[21] 百度百科（http://baike.baidu.com/）

[22] 百度文库（http://wenku.baidu.com/）

[23] 百度推广官方网站（http://e.baidu.com/）

[24] 企业网站推广方案书实例（http://www.lxysem.cn/read.php/234.htm）

[25] 中国网站排名（http://www.chinarank.org.cn/）

[26] 站长之家（http://www.chinaz.com/）

[27] 中国网络营销网（http://www.tinlu.com/n3856c44.aspx）
[28] 中国互联网信息中心（http://www.cnnic.net.cn/）
[29] 艾瑞网（http://www.iresearch.cn/）
[30] 网上营销新观察网站（http://www.marketingman.net/index.htm）
[31] 杭州市食品安全网（http://www.hzfs.gov.cn/）
[32] 企汇网（http://news.qihuiwang.com/marketing/201008163556.html）
[33] 新竞争力（http://www.jingzhengli.cn/）
[34] 中国互联网信息中心（http://www.cnnic.net.cn）
[35] Yahoo 网站（www.yahoo.com）
[36] 世界百科信息库（www.dialog.com）
[37] 企汇网（http://news.qihuiwang.com/marketing/201008163556.html）
[38] 波司登国际控股有限公司（http://www.bosideng.com/index.htm）
[39] 3G 门户网（http://www.3g.cn/ads）
[40] 新竞争力（http://www.jingzhengli.cn）
[41] 阿里巴巴国内贸易（http://china.alibaba.com）
[42] 阿里学院（http://www.alibado.com）
[43] 淘宝大学（http://daxue.taobao.com）
[44] 张光明新浪博客（http://blog.sina.com.cn/hupotang）